교회, 하나님의 비밀

| 조경호 지음 |

생명의말씀사

교회, 하나님의 **비밀**

ⓒ 생명의말씀사 2008

2008년 11월 24일 1판 1쇄 발행
2018년 11월 30일   5쇄 발행

펴낸이 | 김재권
펴낸곳 | 생명의말씀사

등록 | 1962. 1. 10. No.300-1962-1
주소 | 서울시 종로구 경희궁1길 5-9(03176)
전화 | 02)738-6555(본사) · 02)3159-7979(영업)
팩스 | 02)739-3824(본사) · 080-022-8585(영업)

지은이 | 조경호

기획편집 | 구자섭
디자인 | 오수지, 임수경
인쇄 | 영진문원
제본 | 정문바인텍

ISBN 978-89-04-07111-1 (03230)

저작권자의 허락없이 이 책의 일부 또는 전체를
무단 복제, 전재, 발췌하면 저작권법에 의해 처벌을 받습니다.

교회, 하나님의 **비밀**

CONTENTS

추천의 글 1 _ 6

추천의 글 2 _ 잃어버린 교회를 찾아서 _ 12

글을 시작하면서 _ 에베소서에 숨겨진 교회의 비밀 _ 17

들어가는 말 _ 교회의 대탈출이 시작되었다 _ 23
두 교회의 충돌 | 에베소서에 숨겨진 비밀 | 잃어버린 설계도

1장 교회를 보여 주는 세 가지 조감도 _ 37

+ 첫 번째 관점 : 교회, 구속의 완성 (1:20-23) _ 신앙의 각인현상

+ 두 번째 관점 : 복음 이해 (3:7-11) _ 복음의 핵심 : 구원 | 복음의 비밀 : 교회 | 반쪽 복음으로는 안된다 두 개의 입체적 조감도

+ 세 번째 관점 : 삼위 하나님의 구원 사역 (1:3-14) _ 성부 하나님의 구원사역 : 선택과 계획 | 성자 하나님의 구원사역 : 성취 | 성령 하나님의 구원 사역 : 적용과 실현

2장 교회로 들어가는 출입문 : 두 가지 변화 _ 67

+ 첫 번째 변화 : 개인의 내면 (2:1-10) _ 죽은자 | 죄의 노예 | 새로운 변화 | 새로운 성품들 | 그리스도와의 삼중연합 | 구원의 세단계

+ 두 번째 변화 : 신분 (2:11-22) _ 유대인vs이방인 | 구속사의 대전환 | 가라, 세상을 향해 | 교회는 선교함으로 존재한다 | 교회의 세 가지 얼굴

3장 교회 안에 있는 세 개의 방 : 3단계 제자도　111

+ 첫 번째 단계 : 함께 후사가 되다
+ 두 번째 단계 : 함께 지체가 되다 _몸으로 계신분 | 성령께서 몸의 연합을 만드신다 | 몸(공동체)이 성화를 이룬다
+ 세 번째 단계 : 함께 약속의 참예자가 되다

4장 교회를 세우는 두 기둥 : 2가지 사역　149

+ 성령의 성화 사역 _겉사람 vs 속사람 | 자기포기 | 그리스도와 함께 십자가에 못 박힘 | 새로운 계명 | 하나님의 충만 | 적당한 좌절
+ 목회자의 지체(은사)사역 _영적 리더십 | 네 가지 직분 | 목사의 삼중 사역 | 건강한 교회

5장 세상을 변화시키는 교회　183

+ 세상을 향하여 성육신하라 _버리지 않으면 줄 수 없다
+ 옛사람을 벗고 새사람을 입으라 _새롭게 변화하라 | 옛사람과 새사람 | 공동체(세상)를 변화시키는 교회
+ 어둠의 나라에 빛을 드러내라 _어둠의 나라 vs 빛의 나라 | 빛을 드러내라 | 세상의 어둠을 책망하라 | 잠에서 깨어나라 | 세월을 아끼라 | 모든 관계를 회복하라 | 영적 전쟁을 수행하라 | 기본으로 돌아가라

6장 교회를 복원하라　253

목회자가 제자리로 돌아가야 한다 | 소그룹 중심의 교회가 되어야 한다 | 사회봉사와 선교의 두 날개를 가져라 | 교회에 대한 기대를 포기하지 말라

맺는 말_이제, 교회의 비밀을 찾아 항해를 떠나자　261

추천의 글 1

　조경호 목사님은 말씀에 대한 깊은 통찰을 지닌 사역자입니다. 그에게는 시대를 꿰뚫어 보는 선지자의 안목이 있고 예수 그리스도의 교회에 대한 깊은 애정의 가슴이 있습니다. 그 안목과 애정으로 성경적 교회의 본질을 찾는 일에 생을 걸고 살아온 분입니다.

　그의 이런 열정의 근원을 만들어 온 텍스트가 에베소서라고 생각됩니다. 그의 에베소서 강해는 부흥과 변혁에 목말라 하는 이 시대 모든 사역자와 성도들에게 마르지 않는 샘 근원이 될 것입니다. 에베소서를 21세기 선지자의 가슴으로 그리고 구도자의 타는 목마름으로 탐구하고자 하는 모든 분들에게 일독을 권합니다.

함께 교회의 비밀을 찾는 이동원 목사 | 지구촌교회

　주님은 교회를 통해서 세상을 통치하신다는 필자의 주장은 곧 그리스도의 몸된 교회가 그리스도인의 신학, 영성, 사역 그리고 삶의 근거가 되어야 한다는 외침이다. 에베소서 강해를 통해 그리스도의 충만으로 가는 유일한 길이 교회라고 주장함으로써 그 동안 건물이나 성도들의 모임 정도로 피상적으로 이해되어 왔던 교회의 본질에 대한 성경적 혜

교회는 하나님의 비밀이다

안을 제공한다. 내게 이 책이 가치 있게 다가온 것은 본 책에서 주장된 필자의 관점이 단순히 성경적 지식에서 그친 것이 아니라, 실제 필자의 목회 현장에서 그대로 보여지고 실천되어 본받을 만한 목회의 본으로 나타난 것을 직접 확인할 수 있었기 때문이다.

한철호 목사 | 선교한국 상임위원장

이 책을 읽으면서 수년 전, 조경호 목사님을 취재했을 때의 감동이 다시금 떠올랐습니다. 번듯한 건물을 물려주는 것보다 진정한 하나님 나라 신학을 가진 건전한 교회 정신을 물려주는 것이 더욱 가치 있다는 교훈을 책을 통해 다시 한 번 깨닫게 됩니다. 예수님이 디자인하신 교회 공동체의 진정한 모델을 이 시대에도 찾을 수 있을까? 이 책은 그 해답을 제시하는 몇 안 되는 귀한 양서라고 생각합니다. 주님의 몸 된 교회를 향한 조 목사님의 사랑과 열정이 위기에 직면한 한국 교회에 전해지기를 바라며 '교회, 하나님의 비밀'을 한국 교회 지도자들과 성도들에게 적극 추천합니다.

홍순석 목사 | [목회와신학] 부편집장

이 책은 에베소서를 관통하는 지배사상governing idea인 '교회를 통한 하나님의 완벽한 구원계획'의 대동맥을 충실히 따라가며 전체가 전하는 메시지를 균형과 깊이를 가지고 다루고 있다. 이 책이 담고 있는 '교회'에 관한 깊은 통찰은 주관적이거나 자의적이 아니라, 에베소서 전체와 세부의 균형 있는 관찰과 심도 있는 묵상에 기초하고 있다. 이 책은 에베소서를 연구하는 모든 분에게 큰 도움이 될 것으로 확신한다. 무엇보다 '성경적 교회'를 갈망하고 기도하는 모든 그리스도인에게 필독을 권한다.

장평훈 교수 | 카이스트

최근 신학의 많은 영역에서 '교회론'이 새로운 관심사로 빠르게 부상하고 있습니다. 선교 영역에서도 '교회론'을 새롭게 회복하자는 움직임이 빠르게 이루어지고 있습니다. 제도적 교회는 지속적인 도전과 각성 없이는 쉽게 매너리즘에 빠지고 활력을 잃게 됩니다. 이를 막기 위해서는 각성의 요청이 끊어져서는 안 됩니다. 교회는 저자의 말처럼 비밀입니다. 최근의 이머징 교회들을 통해 이 비밀을 숙고해 보되, 그 근원이 성경의 교회론인가를 살펴야 합니다. 에베소서를 통한 교회의 비밀에 대한 저자의 연구가 이런 문제에 시원한 답을 줄 것으로 생각되어 적극 추천합니다.

이현모 교수

은둔 고수는 언제나 따로 있다. 땅을 알고, 씨를 알고, 날씨를 헤아리는 드문 목회자가 조경호 목사이다. 그가 쓴 농부의 시골밥상 같은 에베소서 강해를 만났다. 무얼 더 바라랴.

양희송 | 청어람아카데미 기획자, 전 『복음과상황』 편집장

조경호 목사는 온몸으로 성경적 교회를 가르치고 목회해 온 설교자이다. 그가 지난 25년 이상 가르치고 설교해 온 에베소서를 책으로 풀어냈다. 저자는 "성경이 말하는 교회란 무엇인가?"라는 질문에 '그리스도의 몸'이란 키워드로 풀어간다.

이 책은 죽은 듯한 전통 교회와 유행을 좇기에 급급한 현대 교회, 그리고 교회를 슈퍼마켓 정도로 쉽게 선택의 대상으로 여기는 현대 그리

스도인들에게 성경적 교회의 의미를 해설하고 그 회복을 염원하도록 이끌어 줄 것이다. 진정한 교회를 그리는 모든 성도들이 읽어야 할 필독서로 생각되어 일독을 권한다.

손창남 선교사 | 한국 OMF 대표

성경에서 교회론에 대해 가장 깊이 언급한 책을 한 권 꼽으라면 서슴지 않고 에베소서를 택할 것이다. 에베소서는 비록 분량은 적지만 그 깊이는 그 누구도 쉽게 헤아릴 수 없을 것이다. 나 개인적으로도 청년 시기에 에베소서를 읽다가 교회의 신비를 깨달았고, 그 후 교회를 사랑하며 지금까지 살아왔다. 특히 에베소서 4:12-13에서 성도를 온전케 하여 이들이 몸을 세우는 일과 봉사의 일을 하게 한다는 내용은 나에게 교회의 사명에 대해 일깨워 주었을 뿐만 아니라 내 생애를 바꾸는 역할을 했다. 이것은 지금도 한국 교회와 세계 교회가 필수적으로 듣고 실천해야 할 지침이라고 생각한다.

이처럼 귀중한 에베소서에 대한 글을 이번에 다른 사람도 아닌 그동안 수원형제침례교회를 통해 에베소서에 나타난 이상을 이루어 보고자 애쓰신 조경호 목사님이 쓰신 것에 대해 매우 기쁘게 생각하고, 목회자들, 선교사들, 신학도들 그리고 성도들에게 높이 추천하는 바이다.

이태웅 | 한국선교훈련원 원장

    교회에 대한 성경의 언급은 가히 놀라운 것들입니다. 교회의 본질에 관한 하나님의 섭리를 깨달은 사도 바울은 교회를 "하나님의 비밀" 또는 "그리스도의 비밀"이라고 말하면서 흥분을 감추지 못하고 있습니다.
    저자인 조경호 목사 역시 바울이 깨달은 교회의 비밀을 깨달은 하나님의 사람으로서 에베소서를 중심으로 하는 교회를 다시 풀어 놓았습니다. 아무리 곱씹어 보아도 오늘날 교회 외에는 소망이 없어 보입니다. 온 우주 역사의 한복판에 위치하여 교회의 완성을 향해 달려가는 역사의 중심으로서의 교회를 제대로 이해할 때 우리의 신앙과 삶에는 지각변동이 올 수밖에 없습니다. 『교회, 하나님의 비밀』을 주님을 사랑하는 그리스도인들이 필독할 소중한 결정체로 추천합니다.

박영철 교수 | 침례신학 대학교

추천의 글 2

잃어버린 교회를 찾아서

　코스타 집회에서 박학다식한 강해설교로 청년들에게 많은 도전과 영감을 주신 조경호 목사님의 본격적인 교회론 강해,『교회, 하나님의 비밀』의 출간을 진심으로 축하드립니다.
　희망의 망루인 교회가 그 기능을 상실해 세상의 가치 기준을 따라 물량공세로, 물신숭배로 물들어 있는 요즘, 교회의 진정성을 파헤치며 교회 회복을 통한 새로운 부흥을 꿈꾸는 조경호 목사님의 저서가 출간된다니 무척 기쁘고 한편 기대가 됩니다.
　이 시대는 비밀이 없습니다. 모든 지식과 정보들이 언론 매체와 TV, 인터넷에 공개되어 있고, 남의 사생활조차 가십거리로 들추어내어 회자시켜야 직성이 풀리는 경박한 시대입니다. 그러나 아이러니하게도 넘치는 정보의 홍수 속에서도 사람들은 생수에 목말라 하며 메마르고 각박하게 살아갑니다.

하나님이 창조하신 영적 유기체인 인간조차도 과학기술 우상 숭배에 본성과 정체성을 빼앗겨 인간 로봇과 휴머노이드로 대치되고 인간과 기계가 결합한 사이보그가 출현하는 시대로 전락하고 있습니다.

이 책은 그 같은 기형적이고 종말적인 세상 속에서 초대교회의 잃어버린 유전자를 되찾아 진정한 '그리스도의 몸'을 이룬다는 것의 의미가 무엇인지 교회의 본질을 치열하게 추구하며 그 비밀을 파헤치는 순례라 할 수 있습니다.

저자는 평신도 신학의 대가인 폴 스티븐스의 말을 인용하여 현대 교회의 문제점을 "불완전하게 고용된 평신도와 과잉 고용된 목회자"에서 비롯되었다고 날카롭게 지적합니다.

초대교회의 원형질을 회복하기 위해서 구약적이고 유교적인 혹은 비성경적인 피라미드 구조의 교회 형태에서 평신도 사역이 제자리를 찾아가는 신약의 교회, 원형의 교회로 돌아갈 것을 역설하며, 셀교회와 가정교회를 넘어선 '이머징 교회' 모델을 대안으로 제시합니다. 저 역시 평신도 사역을 통한 교회의 진정성 회복을 꿈꾸며 『예수는 평신도였다』홍성사라는 책을 집필한 경험이 있는지라 이 책의 내용이 더욱 실감 있게 다가옵니다.

인간은 하나님이 창조하셨던 아름다운 집 에덴동산을 떠난 순간부터 바벨탑을 쌓고 우상을 섬기며 살아가는 유리하고 방황하는 존재가 되었습니다. 성경의 역사가 잃어버린 집을 찾아 나선 디아스포라 건축자들에 의해 펼쳐진 성전 건축의 역사를 기록한 것이라면, 무너져 내린 한국 교회의 터 위에 새로운 성전을 세우고 회복하는 심경으로 이 책이 집필되었다고 여겨집니다. 끝없이 불완전한 성전을 세우고 또 허물며 살아가던 인간의 역사 속에서 참 성전 되신 예수 그리스도가 성육신하셔서 십자가에 피 흘려 돌아가심으로 마침내 신약의 교회가 탄생합니다. 이 책은 에베소서에 나타난 그 숨가쁜 교회의 비밀들을 조목조목 파헤쳐 제시하고 있습니다.

1866년 대동강가 쑥섬 기슭에서 27세 청춘의 피를 뿌리고 순교한 토마스 목사의 희생의 제단 위에 세워진 한국 교회는 1907년 평양 대부흥의 경이적인 영적 폭발로 20세기를 열었습니다.

지난 세기는 한민족이 일제의 수난, 전쟁, 분단 시대의 아픔을 겪으면서도 평양 대부흥을 통해 얻어진 영적 축복의 잠재력이 열매 맺은 결과입니다. 우리는 세계가 놀라는 경이적인 경제 부흥과 민주화를 이루었을 뿐 아니라 교회의 양적 성장과 더불어 세계 제2위의 선교 강대국으로 올라서는 기적을 경험했습니다.

그러나 21세기를 맞이한 한국 교회는 임박한 통일 시대를 준비하고 세계 선교의 선봉에 서야 하는 막중한 임무에도 불구하고 교회의 본질을 상실하며 마이너스 성장의 위기 속에서, 세상을 쫓아가다가 거꾸로 세상으로부터 손가락질 받는 우스운 모습으로 전락하고 있습니다.

교회는 완전성, 거룩성, 보편성으로 요약됩니다. 교회가 사랑과 연합의 정신으로 진정으로 그리스도의 몸을 이루는 완전성을 회복하고, 세상을 향해 윤리적으로 구별될 뿐 아니라 만드신 자의 원래의 목적을 적극적으로 이루어가는 거룩성을 회복해야 합니다. 그리고 세상으로부터 격리된 소극적 교회가 아니라 구원의 기쁨과 비밀을 담대하게 들고 세상으로 나아가며 우주적 교회의 회복을 선포하는 보편 교회로서 다시 환골탈태해야만 합니다. 그때 비로소 한국 교회에 쏟아 부으신 하나님의 은혜와 축복의 의미가 되살아날 것입니다.

이제 토마스 목사의 순교의 터전 위에 스룹바벨 성전 회복의 의미를 담아 세워질 평양과기대의 건립을 위해 동분서주하는 가운데 이 책을 추천하는 글을 쓰게 된 것을 더욱 의미 깊게 생각합니다.

부디 이 책을 통해 한국 교회 회복의 신호탄이 솟아 오르기를 기대하며, 우리의 잃어버린 땅 평양과 북한 땅에도 성전 회복의 역사가 이루어지고 한국 교회를 향하신 하나님의 뜻이 우리 민족 교회를 통해 세계 교회로 뻗어나가기를 소망합니다.

정진호 | 연변과기대 교수, 평양과기대 설립 부총장

> 글을 시작하면서

에베소서에 숨겨진 교회의 비밀

내 서재에 들어와 본 사람들은 하나같이 비슷한 말을 한다.

"교회에 대한 책이 정말 많네요."

정말 그랬다. 필립 얀시가 쓴 『교회, 나의 고민 나의 사랑』요단출판사처럼 교회는 내게 해결되지 않는 아픔이었다. 교회에 실망해 교회를 떠나는 사람들의 뒷모습을 바라보면서, 똑똑한 소비자가 되어 신상품을 내놓는 교회만 찾아다니는 쇼핑족 교인들을 바라보면서 나의 고민은 점점 더 깊어져만 갔다.

키에르케고르의 말처럼 교회는 극장이 되었다. 목사는 배우였다. 매 주일 무대에서 관객들의 시선을 사로잡는 연기를 해야 하고 관람석에 앉아 있는 교인들을 만족시켜 주어야만 했다. 연기에 만족하면 박수와 환호성이 나오지만 연기력이 떨어지면 관객들은 미련 없이 다른 무대를 찾아 떠난다.

교인들에게도 끊임없는 고민이 있다. 주일 아침마다 교회를 외면하고 싶은 짜증스러움과 교회를 가야 한다는 부담감과 죄책감 사이에서 유쾌하지 못한 결정을 내려야 한다. 매주일 반복되는 지루한 예배와 식어버린 음식처럼 내키지 않는 교회 프로그램, 무기력하게 되풀이되는 신앙생활에 혐오감까지 든다.

목사들에게도 끊임없는 고민이 있다. 시대를 이끌어가는, 시대를 앞서가는 새로운 교회 아이템을 교회에 제출해야 한다. 그러나 새로운 아이디어가 언제나 성공하는 것은 아니다. 사람들은 멋진 제안에 감격해 하지만 신발이 항상 발에 맞지는 않는다. 대부분 새로운 시도는 실패로 끝날 때가 많으며, 유행의 주기는 점점 짧아져 불과 몇 달이 지나면 소비자들의 반응은 차가워지고 만다.

미국 내슈빌 벨뷰에는 벨뷰 커뮤니티 교회가 있다. 새로운 세대의 흐름에 맞춰 변화를 추구해 빠르게 성장한 이 교회는 '아이팟 세대를 위한 교회'를 표방하고 나섰다. 미국에서는 매주 2,500명 이상 모인다면 비교적 대형교회로 인정된다.

이 교회는 냅킨에서 탄생한 교회로 알려져 있다. 교회 창립자인 데이빗 포스터 목사가 아내와 함께 동부 테네시주 존슨 시티의 한 식당에서 아침을 먹으면서 냅킨에 교회 장소로 유망한 다섯 곳을 적고, 1989년 이 지역으로 와서 신도 아홉 명과 교회를 성장시킨 데서 나온 이야기다.

아이팟 세대를 위한 교회답게 아침에는 교회 로비에 있는 스타벅스

커피점에 사람이 붐비고, 신도들 대부분이 청바지와 티셔츠에 슬리퍼 차림으로 예배를 보며, 록과 대중음악이 연주되는 파격적인 교회상을 추구하면서 급성장했다.

그런데 어느 날 지나치게 세속화되는 교회의 변화에 반대하는 장로들의 쿠데타가 일어났다. 쿠데타는 하루 만에 성공했고, 데이빗 포스터 목사는 거리로 내쫓겼다. 새로운 시대를 표방한 아이팟 세대의 교회가 구시대적 유물인 쿠데타로 무너진 셈이다.

이 사건은 오늘의 교회가 안고 있는 딜레마를 그대로 보여 준다. 교회는 새로운 시대를 이끌어갈 새로운 아이콘을 찾아야 하는 과중한 부담과, 과거의 부끄러운 소란스러움을 극복해야 하는 이중적 문제를 안고 있다.

시대의 변화에 맞는 교회상을 추구하지만 교회는 여전히 제자리로 돌아가려는 강력한 회귀본능을 갖고 있다.

교회는 과연 무엇일까? 하나님이 처음 디자인하신 교회는 어떤 교회일까? 진정한 교회의 의미를 성경적으로 이해하지 못하고 주님을 따를 수는 없다. 주님의 설계도대로의 완벽한 복원은 어려울 수 있다. 그러나 하나님께서 중심에 생각하셨던 주님의 교회를 비슷하게라도 세워 보고 싶었다.

더 이상 수수께끼처럼 남겨진 교회에 대한 갈등을 견디지 못하고 "인디아나 존스"처럼 잊혀진 교회 설계도를 찾아내기 위해 책들을 뒤지기 시작했다.

수십 권의 책들이 쏟아 놓은 교회에 대한 정의와 지식, 본질성과 사명……벗겨도 벗겨도 벗겨지지 않는 마스크처럼 교회는 끝이 보이지 않는 미로로 남아 버렸다.

그러다 마침내 에베소서에서 해답을 찾았다. 에베소서의 글자들이 하나씩 살아나 마침내 교회의 비밀이 문을 열었다. 주님은 교회의 비밀을 에베소서에 숨겨 놓으셨다!

이 책은 교회가 무엇인지를 고민하는 이들을 위해 쓴 책이다. 작은 이미지들을 색깔과 모양을 조합해 한 장의 큰 이미지를 만드는 '포토모자이크' 방식으로 글을 전개했다. 수십 개의 이야기들을 하나의 주제로 연결하며 에베소서의 줄거리를 풀어나갔다. 다양한 이야기들을 하나의 줄거리로 이어가면서 에베소서가 제시하는 교회의 비밀을 설명하려고 했다.

한국에서 20년 넘게 사역하면서 청년 수련회와 선교단체 수련회, 신학교 강의, 목회자 재훈련 세미나 등에서 에베소서를 강의했다. 그동안 강의한 내용들을 글로 정리한 셈이다.

참된 교회가 무엇인지 고민하는 분들과 평신도 사역의 성경적 근거를 찾는 분들, 목사는 과연 어떤 존재인지 묻고 싶은 분들, 셀목회로 교회 혁명을 시도하는 분들, 교회와 선교의 사명을 연결하고자 갈등하며 교회를 선교 공동체로 변화시키려는 분들에게 에베소서는 분명한 복음의 진리를 가르쳐 주리라 확신한다.

이 책을 사랑하는 아내와 세 아이 한나, 원진, 수정, 수원형제교회, 산호세중앙교회, 토론토형제교회 교우들, 디아스포라선교회 분들, 그리고 복음을 위해 열정과 비전을 나눈 모든 동역자들 및 친구들에게 바친다.
이 책은 그 모든 분들의 사랑과 헌신으로 함께 쓰여졌기 때문이다.

실리콘밸리에서 **조경호 목사**

> 들어가는 말

교회의 대탈출이 시작되었다

조지 바나는 『레볼루션 교회 혁명』 베이스캠프에서 탈교회로 혁명을 시도하는 신자들의 수가 미국 내에서만 2천만 명이 넘는다고 했다. 오랫동안 실시된 설문조사에 의하면 겉으로 평온해 보이는 전통적 교회에 은밀하고 혁명적인 개혁 운동이 진행되고 있었다. "이들은 교회 출석이 아니라 교회됨에 관심을 가진다. 자신의 삶 속에서 하나님을 체험하기 원하지만 지역 교회에서 그 열망을 채울 수 없을 때, 교회 출석을 거부하고 스스로 교회가 될 것을 선택한다. 이들은 보다 진지한 신앙 체험을 다짐하며 사도행전에 나오는 초대교회에 관심을 기울이고 있다."

조지 바나는 또 다른 보고서에서 "2025년까지 지역 교회는 대략 신자의 절반 정도를 잃게 될 것이며, 교회 기피자들은 대안 교회를 찾을 것으로 보인다. 영적으로 미지근한 교회를 떠나 사도행전적 교회를 갈망하는 교인들이 크게 증가하고 있다."고 했다.

프레드릭 뷰크너는 이렇게 말했다. "지난 수년간 교회에 가는 횟수가 점점 줄었다. 거기에는 내가 갈망하는 것이 별로 없기 때문이다. 내가 갈망하는 것은 오직 하나님이 계시다는 강렬한 느낌이다."

교회의 대탈출이 시작되었다. 작은 교회에서 대형 교회로, 골목 교회에서 현대화된 교회로, 전통적이고 미지근한 교회에서 영적 충족감을 주는 새로운 교회로 거대한 탈주자들이 떼를 지어 이동하고 있다.

이 탈출을 이끄는 두 개의 축이 있다. 새로운 교회 문화의 창의성을 보여 주는 멀티미디어형 교회와, 진지하게 초대교회의 영성을 추구하는 수도사적 교회다. 탈주자들 또한 둘로 나뉜다.

눈에 보이는 화려함을 좇아 움직이는 교회 쇼핑족과, 내면의 깊은 신앙적 갈망을 좇아 떠나는 구도자적 무리이다.

『LA 타임스』도 "전통적 종교를 멀리하는 미국인 증가"라는 제목의 기사에서 뉴욕 시티 대학교 연구팀의 조사 결과를 인용했다. 미국 내에서 무려 2,700만 명이 종교를 거부하고 있는데, 이는 미국인 7명 중 1명 꼴로, 그 수치가 지난 10년 동안 두 배로 늘어났다고 한다.

그들은 교회를 떠나는 것이 아니다. 믿음을 저버리는 것도 아니다. 진정한 신앙 체험을 찾아 진부한 예배와 교회를 떠나고 있다고 기사는 전했다.

이제 사람들은 박물관 유물처럼 남겨진 교회의 빈 자리를 채우는 무기력함을 거부한다. 식물인간처럼 호흡만 겨우 남은 교회에서 지루함을 참으며 앉아 있기를 원치 않는다. 거대한 무리가 거리로 뛰쳐나와 침묵 시위를 벌이고 있다. 새로운 교회를 달라고 외치고 있다.

그렇다. 교회는 변화되어야 한다. 시대에 따라 바뀌는 유행의 노예가 아니라, 시대를 이끌어가는 선구자가 되어야 한다. 그러나 오늘날 교회의 현실은 답답할 뿐이다. 세상을 변화시켜야 할 교회가 도리어 세상을 부러워하고 세상 방식을 흉내 내고 있다.

세상은 성경에서 비즈니스와 리더십 원리를 찾아내 변화를 모색하고 있는데, 교회는 오히려 세속적 경영 이론을 좇아 교회 성장을 추구하고 있다.

두 교회의 충돌

21세기 포스트모던 시대에 전통적 목회는 종말을 고할 때가 되었다고 교회 전문가들은 말한다. 전통적 교회의 권위주의, 수백 년 동안 변하지 않은 예배의식, 원고에서 눈을 떼지 못하고 읽어내는 틀에 박힌 설교, 비대해진 교회 조직의 무용성에 대해 사람들은 더 이상 참으려 하지 않는다.

오랜 교회 역사 가운데 사탄은 신학과 기초 교리를 해킹해서 바른 진리를 삭제하고 설득력 있어 보이는 거짓 교리의 바이러스와 악성 코드를 숨겨 놓았다. 결과는 놀라웠다. 거짓 교리들이 전통 교회의 대중적 신앙 지식과 인식을 지배하게 되었고, 손상된 교리가 교회 역사를 이끌게 되었다.

그러나 진정한 교회를 추구하는 구도자들에 의해 삭제된 초대교회 파일이 복구되었다.

그들은 사도행전을 통해 잊혀진 초대교회의 얼굴을 되찾아내고 현대적 의미를 간직한 새로운 용어로 소개했다. '셀교회, G-3, G-12, 가정교회, 작은 교회 개척 배가운동, 소그룹 목회' 등의 이름으로 성경적 교회는 세상에 다시 등장했다. 최근 교회 회복 운동은 셀교회에서 이머징 교회emerging church, 이 책에서 이머징 교회는 전통적 교회와 구별되는 성경적 의미의 교회 회복을 추구하는 새로운 교회 운동을 일컫는다. 운동으로 확산되면서, 이머징 교회가 새로운 성경적 교회로 소개되고 있다. 그렇다면 전통적 교회와 이머징 교회는 어떤 차이가 있을까?

기본 구조의 차이

전통적 교회와 이머징 교회는 기본 구조에서부터 차이가 있다. 조직의 구조는 그 조직의 사명과 목적성을 보여 주는 중요한 기준이다. 비전, 사명, 목적이 통합되어 구조로 나타나기 때문이다. 전통적 교회와 이머징 교회를 '구원의 확신-봉사-세상'이라는 삼중 구조의 관점에서 볼 때 다음과 같은 차이를 알게 된다.

전통적 교회의 삼중 구조는 바깥쪽의 가장 큰 원이 개인의 구원의 확신, 중간 원이 교회 안에서의 봉사, 안쪽의 작은 원이 세상에서 전도하는 삶이다. 그러나 이머징 교회는 가장 큰 원이 세상, 중간 원이 교회, 가장 작은 원이 신자 개인으로 되어 있다. 전통적 교회가 개인의 구원을 강조하는 반면, 이머징 교회는 세상에서 복음을 전하는 도구로서의 교회를 강조한다.

전통적 교회의 구조는 개인 구원에서 시작해서 세상에서 전도하는 삶으로, 삶을 이끌어가는 열정의 방향이 바깥에서 안으로 향하는 화살표를 그린다. 그러나 반대로 이머징 교회는 "땅 끝까지 가라"는 지상명령의 비전을 좇아 안에서 바깥으로 향하는 화살표를 그린다. 나에게서 시작된 복음의 영향력이 교회로 옮겨지고, 다시 교회에서 세상으로 전개되는 하나님 나라의 확장 방식을 확실하게 보여 주는 것이다.

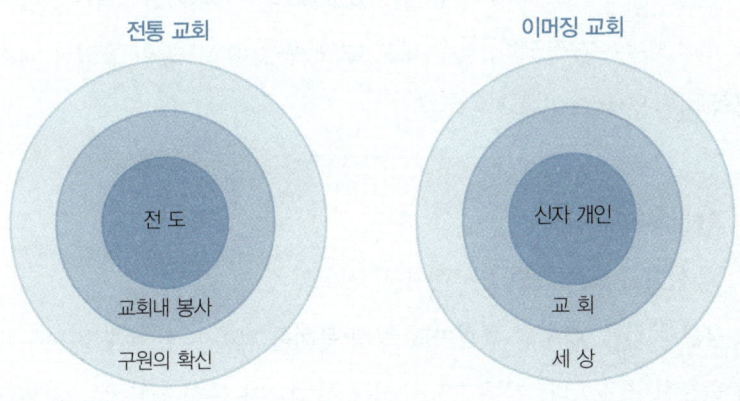

비전의 차이

비전은 교회마다 다르다. 담임목사의 목회 철학과 교회의 환경에 따라 달라지기 때문이다. 그러나 주님이 명령하신 교회의 기본 사명은 어느 교회에나 항상 동일해야 한다.

지금까지 복음전도는 개인 구원이 중요한 목표였다. 전도를 통해 개인이 구원의 확신을 갖게 하고, 그를 주님의 제자로 양육하는 것이 전통 교회의 비전이었다. 반면 이머징 교회의 비전과 목표는 개인 구원을 통한 교회 개척이다.

전통 교회가 신자 수 늘리기 식의 전도에 힘쓰는 반면, 이머징 교회는 잃어버린 사도행전적 교회의 생명력을 회복하는 교회 개척을 추구하는 것이다.

교회는 세상을 변화시키는 하나님의 도구이기 때문에 세상이 복음화되려면 골목마다 거리마다 더 많은 교회가 필요하다. 물론 건물로서의 교회를 의미하는 것이 아니라 작은 공동체로서의 교회를 뜻한다. 셀교회, G-3, G-12, 가정교회, 작은 교회 배가 운동(CPM) 등이 동일한 교회 개척 비전을 갖고 있다.

목회 주체의 차이

"목회의 주체는 과연 누구여야 하는가?"

평생 목회를 해야 할 목회자와 평생 목회를 받아야 할 성도들 모두에게 중요한 질문이다. 전통 교회에서는 목회자가 목회 전문가로서 목회를 전담한다. 성례와 설교는 목회자 고유의 전문 영역으로 인정된다. (목회자의 권위주의 강화 정책은 축도권에 이어 설교권에 이르기까지 목회자의 권위에 대한 논쟁을 불러왔다.) 전통 교회는 목회자의 목회 영역에 확실한 경계를 긋고 있다. 평신도는 목회자를 따라갈 뿐이다.

반면 이머징 교회에서 목회의 주체는 성도다. 이를 '평신도 목회'라 부른다. 목회자는 성도들이 목회할 수 있도록 가르치고 훈련하는 목회 코치이며 목회 감독이다.

이머징 교회는 종래의 중앙집권 구조를 해체하여, 성직자 중심에서 평신도 중심으로 목회 사역을 위임시킨다. 권위적인 목회자가 아닌 평신도가 목회하던 초대교회의 길거리 목회, 삶으로서의 목회를 이 시대에 다시 재현하고 있는 것이다.

폴 스티븐스는 현대 목회의 최대 문제는 불완전하게 고용된 평신도와 과잉 고용된 목회자라고 지적했다. 이머징 교회는 목회자와 성도를 해방시켰다. 목회자뿐 아니라 모든 성도가 다 복음을 위한 사역자가 되어야 한다.

마이클 그린도 이 점을 지적했다. "신약성경의 가장 근본적인 진리는 몇몇 성도만이 아니라 모든 성도가 하나님의 사역자로 부름받았다는 사실이다. 기독교라는 열차에는 1등칸은 목회자 전용, 2등칸은 일반 성도용이라는 구분이 없다. 신약성경에 사역자가 아니거나 전도자가 아닌 그리스도인은 단 한 명도 등장하지 않는다."

파트너십 목회

현대 사회학의 최고 거목이며 '영국의 자존심'이라고 일컬어지는 앤서니 기든스는 『제3의 길』생각의나무에서 자본가와 노동자의 관계를 '이와 입술의 관계'로 설명했다. 기업 경영에 있어 자본가와 노동자 관계는 풀리지 않는 영원한 숙제였다. 이 문제를 풀기 위해 많은 연구와 해법이 제시되었지만 근본적인 문제점은 여전히 남아 있다.

최근 자본주의 진영에서 '노동자를 자본가화' 하는 제도를 제시하고 있는데, 대표적으로 종업원 지주제가 있다. 종업원으로 하여금 자기 회사의 주식을 소유한 투자자가 되게 하여 고용주와 종업원 모두가 "자본주의 만세!"를 외치게 하는 제도로, 선진국에서는 전체 주식의 과반수를 종업원에게 넘긴 기업이 상당수에 이른다.

목회자와 평신도의 관계는 자본가와 노동자의 관계보다도 더 악화되었다. 성도들은 목회자의 추종자가 되거나 비판자로 남으려 한다. 하지만 교회도 목회자와 평신도가 대립하고 갈등할 것이 아니라 '제3의 길'을 찾아야 한다. 세상에서는 노동자를 자본가화하는 사회적 대격변이 일어나고 있는데 교회는 아직도 목회자와 평신도라는 계급 구조에 매여 있다.

이머징 교회는 목회자가 평신도를 집중 훈련시켜 '목회자화' 하는 '파트너십 목회'를 새로운 교회상으로 제시하고 있다. 이제 목회자와 평신도는 상하계급의 주종관계가 아니라 복음 사역과 하나님 나라의 확장을 위해 협력하는 제3의 길을 걸어가야 한다. 목사는 직분일 뿐이다. 에베소서를 통해 이 말의 의미를 이해하게 되기를 기대한다.

교회 역사학자들은 존 웨슬리가 가져온 부흥의 원동력이 목회 사역에 평신도를 조직적, 지속적으로 활용한 데 있었다고 평가한다. 그로 인해 웨슬리는 두 가지 비판, 곧 옥외 설교와 평신도 설교자에 대한 비판에 시달려야 했다.

그는 자신이 목회하는 반세기 동안 모두 63명의 평신도 설교자를 훈련시켰고, 그중 40%가 그가 죽을 때까지 그와 동역한 것으로 알려져 있다. 평신도 목회 운동이 웨슬리의 부흥과 교회 확장의 원동력이 되었던 것이다.

"모든 신자는 제사장으로 부르심받았다."

종교개혁을 이끌었던 이 진리는 아직도 제 의미를 되찾지 못하고 있다. 절대 다수인 성도들이 복음 사역자로 훈련받고 평생을 하나님께 헌신한다면 웨슬리가 가져왔던 부흥을 이 시대에 재현할 수 있을 것이다.

이머징 교회는 두 번째 종교개혁으로 받아들여지고 있다. 전통적 목회와 이머징 목회의 새로운 대립과 도전에서 우리는 에베소서를 통해 시대의 흐름에 대한 역사적 안목을 얻고자 한다. 에베소서는 "왜 이머징 교회여야 하는가?"에 대한 대답을 교회의 비밀을 통해 알려주고 있다.

에베소서에 숨겨진 비밀

물리학자, 건축가, 화가 세 사람이 지혜를 겨루었다. 각자에게 주어진 기압계만 가지고 탑의 높이를 알아맞히는 시합이었다.

물리학자는 자신만만했다. 늘 하던 일이었기 때문이다.

건축가는 더 자신이 있었다. 그는 탑 꼭대기와 탑 밑단의 기압을 측정해서 기압차를 계산했고, 높이가 12미터 상승할 때마다 기압계 수은주가 1밀리미터씩 떨어진다는 사실을 적용해 답을 얻었다.

그러나 화가는 난감했다. 그는 기압계를 작동하는 방법조차 몰랐다. 하지만 정답을 정확하게 맞힌 사람은 화가였다. 그는 탑 관리인을 찾아가 기압계를 선물하고 창고에 보관되어 있던 먼지 쌓인 설계도를 잠시 빌려 도면에 기록되어 있던 탑의 높이를 확인했기 때문이다.

우리도 이제 최고 성능을 가진 기압계를 내다 버리고 먼지 쌓인 설계도를 꺼내 보려고 한다.

월간 『목회와 신학』이 기독교인 1,557명을 대상으로 "한국 교회의 갱신과 개혁의 필요성"에 대해 설문조사를 실시했다. 응답자 가운데 44%가 개혁이 필요하다고 대답했다. 한국 교회의 가장 큰 문제점으로는 '교회의 세속화와 영성의 약화'를 지적했다. 그뿐 아니라 교회의 '지나친 외적 성장'도 문제점으로 지적했으며, 교인들의 '영적 각성과 신앙 열정의 회복'도 절실하다고 답했다.

교회는 새로운 변화를 갈망하고 있다. 우리가 잃어버린 교회상을 찾아내 사도행전적 교회로 돌아가고자 한다면, 복음에 계시된 교회의 비밀을 알아야 한다.

잃어버린 설계도

하나님께서는 에베소서에 그 비밀을 담아 두셨다. 에베소서는 '교회를 통한 하나님의 구속사'를 전개하고 있다. 에베소서에서 교회의 비밀을 발견하지 못한다면 지금 일어나고 있는 교회의 여러 가지 혼란을 멈출 수 없을 것이다. 이제 에베소서를 통해 교회의 설계도를 한 장씩 넘기면서 주님이 애초에 설계하신 교회를 복원하고자 한다.

바울은 에베소서에 '교회의 비밀'을 기록했다. 바울과 에베소 교회의 관계는 특별했다. 바울은 두 번째 선교여행을 마치고 안디옥으로 돌아오는 길에 에베소에 잠시 머물렀다 행 18:19-22.

당시 에베소는 로마 제국의 중심지였다. 세 번째 선교여행 중에는 에베소에 3년간 머물렀다. 그는 에베소에서 세례 요한을 따르는 제자들에게 세례 흔히 침례교에서는 침례로 부르지만, 본서에서는 세례로 통일한다를 주었고 행 19:1-7, 두란노서원에서 강론했다 행 19:8-10.

에베소에서의 바울의 열정적인 사역으로 아시아 사람들이 복음을 듣게 되었고 놀라운 기적들이 일어났다 행 19:11-16. 마술사가 개종하고, 아데미 여신을 섬기던 백성들이 그리스도께 돌아오고 우상들을 태워 버리는 역사가 일어났다. 그러자 우상 제조업자들이 큰 소동을 일으키기도 했다 행 19:23-41. 세 번째 선교여행을 마치고 예루살렘으로 돌아오는 길에 바울은 항만도시 밀레도에서 에베소 장로들에게 감동적인 고별 연설을 했다 행 20:13-35.

그러나 바울이 떠난 뒤 에베소 교회로부터 슬픈 소식이 전해져 왔다. 유대인과 이방인 사이에 갈등이 일어나 교회가 위기에 빠졌다는 것이었다. 이 소식을 들은 바울은 로마 감옥에서 "에베소서"를 썼다. 그는 에베소의 유대인과 이방인 사이의 분열과 다툼을 치유하기 위해 교회를 통해 이방인과 유대인을 하나의 공동체, 한 가족으로 만드신 하나님의 계획을 설명하고 있다.

바른 지식만이 바른 실천을 낳는다. 바울은 이스라엘이 실패한 이유가 지식의 부족에 있다고 했다. "내가 증거하노니 저희가 하나님께 열심이 있으나 지식을 좇은 것이 아니라 하나님의 의를 모르고 자기의를 세우려고 힘써 하나님의 의를 복종치 아니하였느니라" 롬 10:2-3.

지식 없는 열심이 이스라엘 공동체를 썩은 냄새를 감춘 회칠한 무덤으로 만들고 말았다. 이사야와 동시대에 북이스라엘에서 예언자로 활동했던 호세아도 이스라엘을 책망했다. "내 백성이 지식이 없으므로 망하는도다 네가 지식을 버렸으니 나도 너를 버려 내 제사장이 되지 못하게 할 것이요 네가 네 하나님의 율법을 잊었으니 나도 네 자녀들을 잊어버리리라"호 4:6. 지식을 버린 백성을 하나님께서 버리셨다.

오늘 교회가 겪는 혼란도 지식 부족에서 기인한다고 할 수 있다. 그리스도의 제자가 되려면 복음에 대한 명확한 지식을 소유해야 한다. 복음은 하나님의 비밀이다. 비밀은 하나님의 지혜만이 알 수 있는 지식이기에 비밀을 깨닫기 위해서는 성령의 계시가 필요하다.

교회의 부패는 항상 시대의 부패를 동반했다. 교회가 타락할 때 사회의 도덕성도 따라서 혼란에 빠졌다. 건축 숭배, 숫자 숭배, 엔터테인먼트 숭배에 빠진 현대 교회는 세상의 비웃음거리가 되고 있다. 오늘의 교회가 시대의 변화를 이끌어가는 하나님의 도구가 되려면, 먼저 복음에 대한 계시적 지식을 회복해야 한다.

또한 아토스의 성자 스타레츠 실루안은 이렇게 말했다. "하나님을 믿는 것과 아는 것은 다르다. 천상에서든 지상에서든 인간은 성령을 통해서만 주님을 알 수 있다. 평범한 학습을 통해서는 알 수 없다." 신령한 것은 신령한 것으로 분별한다. 오직 성령의 계시를 통해서만 주님을 알 수 있다.

우리는 성령의 계시를 찾아내고 교회에 대한 하나님의 계획을 발견할 수 있다. 에베소서에 나타난 '복음의 비밀, 그리스도의 비밀, 교회의 비밀'을 다시 찾아내야 한다. 성령의 계시와 강단의 지성이 회복될 때 교회는 변화되고 개혁될 수 있다.

리처드 와틀리는 "말해야 하기 때문에 전하지 말고, 말해야 할 것이 있기 때문에 전하라."고 했다.

"말해야 할 것이 있기 때문에!"

오늘날에는 바로 이런 사역자가 필요하다.

Chapter 1
교회를 보여 주는 세 가지 조감도

에베소서 1장

　항공기의 네비게이션 시스템에 직접 연결된 항공경로는 이동경로에 따른 항공기의 위치를 알려준다. 운항 내내 스크린을 통해 승객들에게 제공되는 항공경로는 현재까지 비행한 거리 및 도착 예정 시간, 현재 지점 시간 같은 세부사항까지 명확하게 제공한다. 지속적으로 내용이 갱신되며, 움직이는 비행기의 정확한 위치를 지도 위에서 보여 줌으로써 여행객들에게 자신이 지금 어디쯤 가고 있는지 알 수 있게 해준다.

　바울은 교회의 비밀을 설명하기 위해 먼저 하나님의 구원 계획 속에 감춰진 교회의 위치를 세 가지 관점에서 입체적으로 보여 준다. 에베소서 1장과 3장에서 복음에 대한 개관을 설명하면서 그 중심에 깊이 감춰진 교회를 꺼내어 그 영광스러운 모습을 먼저 우리 앞에 전시해 준다.

첫 번째 관점은 메시아 5단계로 그리스도의 구속 사역을 보여 준다 : 죽음 - 부활 - 승천 - 만유의 주 - 교회의 머리

두 번째 관점은 복음의 일꾼으로서 바울이 가르친 복음의 두 가지 내용을 설명한다.

세 번째 관점은 삼위일체 하나님께서 인간의 구원을 위해 어떻게 협력하셨는가를 찬양한다.

1. 첫 번째 관점 : 교회, 구속의 완성

그 능력이 그리스도 안에서 역사하사 죽은 자들 가운데서 다시 살리시고 하늘에서 자기의 오른편에 앉히사 모든 정사와 권세와 능력과 주관하는 자와 이 세상뿐 아니라 오는 세상에 일컫는 모든 이름 위에 뛰어나게 하시고 또 만물을 그 발 아래 복종하게 하시고 그를 만물 위에 교회의 머리로 주셨느니라 교회는 그의 몸이니 만물 안에서 만물을 충만케 하시는 자의 충만이니라 엡 1:20-23

본문은 성령의 능력, 그 신성한 힘이 만들어 낸 그리스도의 구속 사역을 설명하고 있다. 예수님의 일생과 구속사의 성취는 성령의 사역이었다. 주님의 생애는 성령의 능력으로 시작해서 성령또 다른 보혜사을 보내심으로 완성되셨다. 주님은 성령으로 잉태되셨으며 마 1:18, 성령으로 사역하셨고, 성령의 능력으로 부활하셨으며, 성령을 우리에게 보내시기 위해 승천하셨다 요 14:26.

성령의 능력을 통해 그리스도께서 메시아가 되신 다섯 단계에 하나님의 구속사와 교회의 비밀이 전개되고 있다. 성령의 능력이 예수님을 메시아로 세우셨다. 예수님을 죽은 자 가운데서 부활시키시고, 하나님 보좌 우편에 앉히셨으며, 만물의 으뜸이 되게 하시고, 교회의 머리로 세우심으로 하나님의 구속사를 완성하셨다.

그리스도 안에서 진행된 구원 계획 1:20-23
죽음-부활-승천-만물의 주-교회의 머리

신앙의 각인 현상

야생동물의 본능 중에 '각인 현상'이라는 것이 있다. 오리나 기러기 등은 알에서 나와 처음 보는 것을 어미로 알고 따른다는 이론이다.

신앙에도 각인 현상이 있다. 신앙생활을 처음 시작할 때 어떤 지식을 배웠느냐에 따라 신앙 행동양식이 정해지고, 교회에서 처음 듣고 배운 내용이 평생의 신앙생활을 결정한다. 복음은 '그리스도'를 전하는 것이다. 우리가 전하고 가르치는 복음은 '메시아 구속 사역의 5단계'가 모두 포함되어야 한다. 다섯 단계 중 일부만 가르치고 전할 수는 없다. 반쪽 복음을 전하고 가르친다면 신앙도 절름발이가 될 수밖에 없다.

만일 누군가 선물을 반쪽만 보내 왔다면 선물을 받은 사람은 기분 나쁘고 실망스러울 것이다. 하나님의 선물인 복음도 더럽혀지거나 손상되지 않고 온전해야 한다. 교회는 온전한 복음을 가르쳐야 한다. 어느 한쪽만 강조하고 나머지는 삭제해 버린다면 교회와 신앙은 제 기능을 발휘할 수 없게 된다. 반쪽 복음은 사람을 변화시키지 못한다. 한쪽 전선으로 전등을 밝힐 수는 없다.

전체를 보는 통찰의 중요성은 성공학에서도 강조하는 요건이다. 토머스 에디슨도 성공 비결을 말하면서 전체 계획을 세우는 것이 우선이라고 했다. 성공적인 신앙의 비결도 동일하다.

먼저 구원의 전체 그림을 볼 수 있어야 한다. 주님을 따르는 동안 우리는 항상 전체를 보는 시각을 유지해야 한다. 그리스도의 '죽음', '부활', '승천', '만물의 주', '교회의 머리' 각 단계에 담겨 있는 하나님의 계획을 깨달아야 한다. 이 다섯 단어가 그리스도를 이해하고 아는 중심 지식과 단어가 되어야 한다.

십자가에서 죽으시고 부활하신 주님은 승천하신 후 만물의 주로, 교회의 머리로 통치하고 계신다. 그리스도의 구속사의 절정은 '만물의 주'와 '교회의 머리'에 있다. 하나님의 구속사의 최종 목표와 완성은 그리스도의 몸인 교회를 세우는 데 있다.

교회는 그리스도의 살아 있는 몸이다. 교회는 사람과 사람으로 연결되고 세워진 생물학적 공동체다. 하나님의 계획은 그리스도의 몸된 교회를 통해 모든 믿는 자들이 그리스도 안에서 하나 되어 그리스도의 충만을 경험하게 하는 것이다. 교회를 통하지 않고서 그리스도의 충만을 경험할 수는 없다. 교회가 유일한 길이다. 그분의 몸된 교회만이 우리를 그리스도의 충만으로 데려갈 수 있으며 세상을 변화시킬 수 있다.

교회는 그분의 손과 발과 심장과 목소리여야 한다. 그리스도의 충만으로 가는 유일한 길이 교회이기 때문에 우리는 끊임없이 교회를 개혁해야 한다. 이스라엘 백성이 요단강을 건너지 않고는 하나님이 주신 약속의 땅 가나안에 들어갈 수 없었던 것처럼, 우리도 살아 있는 교회를 통해서만 젖과 꿀이 흐르는 약속의 땅을 기업으로 얻을 수 있다.

마이클 야코넬리는 교회 갱신에 대해 이렇게 말했다. "교회에 필요한 것은 갱신이 아니라 혁명이다. 우리가 타협 대신 혁명의 관점에서 생각하지 않는 한, 그동안 사고와 행동의 기준으로 삼아 온 모든 문화적 잔재를 깨끗이 내버리지 않는 한, 교회는 말뿐인 갱신의 몸짓으로 스스로를 안위할 따름이다."

우리는 그리스도의 충만한 시대를 열망한다. 거룩한 불이 다시 제단에 임하기를 간구한다. 주님의 이름이 높임받는 새로운 시대를 열기 원한다. 모든 민족과 열방이 주님 앞에 무릎 꿇고 그분을 경배하는 날이 오기를 갈망한다. 우리가 주님의 메시아 5단계를 이 시대에 완벽하게 재현하는 교회가 될 때 하나님께서 그 일을 이루실 것이다.

2. 두 번째 관점 : 복음 이해

이 복음을 위하여 그의 능력이 역사하시는 대로 내게 주신 하나님의 은혜의 선물을 따라 내가 일꾼이 되었노라 모든 성도 중에 지극히 작은 자보다 더 작은 나에게 이 은혜를 주신 것은 측량할 수 없는 그리스도의 풍성을 이방인에게 전하게 하시고 영원부터 만물을 창조하신 하나님 속에 감추었던 비밀의 경륜이 어떠한 것을 드러내게 하려 하심이라 이는 이제 교회로 말미암아 하늘에서 정사와 권세들에게 하나님의 각종 지혜를 알게 하려 하심이니 곧 영원부터 우리 주 그리스도 예수 안에서 예정하신 뜻대로 하신 것이라 엡 3:7-11

바울은 에베소서 3장에서 복음의 일꾼으로 어떻게 부르심받았으며 어떻게 복음을 위해 일했는지 자전적인 고백을 쓰고 있다. 그는 하나님이 어떻게 자신을 사도로 부르셨는지 고백한 후에, 자신을 사도로 부르신 하나님의 목적을 설명하고, 복음의 일꾼인 자신에게 맡겨진 두 가지 복음 사역에 대해 설명한다.

"이 복음을 위하여 그의 능력이 역사하시는 대로 내게 주신 하나님의 은혜의 선물을 따라 내가 일꾼이 되었노라" 엡 3:7. 바울은 "일꾼디아코노스", 곧 하인과 같은 섬김으로 복음 사역을 감당했다. 바울의 사역은 "하나님의 은혜의 선물"로 시작해서 "그의 능력의 역사"로 지속되었다. 하나님의 선물과 능력이 복음을 위한 바울의 섬김을 가능하게 했던 것이다.

복음의 일꾼 된 바울은 복음의 두 가지 지식, 곧 구원과 교회에 관한 지식을 가르쳤다.

"전하게 하시고" 8절

"드러내게 하려 하심이라" 9절

이 두 문장이 바울의 두 가지 사역을 설명해 준다. 바울은 예수님이 그리스도이심을 전파하고 가르치기를 쉬지 않았다. 복음에 대한 지식이 '전하고' '드러내는' 사역의 의무와 형태를 가져왔다.

한국에도 잘 알려진 일본인 칼럼니스트 다치바나 다카시는 『도쿄대생은 바보가 되었는가』청어람미디어에서 일본 최고 엘리트의 산실인 도쿄대학교 학생들의 무지를 비판했다.

고교 시절 생물을 배우지 않고 의학부에 진학한 학생, 뉴턴의 역학도 모르는 기계공학과 학생, 지구 둘레가 1,500킬로미터라고 답하는 이과대생, 민족, 국가 같은 기초 한자조차 읽지 못하는 학생이 많다며 대학의 학력 저하를 한탄했다. 그는 학생들에게 기본 지식을 다시 배울 것을 요청하고 균형 잡힌 교양인이 될 것을 당부했다.

어쩌면 교회에도 비슷한 현상이 일어나고 있는지도 모른다. 복음의 일꾼들이 단편적인 지식만 반복해서 가르친 결과, 교회 전체의 지식 저하를 초래하고 말았다. 바울은 에베소서에서 구원론과 교회론을 복음의 계시에 근거하여 체계적으로 가르쳐 주고 있다.

복음의 핵심 : 구원

바울은 측량할 수 없는 그리스도의 풍성을 이방인에게 전했다. "모든 성도 중에 지극히 작은 자보다 더 작은 나에게 이 은혜를 주신 것은 측량할 수 없는 그리스도의 풍성을 이방인에게 전하게 하시고"엡 3:8.

"풍성"은 "그의 은혜의 풍성함"엡 1:7, "그 은혜의 지극히 풍성함"엡 2:7, "긍휼에 풍성하신 하나님"엡 2:4에도 사용된 단어다.

"측량할 수 없는아네키크니아스톤"은 '발자취를 따를 수 없다'는 뜻이다.

하나님이 주신 풍성함은 결코 완벽하게 파악할 수 없다는 뜻이다. 주님의 은혜는 인간의 지식을 초월한다.

"전하게 하시고 유앙겔리조." 복음의 일꾼의 첫 번째 사역 '전하는 것'은 구원의 방법을 설명해 주는 사역이다. 일반적으로 복음을 전할 때 사용되는 '4영리'나 '하나님과 평화하는 길' 같은 전도지는 '죄, 인간의 무능, 하나님의 사랑, 값없이 주시는 은혜, 믿음과 구원'을 담고 있다. "어떻게 죄인이 구원받을 수 있는가?" 하는 물음에 답하는 구원의 방법론을 전파하는 것이 전하는 사역의 핵심이다.

주님은 제자들에게 "우리가 다른 가까운 마을들로 가자 거기서도 전도하리니 내가 이를 위하여 왔노라"고 하셨다 막 1:38. 주님은 동일한 의무와 사명을 교회에도 주셨다. 우리는 그리스도만이 구원 얻는 유일한 길임을 세상에 전해야 한다. 그리스도의 측량할 수 없는 은혜의 풍성함을 전도를 통해 세상에 알려야 한다. 전도는 교회의 최우선 사역이며, 구원에 이르는 길을 보여 준다.

2006년 "선교 한국" 강사였던 밥 쇼그렌은 미국 교회의 불행한 현실에 대해 다음과 같이 쓰고 있다. "미국 내 6만여 개의 교회에서 예수님을 새로 믿는 사람이 1년에 한 사람도 없다. 미국 교회의 85%가 정체 내지는 소멸 상태에 있다. 미국 내 그리스도인들의 43%가 삶에 대한 가르침은 모든 종교가 비슷하기 때문에 어떤 종교를 따르든 문제될 것이 없다고 말한다."

레잇 앤더슨도 북미 교회의 정체 현상을 지적한다. "세계 선교에서 북미 교회의 역할이 퇴색하고 있다. 미국의 선교 세력은 노화되거나 약화되었다. 2, 3세계 출신 선교 세력이 왕성하게 성장하고 있다. 남미에 매년 5만여 개의 교회가 개척되는 반면에 미국에서는 매주 60개의 교회가 문을 닫고 있다."

교회는 복음전도의 열정을 잃어버렸다. 전도하지 않는 교회는 복음에 대한 사명을 망각한 것이다.

복음의 비밀 : 교회

바울은 자신을 거룩한 "비밀"을 맡은 청지기로 소개했다. 거룩한 비밀은 하나님 안에 감추어져 있었다. 만물을 창조하시기 전부터 하나님은 이 놀라운 비밀을 그분의 영원한 계획으로 간직하고 계셨다 엡 1:4, 3:11. 그리고 마침내 비밀을 드러내셨는데, 그 핵심이 바로 '교회'였다.

복음의 두 번째 지식의 핵심은 교회론이다. 하나님 속에 감추어져 있던 비밀의 경륜을 드러내는 사역이다. "영원부터 만물을 창조하신 하나님 속에 감취었던 비밀의 경륜이 어떠한 것을 드러내게 하려 하심이라 이는 이제 교회로 말미암아 하늘에서 정사와 권세들에게 하나님의 각종 지혜를 알게 하려 하심이니" 엡 3:9-10.

"비밀의 경륜"은 예수 그리스도의 몸된 교회를 말한다. "각종 포리포이키로스"은 다양한 색깔의 아름다움을 말한다. "하나님의 각종 지혜"는 유대인과 이방인을 한 몸 곧 새로운 민족으로 만드는 것을 말하며, 그 지혜가 전달되는 매개체가 교회였다. 하나님의 지혜를 "드러내는" 교회가 이 땅에 세워져야 한다.

교회는 하나님의 지혜, 하나님의 경륜의 실체다. 이 계획은 "영원부터 우리 주 그리스도 예수 안에서 예정하신 뜻대로 하신 것"엡 3:11이다. 하나님이 우리를 구원하시는 목적은 예수 그리스도의 몸된 교회를 세우시려는 것이다. 교회를 그리스도의 몸으로 세우는 것이 하나님의 경륜, 하나님의 지혜, 하나님의 영원한 목적이다.

따라서 하나님께서 성취하고자 하셨던 구속사의 가장 큰 계획이 교회다. 교회는 하나님의 지혜와 은혜와 모든 목적이 담긴 거룩한 공동체로 선언되었으며, 바울은 교회 개척자로 자신을 하나님께 드렸다.

반쪽 복음으로는 안 된다

본회퍼는 '값싼 은혜'의 허구성을 지적했다. 값싼 은혜는 구원만 강조할 뿐 죄에서 우리를 구원하신 하나님의 목적은 가르치지 않는다. 복음에는 '구원'과 '교회'의 두 가지 계시가 담겨 있다. 바울은 구원과 교회의 이중 계시를 통해 "하나님 속에 감추었던 비밀의 경륜오이코노미아"을 선포했다.

우리가 들어야 할 복음은 '구원과 교회'에 대한 두 가지 복음 진리다. 복음적인 설교자는 이 두 메시지를 모두 가르친다. 하지만 오늘날 진정한 복음의 계시를 가르치는 설교자가 드물기에 복음은 능력을 잃어버렸다. 복음에 충실한 메신저가 없다면 하나님은 아무 일도 하실 수 없다.

유진 피터슨은 "좋은 목회자를 만나는 복"이란 글에서 자신이 경험한 목회자들에 대해 나누었다.

"어린 시절 경험한 목회자는 싸구려 서커스를 선전하는 바람잡이 같았고, 어른이 되어서 만난 목회자들은 대기업 경영자를 어설프게 모방한 듯 보였다. 그들은 교회가 기업체인 양 열심히 일하는 종교 사업가 또는 대형 쇼핑몰을 건축하는 사업가처럼 보였다. 그들은 종교적 출세주의자였으나 선한 목자인 양 행동했다."

사역자는 복음을 위해 부르심받았다. 바울처럼 그리스도를 '전하고, 드러내는' 계시의 지식이 회복되어야 한다.

두 개의 입체적 조감도

우리는 교회를 보여 주는 두 개의 입체적 조감도를 보았다. 예수 그리스도의 메시아 5단계와 바울이 복음의 일꾼으로 전파했던 복음의 두 가지 지식을 살펴보면 통일성이 있다. 바울이 전한 복음의 두 측면은 예수 그리스도의 메시아 5단계를 둘로 나눈 것과 같으며, 바울이 전파한 구원론과 교회론은 메시아 사역의 5단계에 근거한다.

전하게 하시고 (구원) – 죽음, 부활, 승천

하나님은 예수 그리스도의 '죽음'과 '부활'을 통해 우리를 죄에서 해방시키셨다. 그리고 주님의 '승천'을 통해 보혜사 성령을 이 땅에 보내셨다. 성령은 죄를 깨닫게 하시고, 우리를 그리스도께로 인도해 거듭나게 하셔서 믿는 자 안에 거하신다. 그러므로 예수님의 죽음, 부활, 승천 세 단계는 한 사람의 죄인을 구원하시는 그리스도의 구속 사역이다.

드러내게 하시고 (교회) – 만물의 주, 교회의 머리

승천 후 '만물의 주' 와 '교회의 머리' 되신 주님은 구원받은 하나님의 자녀들을 하나님의 새로운 공동체, 곧 그리스도의 몸된 교회로 만드셨다. '교회의 머리' 되신 주님은 몸된 교회를 통해 땅 끝까지 복음을 증거하게 하시고, '만물의 주' 되신 주님은 세상 역사를 통치하셔서 마침내 세상의 종말을 전개하신다. 그리고 그리스도의 재림으로 이끌어가실 것이며, 그리스도의 재림과 더불어 영원한 나라가 완성될 것이다.

그러므로 우리는 이 시대에 복음의 일꾼으로서 그리스도의 비밀을 깨달아 구원과 교회를 전파하고 가르치는 사명을 감당해야 한다.

3. 세 번째 관점 : 삼위 하나님의 구원 사역

바울은 교회가 무엇인가를 보여 주는 세 번째 그림으로 우리를 안내한다. 그는 에베소서 1장에서 삼위일체 하나님의 관점에서 본 구원의 전체 설계도를 보여 준다 3-14절.

- 그리스도의 관점 – 메시아 5단계 1:20-23
- 복음의 일꾼의 관점 – 계시의 두 내용 3:7-10

• 삼위일체 하나님의 관점 – 구원의 전체 설계도 1:3-14

바울은 하나님이 주신 구원을 하나의 문장으로 뜨겁게 찬양한다(에베소서 1:3-14 전체가 한 문장이다). 에베소서에는 이렇게 긴 문장이 여덟 개나 있다1:3-14, 15-23, 2:1-7, 3:1-13, 14-19, 4:1-7, 11-16, 6:14-20.

본문은 하나님 나라 입구에 서 있는 거대하고 화려한 정문을 바라보는 듯한 흥분을 자아낸다.

삼위일체 하나님이 완벽한 구원 계획을 세우셨고, 각 위(位)의 하나님이 고유 사역을 담당하셨다. 인류를 구원하시려는 하나님의 구원 계획은 치밀하고 완벽하게 준비되었다. 삼위 하나님이 각각 사역을 담당하셨지만 본질적으로 하나의 사역이기 때문에, 바울은 그 모두를 한 문장으로 기록했다.

토저는 "구원은 우리 편의 선택으로 말미암은 것이 아니라 하나님 편에서 비롯된, 지극히 높으신 하나님의 사로잡으심이요 붙잡으심이며 정복하심이다."라고 했다.

하나님의 구원을 선포하는 바울은 찬양이 넘쳤다.

"찬송하리로다 하나님 곧 우리 주 예수 그리스도의 아버지께서 그리스도 안에서 하늘에 속한 모든 신령한 복으로 우리에게 복 주시되"엡 1:3.

"찬송율로게토스"은 '환호하다', '열광하다' 는 뜻으로, 광화문 사거리를 가득 채웠던 월드컵 축구 응원단을 연상해 보면 된다. 바울은 "찬송찬미"이라는 단어를 네 번 반복해 사용했다. "찬송"이라는 단어를 중심으로 삼위일체 하나님의 구원 사역을 각 위의 하나님의 사역별로 구분하고,

각 위의 하나님이 행하신 구원 사역을 설명하고, 각 위의 하나님이 주시는 은혜를 찬송하고, 각 위 하나님께 영광 돌리고 있다 엡 1:3, 6, 12, 14.

> 성부 하나님의 계획 – 구원의 목적과 방법
> 성자 하나님의 구속 – 구원의 진행 과정
> 성령 하나님의 성취 – 구원의 보증과 완성

성부 하나님의 구원 사역 : 선택과 계획

> 찬송하리로다 하나님 곧 우리 주 예수 그리스도의 아버지께서 그리스도 안에서 하늘에 속한 모든 신령한 복으로 우리에게 복 주시되 곧 창세 전에 그리스도 안에서 우리를 택하사 우리로 사랑 안에서 그 앞에 거룩하고 흠이 없게 하시려고 그 기쁘신 뜻대로 우리를 예정하사 예수 그리스도로 말미암아 자기의 아들들이 되게 하셨으니 이는 그의 사랑하시는 자 안에서 우리에게 거저 주시는 바 그의 은혜의 영광을 찬미하게 하려는 것이라 엡 1:3-6

하나님은 "우리 아버지" 2절시며, 또한 "그리스도의 아버지" 3절시다.
성부 하나님이 구원을 위해 하신 일은 무엇일까? 성부 하나님은 우리를 '선택' 하셨다. 선택의 목적과 선택의 방법을 정하셨다. 하나님의 선택에는 하나님께서 주실 수 있는 모든 신령한 복이 담겨 있다 3절.
성부 하나님은 우리에게 복 주시는 분이시다. "복(율로게)"이란 단어는 구약성경에 400여 회 사용되었는데, 하나님이 자녀들에게 베푸시는 모든 도움을 뜻한다.

'율로게'는 마리아의 동정녀 수태에도 사용된 단어다. "여자 중에 네가 복이 있으며 네 태중의 아이도 복이 있도다" 눅 1:42. 하나님의 선택으로 마리아는 축복의 여인이 되었다. 아버지께서는 "하늘에 속한" 모든 영적인 복으로 우리에게 복 주셨다. 이는 믿는 자에게 주시는 영원한 축복과 번영을 의미한다. 영적 삶에 필요한 모든 영적 부요함을 포함한다.

하나님이 주시는 적극적인 도움은 오직 그분의 자녀들에게 부여되며, 축복은 하나님이 계속 공급하기로 약속하신 것이다. 그러므로 선택이 곧 축복이다. 선택받은 자가 되었다는 것은 이미 축복에 참여한 것이다.

아버지 하나님의 선택에는 두 가지 측면이 있다.

거룩하고 흠이 없게 하시려고

선택의 목적은 믿는 자로 하여금 "그 앞에 거룩하고 흠이 없게 하시려" 함이다 엡 1:4. 그리스도인은 '거룩한 자 하기오스'로 하나님께 구별된 자가 되어야 한다. 우리의 시간, 재능, 소유, 인생 전체를 따로 구별하여 하나님께 바쳐야 한다. "전에 너희가 너희 지체를 부정과 불법에 드려 불법에 이른 것같이 이제는 너희 지체를 의에게 종으로 드려 거룩함에 이르라" 롬 6:19.

또한 "책망할 것이 없는 자 아모무스" 골 1:22로 세우고자 하셨다. '아모무스'는 희생 제사에 사용되는 용어로, '하나님께 바치기에 합당한 흠 없는 제물'이라는 뜻이다. "이제는 너희가 죄에게서 해방되고 하나님께 종이 되어 거룩함에 이르는 열매를 얻었으니 이 마지막은 영생이라" 롬 6:22.

선택의 목적은 곧 구원의 목적이기도 하다. 믿는 자는 세상 속에서 거룩하고 흠 없이 살아야 한다. 우리를 부르신 하나님을 본받아 말과 행실에 거룩한 자가 되어야 한다 벧전 1:15-16.

하나님의 자녀가 되는 권세

구원의 목적을 말씀하시고 친히 성취하시는 분은 하나님이시다. "예정"은 '사전에 계획하다'는 뜻을 가진 헬라어 프루리사스에서 온 말이다. 하나님의 예정은 죄인들을 그분의 자녀로 만드시려는 하나님의 재출생 계획이셨다.

우리가 어떻게 하나님의 거룩함에 참여할 수 있을까? 거룩함은 인간의 도덕적 노력이나 훈련으로 얻을 수 있는 것이 아니다. 가면 쓰고 사는 이중적 인간을 뜻하는 것도 아니다. 거룩의 겉모습만 흉내 내는 배우가 되라는 의미도 아니다.

하나님을 본받는 가장 확실한 방법은 하나님의 자녀로 다시 태어나는 것이다. 출생은 가장 확실한 모방의 방법이다. 출생은 놀라운 생명의 복제 능력이 있다. 하나님의 자녀로 다시 태어나 거룩하신 하나님의 생명을 나눠 갖는 것이 하나님을 닮아 갈 수 있는 유일한 길이다. 코끼리가 원숭이를 낳을 수는 없다. 하나님께로부터 태어난 사람들은 하나님을 닮게 된다.

이를 위해 하나님은 우리를 "예수 그리스도로 말미암아 자기의 아들들이 되게" 엡 1:5 하시기를 기뻐하셨다. 우리를 하나님의 자녀로 다시 태어나게 하셔서 하나님을 아버지라 부르게 하셨다. 그것은 우리가 하나님과 같은 생명을 갖게 되었다는 뜻이다. 하나님의 자녀로 다시 태어난 것은 큰 은혜다.

예수님은 하나님을 '아버지'라 부르셨기 때문에 유대 종교 지도자들에게 핍박을 받으셨다요 5:18. '아버지'란 말에는 '동등하다'란 뜻이 담겨 있기 때문이다. 자녀는 부모를 닮는다. 외모뿐 아니라 기질과 성향, 생활 습관까지 닮는다. 생명을 통한 DNA 복제 과정이 닮은꼴을 만들어 낸다.

그리스도를 믿는 자에게는 하나님의 자녀가 되는 권세가 주어졌다요 1:12-13. 하나님 아버지께서는 그 기쁘신 뜻대로 그분의 자녀에게 신적 성품을 나눠 주기를 기뻐하신다. 그러므로 우리에게 거저 주신 하나님의 은혜의 영광을 찬송하자. 출생을 통해 그분의 거룩함에 참여케 하시는 하나님의 은혜를 기뻐하자.

성자 하나님의 구원 사역 : 성취

우리가 그리스도 안에서 그의 은혜의 풍성함을 따라 그의 피로 말미암아 구속 곧 죄사함을 받았으니 이는 그가 모든 지혜와 총명으로 우리에게 넘치게 하사 그 뜻의 비밀을 우리에게 알리셨으니 곧 그 기쁘심을 따라 그리스도 안에서 때가 찬 경륜을 위하여 예정하신 것이니 하늘에 있는 것이나 땅에 있는 것이 다 그리스도 안에서 통일되게 하려 하심이라 모든 일을 그 마음의 원대로 역사하시는 자의 뜻을 따라 우리가 예정을 입어 그 안에서 기업이 되었으니 이는 그리스도 안에서 전부터 바라던 우리로 그의 영광의 찬송이 되게 하려 하심이라 엡 1:7-12

성자 하나님은 성부 하나님의 계획을 성취하셨다. 목수가 설계사의 도면대로 집을 짓듯이, 주님은 아버지의 뜻을 따라 십자가에서 죽으심으로써 구원을 이루시고 하나님의 계획을 완성하셨다.

"그리스도 안에서" 엡 1:4, "그의 사랑하시는 자아들 안에서" 엡 1:6.

아버지 하나님의 선택과 계획은 그리스도께 의탁되었다. 주님은 "내가 아버지의 뜻을 행하러 왔노라" 거듭 고백하셨으며, 십자가에서 죽으시고 부활하심으로 하나님의 뜻을 이루셨다.

예수 그리스도는 4가지 구원을 성취하셨다.

우리를 구속하셨다

"그의 피로 말미암아 구속 곧 죄사함을 받았으니" 엡 1:7.

"구속아포루트로신"이란 말에는 해방과 교환이란 이중적 의미가 있다. 구속은 노예 상태에서 벗어나 '해방' 되는 것을 말한다. 노예가 해방되려면 두 가지 방법뿐이다. 도망치거나 아니면 몸값을 치러야 했다. 주님께서는 죄의 노예였던 우리의 죗값을 대신 십자가에서 치루셨다. '값 주고 사신 바 되었다' 는 뜻인 구속은, 모든 죄가 용서받을 뿐 아니라 즉시 죄로부터 해방되는 것을 의미한다.

구속의 수단은 예수 그리스도의 피였다 엡 2:13; 벧전 1:19. 죄의 삯은 사망이다 롬 6:23. 주님은 우리가 갚아야 할 사망의 죗값을 대신 지불하시고 우리에게 자유를 주셨다.

또한 구속은 '물물교환' 이 진행되었음을 뜻한다. "너희 몸은 너희가 하나님께로부터 받은 바 너희 가운데 계신 성령의 전인 줄을 알지 못하느냐 너희는 너희의 것이 아니라 값으로 산 것이 되었으니 그런즉 너희 몸으로 하나님께 영광을 돌리라" 고전 6:19-20.

구속은 노예를 값 주고 산 것이다. 구원은 구속이다. 주님은 십자가에서 죽으심으로 우리의 죗값을 대신 치르시고 우리를 그분의 소유로 삼으셨다.

벤자민 마틴은 리더십을 이렇게 정의한다. "역동의 시대에는 그 시대에 맞는 역동의 리더십이 필요하다. 낡은 방식은 버려야 한다. 자기 안에서 '나'를 끌어내는 사람이 되어야 한다. 변화의 시대를 이끄는 것은 방식이 아니라 사람이다. 내 속에 있는 '나'를 끌어내야 한다."

하나님은 그리스도의 피로 우리를 구속하셨다. 구속의 두 가지 의미, 곧 해방과 교환이 일어났다. 그리스도의 구속에서 자신의 정체성을 이끌어내는 사람이 '구속적 리더십'을 가진 사람이 될 수 있다. 죄로부터 해방된 사람이라는 자아상, 나는 주님의 소유된 사람이라는 소유권적 자아상을 분명하게 인식해야 한다. 우리는 구속이 가져다 준 새로운 삶의 방식을 따라 살도록 초대받은 사람이다.

하나님을 아는 지식을 주셨다

"이는 그가 모든 지혜와 총명으로 우리에게 넘치게 하사" 엡 1:8.

우리를 구속하신 주님은 우리가 하나님의 뜻을 충분히 알 수 있도록 지식을 더하셨다. 새로운 삶에 필요한 지식이 필요하기 때문이다. 이민을 가려는 사람들은 먼저 그 나라에 대한 정보를 알아야 하는 것과 같다.

주님은 구원받은 사람들에게 계시의 본질을 알게 하는 객관적 영감인 "지혜소피아"와 계시에 대한 주관적 이해력과 통찰인 "총명프로네시스"을 주셨다. 지혜와 총명은 하나님의 뜻을 알도록 하나님께서 주신 지식의 기능들이다. 하나님께서는 우리에게 하나님의 뜻, 곧 하나님의 영원한 비밀을 알게 하셔서 그분의 위대한 계획에 동참하게 하셨다.

주님께서는 죄로부터 해방된 하나님의 자녀에게 지식의 능력을 주심으로 하나님 나라를 이끌어가는 일꾼으로 만드신다. 주님이 주시는 지식은 이 세상의 학습으로 얻어지는 것이 아니다. 그것은 사람의 영혼에 심겨진 새로운 본성이다. 이 본성을 지닌 사람만이 하나님의 목적과 경륜을 깨닫고 자신의 삶을 하나님의 목적에 전폭적으로 헌신할 수 있다.

하나님이 주신 구원의 은혜를 깨달으려면 반드시 성령의 계시가 필요하다. 패커는 영적 지식에 대해 이렇게 말했다. "사람이 하나님을 아는 지식을 갖게 되면 하나님의 마음을 덮고 있는 베일과 우리 마음을 어둡게 하는 베일이 모두 벗겨진다. 자비하신 하나님은 이 두 가지를 모두 제거하신다. 따라서 하나님에 대한 우리의 지식은 처음부터 끝까지 하나님의 은혜로운 선물이다."

지난 세대가 마케팅과 품질 전쟁의 시대였다면, 21세기는 인재 전쟁의 시대다. 천연자원보다 더 한정된 자원인 인재를 확보하기 위해 전세계가 치열한 경쟁을 벌이고 있다.

하나님 나라에도 고급 두뇌가 필요하다. 하나님의 뜻을 깨닫고 일터에서, 거리에서, 가정에서, 땅 끝에서 복음 증거하는 일에 전생애를 바칠 복음의 일꾼을 찾으신다. 하나님의 영광을 바라보고 그리스도를 위해 사는 헌신자를 요구하신다. 매일의 삶에서 영향력 있는 거룩한 삶을 사는 주님의 제자를 원하신다. 그리스도인에게는 먼저 지식의 혁명이 일어나야 한다. 그 후에 삶이 변화된다.

하나 되게 하셨다

"그 뜻의 비밀을 우리에게 알리셨으니 곧 그 기쁘심을 따라 그리스도 안에서 때가 찬 경륜을 위하여 예정하신 것이니" 엡 1:9.

"경륜"은 가정이나 재산의 관리를 가리킨다. 행정과 경영을 뜻하는 단어다. 주님은 하나님의 시간과 계획에 맞추어 모든 것을 경영하시고 하나님의 구속사를 성취하셨다. 성부 하나님은 모든 만물이 그리스도를 통해 회복되는 우주적 화해를 계획하셨다. 그리고 교회를 통해 하나 된 공동체를 세우고자 하셨다.

'구속', '지식', '하나 됨'으로 이어지는 구원의 과정은 그리스도를 통해 하나님 나라의 공동체를 세우시는 하나님의 경륜을 보여 준다. 각 개인이 분명한 구속의 체험을 하고 지식의 자각 단계를 통과할 때, 하나님과 함께 구속의 역사를 관리하고 경영하는 자리에 초대받는 것이다.

사람을 변화시키는 지식은 '내적 깨달음'이다. 본능적으로 움직이는 강력한 내적 지식이 있어야 한다. 내적 깨달음은 교회를 향한 주님의 목적을 발견하는 것을 뜻한다.

하나 된 연합 공동체로서의 교회는 하나님의 비밀이다. 사람들은 교회가 연합되는 것은 불가능하다고 말한다. 과연 그럴까? 교회를 하나 되게 하는 연합의 가능성은 하나님의 뜻을 깨달은 교회와 교인들의 지적 수준에 달려 있다. 복음을 아는 지적 능력을 가진 사람만이 하나 된 하나님의 공동체, 교회를 세울 수 있다.

"하늘에 있는 것이나 땅에 있는 것이 다 그리스도 안에서 통일되게 하려 하심이라" 엡 1:10.

미래의 어느 날, 그리스도의 재림과 함께 모든 민족과 만물이 주님께 무릎 꿇을 날이 올 것이다. 하나님의 목적은 구속받은 모든 민족이 하나 된 공동체를 세우는 것이었다. "한 몸", 교회가 하나님 계시의 실체였다. 교회가 하나님이 그리스도를 통해 성취하고자 하셨던 비밀이었다.

지금도 전세계 나라와 민족 가운데 복음을 듣고 구원받은 사람들이 그리스도 안에서 하나님의 새로운 공동체로 편입되고 있다. 모든 믿는 자를 하나의 공동체로 만드시는 하나님의 한 몸 프로젝트는 복음전도자, 선교사, 교회와 더불어 계속 확장되고 있다.

도시 한가운데 대형 예배당을 짓고 사람들을 끌어 모으는 서구식 교회 확장이 아니라, 골목마다 가정마다 교회를 개척해 세상을 변혁시키는 교회 배가 개척 전략이 하나님의 경륜을 깨달은 진정한 하나님 나라 확장 프로젝트였다.

싱가포르는 세계 최초로 쓰레기를 태운 재를 매립해 인공섬을 조성하고 있다. 국토를 확장하는 동시에 생태공원도 조성하는 환경 친화적 개발로 국가적 프로젝트다. 1999년에 시작해 현재 10%의 진척률을 보이고 있는 인공섬은 40년 후 완공될 예정이라고 한다.

하나님도 죄인들을 구원하셔서 그들로 하나님 나라를 세우고 계신다. 세상 한가운데 거대한 인공섬을 만들고 계신다. 그리스도께서 주시는 지혜와 총명으로 하나님의 뜻을 깨달은 '신지식인'들이 세상에서

'연합과 하나 됨'의 하나님 나라를 확장하고 있는 것이다. 그들은 과거 전통적 교회에서 새로운 사도적 교회 성장전략을 만들어나간다.

교회를 기업으로 주셨다

구약의 유대인들에게 기업은 가나안 땅이었다. 가나안 땅이 언약의 중심이었다. 신약의 이방인 중에 믿는 자들에게 주시는 하나님의 기업은 주님의 몸된 교회다. 교회가 기업이다. 교회가 언약의 중심이다.

"모든 일을 그 마음의 원대로 역사하시는 자의 뜻을 따라 우리가 예정을 입어 그 안에서 기업이 되었으니" 엡 1:11.

"뜻" 목적, 계획은 하나님의 주권을 강조하는 표현이다. 하나님은 그리스도 안에서 첫 기업이 된 유대인과 새롭게 기업이 된 이방인 신자 모두를 그분의 몸된 교회로 만드시고 교회를 그 기업으로 주셨다. 그러므로 성도들은 하나님의 기업인 교회의 상속자가 되어야 한다.

교회를 잃으면 상속을 잃는다. 교회는 비밀이다. 교회는 기업이다. 그리스도의 몸인 교회가, 계시된 하나님의 비밀의 실체였고 하나님이 주시는 상속의 기업이었다. 하나님의 구속이 완성되는 날, 모든 민족과 열방이 그리스도께 복종하는 하나님 나라의 통치가 완성될 것이다. 우리는 그날을 바라보며 하나님의 영광을 찬송해야 한다.

토인비 박사는 런던 대학교 학생들에게 다음과 같이 도전했다. "역사의 주인이 되라. 역사를 창조하는 사람이 되라." 어떻게 하면 역사를 창조하는 사람이 될 수 있을까? 인류 역사에는 시대마다 역사를 이끈 사람들이 있었다. 그들의 공통점은 시대를 위해 자신을 희생했다는 점이다. 그들은 시대를 변화시키기 위해 자신을 산 제물로 드렸다.

'구속', '지식', '하나 됨', '기업'으로 전개되는 그리스도의 구원 사역을 깨달은 사람이 이 시대의 역사를 만들어가는 개혁의 주인공이 될 것이다. 평범한 영적 지식, 복음과 교회와 주님께 대한 미지근한 태도, 하나님의 구속사에 대한 무표정한 영성으로는 역사를 만들어 낼 수 없다.

존 스토트는 『하나님의 새로운 사회』아가페에서 교회에 대해 이렇게 말했다. "교회는 하나님의 구속사의 중심이며, 복음의 중심이며, 믿음의 중심이다. 하나님이 한가운데 두신 것을 바깥으로 밀어내서는 안 된다." 복음의 비밀을 깨달은 사람은 수척한 교회의 현실에도 불구하고 교회의 영광을 선포하고 교회의 위대함을 찬양할 수밖에 없다.

성령 하나님의 구원 사역 : 적용과 실현

> 그 안에서 너희도 진리의 말씀 곧 너희의 구원의 복음을 듣고 그 안에서 또한 믿어 약속의 성령으로 인치심을 받았으니 이는 우리의 기업에 보증이 되사 그 얻으신 것을 구속하시고 그의 영광을 찬미하게 하려 하심이라 엡 1:13-14

성부 하나님의 선택은 성자 하나님께 의탁되었다. 성자 하나님이 십자가 죽음과 부활로 이루신 놀라운 구원의 선물은 이제 성령 하나님께 넘겨졌다. 성령은 하나님의 풍성한 구원의 선물을 각 개인에게 실현시키는 분이시다.

연구소에서 새로운 모델이 설계되고 공장에서 신제품이 생산되면 대리점을 통해 소비자에게 판매되는 것과 같은 과정이다. 하나님의 구원은 "아버지의 주권적인 선택", "아들의 하나 되게 하는 사역", "성령의 인치심" 순으로 진행된다. 한 사람의 구원을 위해 삼위일체 하나님이 협력하여 구원을 시작하시고 완성하신다.

성령께서 행하시는 구원 사역은 두 가지다.

구원의 적용

한 영혼이 구원받는 과정에는 '복음을 전하는 교회', '복음을 듣는 사람', '성령의 사역'이 하나의 시스템으로 작동한다. 먼저, 성령께서 교회와 함께 일하신다. 교회의 책임은 복음을 전파하는 것이다. 교회가 구원의 복음을 전하지 않으면 성령께서 영혼을 구원하실 수 없다. 교회가 복음을 전할 때, 성령께서 복음을 듣는 자 가운데 역사하셔서 그로 거듭나게 하시고 하나님의 자녀가 되게 하신다.

구원의 다음 단계에서는 사람의 의지적 결단이 필요하다. 복음을 들은 사람의 개인적 결단에 따라 구원과 심판이 결정된다. "진리의 말씀 곧 너희의 구원의 복음을 듣고 그 안에서 또한 믿어" 엡 1:13. 믿는 것은 개인의 자유의지다. 그리스도를 거절하면 버림받고, 그리스도를 개인의 구세주와 주인으로 선택하고 믿으면 구원의 풍성한 은혜를 얻게 된다.

"저를 믿는 자는 심판을 받지 아니하는 것이요 믿지 아니하는 자는 하나님의 독생자의 이름을 믿지 아니하므로 벌써 심판을 받은 것이니라 그 정죄는 이것이니 곧 빛이 세상에 왔으되 사람들이 자기 행위가 악하므로 빛보다 어두움을 더 사랑한 것이니라" 요 3:18-19.

성령은 예수 그리스도를 믿기로 작정한 사람들을 하나님의 자녀로 거듭나게 하시고 그 안에 내주하신다. 그리스도의 구속과 은혜가 믿는 자 속에 작동되고 실현되게 하신다.

구원의 실현

한 사람이 주님을 구세주와 주인으로 영접하면, 성령께서는 3가지 일을 행하신다. '인치심', '보증', '구속' 사역이 그것이다.

먼저 믿는 자는 "약속의 성령으로 인치심을" 받았다 엡 1:13. "인치심"이란 말은 '진짜임을 증명함', '소유의 확인' 이란 뜻이다. 성령의 사역 중에 인치시는 사역이 따로 있는 것이 아니다. 성령의 내주하심이 곧 하나님의 인치심이다.

하나님은 믿는 자 안에 성령을 내주하게 하심으로 성령이 하나님의 인치심이 되게 하셨다 행 2:38; 고전 3:16. 성령의 내주하심은 예수 그리스도를 믿어 구원받은 사람에게 모두 주시는 하나님의 선물이다. 이는 주님이 이 땅을 떠나시기 전에 제자들에게 성령을 보내 주시겠다고 하신 약속에 근거한다 눅 24:49; 요 14:16, 15:26.

또한 성령은 "우리의 기업에 보증"이 되신다 엡 1:14. "보증아라본"은 '전세금' 또는 '미리 맛보다' 라는 뜻이다. 성령은 구원과 하늘의 기업을 미리 맛보게 해주신다. "썩지 않고 더럽지 않고 쇠하지 아니하는 기업을 잇게 하시나니 곧 너희를 위하여 하늘에 간직하신 것이라" 벧전 1:4. 성령께서 우리의 구원과 기업의 보증이 되시기 때문에 아무도 그것을 빼앗을 수 없다.

기독교에 실재가 없다고 말하는 사람들이 있지만, 성령의 보증은 하나님 나라의 실재를 경험하고 맛보게 해주며 지성과 감성을 현실화시켜 준다.

존과 베티 부부가 중국에서 선교 활동을 하고 있을 때 공산 혁명이 일어났다. 공산주의자들이 이들 선교사 부부를 들판으로 끌고 갔다.

"당장 선교를 중단하라. 그렇지 않으면 죽이겠다."

"우리는 그리스도를 부인할 수 없소."

"그렇다면 무릎을 꿇고 목을 내밀어라."

곧 날카로운 칼이 부부의 목을 내리쳤다. 그들은 주님을 사랑했다. 죽음조차 두려워하지 않았다. 성령께서는 우리로 하여금 하나님과 그 은혜에 속한 것들을 맛보게 하신다. 하나님 나라를 경험한 사람들은 죽음까지도 두려워하지 않고 주님을 섬긴다.

마지막으로 성령은 "그 얻으신 것을 구속"하신다 엡 1:14. 이는 죄로부터의 최종적인 해방, 또는 구원의 완전한 실현을 말한다. 최종적인 구원이 이루어질 때까지 성령께서 우리 안에서 하나님의 구원을 전개하고 실현하고 성취하신다.

"예수를 죽은 자 가운데서 살리신 이의 영이 너희 안에 거하시면 그리스도 예수를 죽은 자 가운데서 살리신 이가 너희 안에 거하시는 그의 영으로 말미암아 너희 죽을 몸도 살리시리라" 롬 8:11. 그러므로 우리는 성령으로 행하는 그리스도인이 되어야 한다. 성령은 우리의 구원을 시작하고 완성하시는 분이다. 성령으로 삶을 얻었으면 또한 성령으로 행하는 자가 되어야 한다.

성령의 '인치심', '보증', '구속' 사역은 성부 하나님의 사역구원의 목적과 방법과 성자 하나님의 사역구속, 지식, 하나 됨, 기업으로 완성된 구원을 모든 믿는 자 안에서 실현시키는 과정이다. 이제 성령께서 블록을 조립하듯 각 사람 속에 역사하셔서 그리스도의 형상을 닮은 자로 조립해 내실 것이다.

지금까지 우리는 그리스도의 메시아 5단계1:20-23, 복음의 일꾼으로 부르심받은 바울의 두 가지 사역3:7-11, 삼위일체 하나님의 구원 계획1:3-14을 차례로 살펴보았다. 즉 하나님의 구원을 3가지 입체적 측면에서 분석했다. 그리고 그 중심에 교회가 있음을 확인했다.

그러나 이 시대의 교회는 오랫동안 돌보지 않은 건물처럼 허름하고 낡고 군데군데 무너지기까지 했다. 사람들은 교회에 실망했으며, 교회를 외면하고 떠나는 사람들이 계속 늘어나고 있다. 교회는 공허감을 이기지 못하고 세상 즐거움을 대신 채우려 안간힘을 쓰고 있다.

원주민들에게 복음을 전하던 스탠리 존스 선교사가 밀림 속에서 길을 잃고 말았다. 그는 한참을 방황하다가 나무를 베고 있는 원주민을 만났다. 길을 가르쳐 달라는 선교사의 부탁에 원주민은 기다리라고 대답했다. 해가 질 때까지 긴 시간을 기다리게 한 끝에 원주민은 따라오라고 손짓했다.

"어디가 길인가?"

선교사의 질문에 그는 이렇게 대답했다.

"길은 없다. 내가 길이다. 나만 따라오면 된다."

주님이 우리의 길이시다. 그분은 우리를 구원으로 인도하는 산 길이시다. 복음에 대한 삼중적 이해와 그 가운데 숨겨져 있는 교회의 비밀에 대해 내적 통찰을 가진 사람들이 마케팅에 근거한 교회 성장이 아니라 하나님 나라 확장 방식을 따라 교회를 성장시킴으로써 세상을 정복하는 하나님의 군대가 될 수 있다.

Chapter 2

교회로 들어가는 출입문
: 두 가지 변화

———— 에베소서 2장

그리스도를 따르는 제자들에게는 구원에 대한 직관blink과 사고think가 필요하다. 직관과 사고는 올바른 판단을 내리기 위해 필요한 덕목이다. 직관은 문제의 핵심을 꿰뚫는 통찰을 의미한다. 말콤 글래드웰은 『블링크』21세기북스에서 이 시대를 "2초 만에 의사 결정을 내리는 순간 판단력이 요구되는 시대"로 정의했다. 또한 현대는 직관뿐 아니라 창조적이고 비판적인 사고도 함께 요구된다.

바울은 하나님의 구원 계획 속에 담겨진 교회에 대한 3가지 그림을 보여 준 후에, 우리를 구원이 가져오는 두 개의 개인적 변화 이야기로 초대한다. 하나님의 관점에서 구원의 큰 그림을 보여 준 바울은 이제 또 다른 전시실로 우리를 인도한다.

새로운 변화

예수 그리스도를 믿고 구원받을 때 어떤 일이 일어나는가? 환상을 보거나 오랜 회개를 경험하는 사람들이 더러 있지만 대부분의 사람들은 별다른 경험을 하지 않는다. 그러나 구원은 눈에 보이지는 않지만 놀라운 변화를 가져온다. "그런즉 누구든지 그리스도 안에 있으면 새로운 피조물이라 이전 것은 지나갔으니 보라 새것이 되었도다" 고후 5:17.

바울은 에베소서 2장에서 구원이 가져오는 변화를 제1변화와 제2변화로 나누어서 보여 준다. 그는 하나님께서 죄인을 어떻게 구원받은 성도로 만드시고, 구원받은 성도들을 그리스도 안에서 하나 됨의 공동체, 그리스도의 몸인 교회의 지체로 만드시는지 그 과정을 설명한다.

복음 곧 그리스도의 비밀이 이중적 계시였듯이 구원에 관한 지식과 교회에 관한 지식, 구원이 가져오는 신자들의 변화도 이중적이다. 성령께서는 메시아 사역의 5단계를 따라 구원받은 사람들의 내면에 그리스도에게서 일어났던 동일한 변화를 일으키신다. 그들을 새로운 피조물로 만드신다.

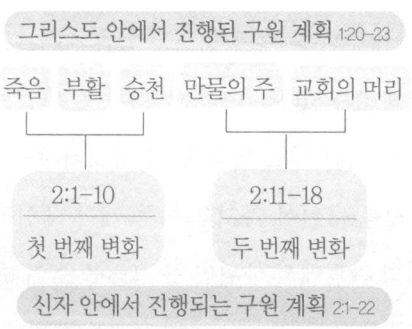

구원은 재창조 사역이다

예수께서 구세주가 되시는 메시아 5단계는 구원받은 그리스도인의 변화를 설명하는 중요한 기준이 된다. 성령의 능력이 예수를 구세주되게 하신 과정과 동일한 단계를 거쳐 개인의 구원의 변화를 이끄시기 때문이다. 그러므로 성령으로 거듭난 그리스도인은 자신의 내면에서 일어난 구원의 변화를 아는 지식이 필요하다. 구원에 대해 '나를 아는 지식'을 확립해야 한다.

구원은 단순한 공식이 아니다. 구원은 주님과 새로운 관계로 들어갔음을 의미한다. 신앙의 핵심은 주님과의 관계다. 우리는 영광스러운 주님을 알코올 중독자 재활센터나 금연학교, 가정폭력센터 상담원 정도로 여긴다. 결코 그렇지 않다. 주님은 우리를 변화시켜 새로운 피조물로 만드시는 분이다.

영국의 빅토리아 여왕이 한 번은 유명한 제지공장을 방문했다. 쓰레기같이 지저분한 것들이 산더미처럼 쌓여 있는 것을 본 여왕이 그것이 무엇인지 궁금해 하자 공장장은 종이를 만드는 원료라고 설명했다. 여왕은 깜짝 놀랐다. "저렇게 더러운 것으로 종이를 만드나요?" 공장 방문을 마치고 궁전으로 돌아온 여왕은 며칠 뒤 공장장에게 깨끗하고 아름다운 편지지 묶음을 선물받았다. 선물 꾸러미에는 공장장이 쓴 편지도 들어 있었다. "더러운 쓰레기가 아름다운 편지지가 되어 여왕 폐하의 궁전에 들어가듯이, 더러운 인간이 하나님의 은혜로 변화되면 하나님 나라 궁정에 들어가게 됩니다." 구원은 단순한 고백이 아니라 사람을 변화시키는 하나님의 능력이다.

에베소서 2장에서 몇 가지 단어가 반복되고 있는데, 모두가 구원이 가져온 '재창조'에 관한 것들이다. "만드신 바라", "지으심을 받은 자니" 10절, "만드사" 14절, "한 새사람을 지어" 15절. "만드신 바포이에마"는 위대한 걸작품, 예술품, 뛰어난 수공품이란 뜻이다. 구원받은 하나님의 자녀는 하나님의 손으로 만들어진 세상에 오직 하나밖에 없는 예술품, 뛰어난 작품이다.

바울은 구원받기 전과 구원받은 후의 상태를 비교해서 구원에 따른 변화를 설명한다. 우리는 하나님이 그리스도를 통해 우리 안에 이루신 자아의 변화를 관찰하고 구원받은 자아에 대한 깊은 이해와 통찰을 더 해야 한다.

1. 첫 번째 변화 : 개인의 내면

너희의 허물과 죄로 죽었던 너희를 살리셨도다 그때에 너희가 그 가운데서 행하여 이 세상 풍속을 좇고 공중의 권세 잡은 자를 따랐으니 곧 지금 불순종의 아들들 가운데서 역사하는 영이라 전에는 우리도 다 그 가운데서 우리 육체의 욕심을 따라 지내며 육체와 마음의 원하는 것을 하여 다른 이들과 같이 본질상 진노의 자녀이었더니 긍휼에 풍성하신 하나님이 우리를 사랑하신 그 큰 사랑을 인하여 허물로 죽은 우리를 그리스도와 함께 살리셨고 (너희가 은혜로 구원을 얻은 것이라) 또 함께 일으키사 그리스도 예수 안에서 함께 하늘에 앉히시니 이는 그리스도 예수 안에서 우리에게 자비하심으로써 그 은혜의 지극히 풍성함을 오는 여러 세대에 나타내려 하심이니라 너희가 그 은혜를 인하여 믿음으로 말미암아 구원을 얻었나니 이것이 너희에게서 난 것이 아니요 하나님의 선물이라 행위에서 난 것이 아니니 이는 누구든지 자랑치 못하게 함이니라 우리는 그의 만드신 바라 그리스도 예수 안에서 선한 일을 위하여 지으심을 받은 자니 이 일은 하나님이 전에 예비하사 우리로 그 가운데서 행하게 하려 하심이니라 엡 2:1-10

와튼 스쿨의 폴 티파니 교수는 글로벌 경영 환경의 변화에 대해 말하면서 중국의 급부상에 주목했다. "상하이의 부활은 그야말로 기적이었다. 상하이는 현재 세계에서 가장 번창하는 도시다. 교외까지 합치면 인구가 3,000만 명이 넘고, 인구 200만이 넘는 도시가 근처에 즐비하다. 한참 동안 고속도로를 달려도 고층건물과 주택과 공장이 지평선까지 늘어서 있다. 불과 10년 만의 변화다." 또한 그는 "자본주의의 본질이자 핵심은 변화다. ……자본과 시장은 항상 변화한다."고 말했다.

구원의 본질과 핵심에서 가장 중요한 사실 역시 변화다. 주님의 십자가를 통해 그 변화가 일어났다. 현대 문명이 가져온 변화보다 더 본질적인 변화가 개인의 내면에서 복음의 능력으로 일어나고 있다.

죽은 자

세상은 구원을 중심으로 두 종류의 사람으로 나뉜다. 그리스도 안에 있는 사람과 그리스도 밖에 있는 사람이다. 바울은 그리스도가 없는 사람을 3가지로 정의한다. "죽은 자"엡 2:1, "불순종의 아들들"엡 2:2, "진노의 자녀"엡 2:3다. 죽음, 불순종, 진노는 모두 죄가 가져온 결과다. "한 번 죽는 것은 사람에게 정하신 것이요 그 후에는 심판이 있으리니"히 9:27. 아담의 불순종으로 이 세상에 죄가 들어왔고, 죄는 죽음과 하나님의 진노를 불러와 우리는 하나님과 영원히 분리되었다.

"너희의 허물과 죄로 죽었던 너희를 살리셨도다"엡 2:1. "허물파라프토마신"은 '거짓 행위'를, "죄하마르티아스"는 '목표에서 이탈한 것'을 의미한다. 두 단어의 어근은 다르지만 본질상 동의어다. 둘 다 하나님을 거역하는 고의적인 행위이며, 그로 인해 마땅히 살아야 할 삶을 살지 못하게 된 상태를 뜻한다.

아담의 타락 이래로 세상은 죽은 자들의 세계가 되었다. 하나님 없이 사는, 죽음이 지배하는 거대한 좀비족 세상이 되었다. 하나님을 떠난 세상은 살아 있으나 매일 죽음을 향해 달려가는 거짓 유토피아일 뿐이다. 인간은 진정한 자아실현을 꿈꾸지만 인간이 평생 성취한 모든 것이 결국 죽음과 함께 흙에 묻혀 사라질 뿐이다. 죽음은 인간의 모든 삶에 허무한 종말을 가져온다.

죄의 노예

인간은 죄의 노예다. 거대한 죄의 수용소에 갇힌 노예다. 죽기 전에는 아무도 거기서 해방될 수 없다. 죄에서 자유를 얻기란 불가능하다. "좇고", "따랐으니", "따라"엡 2:2-3와 같이 반복된 동사는 죄의 수용소에 숨겨진 억압적 실상을 고발하는 단어다. 우리는 죄의 수용소에 평생 갇혀 살아야 할 존재였다.

심리학자 로버트 벨라는 인간의 본성을 다음과 같이 묘사했다. "현대인은 개인주의의 전성시대, 자기 왕국에 영광을 돌리는 시대, 얻는 것에 매달리는 시대에 갇혀 있다."

죄는 자기중심주의다. 모든 관심과 열망이 오직 '나'에게 집중되어 있다. 개인주의는 현대인의 삶을 이끌어가는 고효율 고성능 엔진이다. 자기 왕국은 근육질의 건강한 몸매에서 주식투자에 이르기까지 그 영역을 넓혀가고 있다. 현대인에게 인간관계, 직업, 결혼도 더 많은 것은 얻으려는 투자의 대상일 뿐이다.

바울은 죄가 지배하는 실상을 "그 가운데서 행하여"엡 2:2-3라는 말을 반복함으로써 사람은 결코 스스로의 노력으로 죄에서 자유를 얻을 수 없음을 강조한다. 죄를 극복할 수 없는 인간의 무력함은 마치 뜨거운 사막 한가운데서 홀로 모래 늪에 빠진 여행자와 같다. 우리는 정의와 겸손을 실천하기보다 죄를 따르는 일에 더 능숙하다. 인간답게 사는 것보다 죄 가운데 사는 것이 더 즐겁고 자연스럽다.

존 오트버그는 '실망'이라는 단어로 죄를 설명했다. 실망은 '제 위치를 벗어난dis-appoint' 상태다. 죄란 하나님이 원하시는 제 위치에서 벗어난 삶이다. 하나님을 하나님의 자리에 두지 않는 삶이다. 나 자신을 하나님의 자리에 두는 것이 죄의 본성이다.

이제 하나님을 벗어나 사는 인간의 모습을 구체적으로 살펴보자.

이 세상 풍속을 좇았다

"그때에 너희가 그 가운데서 행하여 이 세상 풍속을 좇고" 엡 2:2.

현대 사회는 유행을 따라 사는 것이 유행이 된 시대라고 한다. 패션에서 철학, 가치관, 자동차, 대중가요, 문화에 이르기까지 유행은 인간을 지배하는 보이지 않는 최고 통치자다. 죄는 비도덕적 행위만 뜻하는 것이 아니다. 행위를 조정하는 중심에 죄가 자리 잡고 있다. 인간을 도덕적 타락으로 끌고 가는 죄의 통치 세력은 세상 유행이다.

사탄은 세상 유행을 통해 인간의 삶을 지배한다. "세상"은 하나님을 증오하고 반대하는 조직적인 사탄의 체제다 요 15:18, 23. 사람들은 세상이 만들어 낸 유행에 따라 열광적으로 살아갈 뿐이다. 대중문화는 늘 새로운 선동거리로 사람들을 몰고 간다.

미국 시사주간지 『타임』이 한국 사회의 병리현상을 보도한 적이 있다. 유행처럼 번지는 젊은 부부들의 미국 원정 출산, 성인 10명 중 1명의 비율로 성형수술을 받는 성형 중독증, 뇌물이 가장 효과적인 마케팅 수단이 되어 버린 사회 현상이 지목됐다. 거대한 유행의 소용돌이 속에서 사람들은 진정한 인간의 가치와 고결함을 망각해 버리고 유행을 따라 사는 것이 인간의 가치가 되어 버렸다.

유행을 이용한 사탄의 통치는 새로운 문화를 계승 발전시켜 전세계적 유행을 유도하는 방식으로 그 세력을 확대해 왔다. 세상의 임금이요, 절대적인 통치자인 사탄은 쾌락과 탐욕과 이기적인 삶을 추구하는 인간성에 만족을 줌으로써 인간의 가치를 왜곡하고 변질시킨다.

"이 세상이나 세상에 있는 것들을 사랑치 말라 누구든지 세상을 사랑하면 아버지의 사랑이 그 속에 있지 아니하니 이는 세상에 있는 모든 것이 육신의 정욕과 안목의 정욕과 이생의 자랑이니 다 아버지께로 좇아 온 것이 아니요 세상으로 좇아 온 것이라 이 세상도, 그 정욕도 지나가 되 오직 하나님의 뜻을 행하는 이는 영원히 거하느니라" 요일 2:15-17.

유행은 교회 안에도 깊숙이 파고들었다. 제자 훈련, 영성, 내적 치유 같은 거대한 유행의 파도가 몰아칠 때면, 그 유행을 따라가는 교회가 성장하는 교회가 된다. 최근에는 웰빙 영성이라는 단어까지 설교에 등장했다. 존 스토트는 이렇게 말한다. "사탄이 활동을 멈추지 않듯 우리의 옛 본성도 마찬가지다. 그러나 그 둘의 지배가 깨어지는 것이 하나님의 뜻이다."

공중의 권세 잡은 자를 따랐다

"공중의 권세 잡은 자를 따랐으니" 엡 2:2. "온 세상은 악한 자 안에 처한 것이며" 요일 5:19. 존 스토트는 "공중의 권세"를 외모와 학벌주의로 정의한다. 사탄은 외모와 학벌로 인간 세계를 다스린다. "외모가 경쟁력"이란 말은 사탄 세계의 통치 구호다.

우리는 사람을 평가할 때 본능적으로 외모와 학벌로 판단한다. 죄의 본성이 외모와 학벌에 민감하게 작동하도록 프로그래밍되어 있다. 뚱뚱한 사람은 친구가 적고 게으르며 지적 능력이 떨어진다고 여기는 고정관념이 죄의 본성에 박혀 있다. 외모와 학벌이 떨어지면 사회적 경쟁력도 떨어진다고 여긴다.

사회심리학자 칼릭은 "외모가 아름다우면 사회적 성공도 함께 누릴 것으로 여겨진다."고 말한다. 예일 대학교 심리학과 마리안 라프랑스 교수는 "금발의 긴 생머리를 한 여자가 더 지적이고 섹시하며 돈과 권위도 있는 것으로 평가받는다."는 설문조사 결과를 발표했다. 최근 크게 일어나고 있는 다이어트와 성형 붐은 더 아름다운 외모를 가지려는 지칠 줄 모르는 사람들의 열망을 대변해 준다.

외모와 학벌 지상주의는 교회와 영적 생활까지 강하게 지배하고 있다. '더 크게, 더 많이, 더 높게' 교회 성장, 교회 건축, 담임목사의 명성을 자랑하는 이면에도 사람에게 인정받으려는 숨겨진 인간의 죄성과 긴장감이 숨어 있다.

주님은 "사람에게 보이려고 그들 앞에서 너희 의를 행치 않도록 주의하라 그렇지 아니하면 하늘에 계신 너희 아버지께 상을 얻지 못하느니라" 마 6:1고 가르치셨다. 그분은 구제와 기도와 금식을 할 때 사람에게 보이려고 하지 말라고 경고하셨다.

야고보는 초대교회에 경고장을 보냈다. "내 형제들아 영광의 주 곧 우리 주 예수 그리스도를 믿는 믿음을 너희가 받았으니 사람을 외모로 취하지 말라" 약 2:1.

믿음은 외모지상주의를 거부한다. 하나님의 사랑으로 볼 때 모든 사람은 동일한 가치로 존중받아야 한다. 예수 그리스도를 믿고 죄에서 구원받았다는 것은 외모지상주의에서 해방된 것을 의미한다. 나는 과연 죄에서 구원받은 사람인가? 구원받은 하나님의 자녀라고 말하지만 일상생활에서 외모지상주의에 종노릇하고 있다면 아직 구원의 참 의미를 깨닫지 못한 것이다.

육체와 마음의 욕심을 따라 지냈다

"전에는 우리도 다 그 가운데서 우리 육체의 욕심을 따라 지내며 육체와 마음의 원하는 것을 하여"엡 2:3. 육체의 욕심에는 탐식, 호색, 편안한 삶을 즐기려는 탐욕, 게으름이 있고, 마음의 욕심에는 거짓, 교만, 이기심 등이 있다. 육체와 마음의 욕심은 사탄이 인간을 지배하는 세 번째 통치 수단이다. 탐욕은 인간의 삶을 이끌어가는 최대 본성이다.

철학자 베이컨은 인간의 타락한 본성을 정확하게 꿰뚫었다.

"인간에게는 세 가지 유혹이 있다. 거친 육체의 욕심, 자기 잘났다고 거들먹거리는 교만, 졸렬하고 불손한 이기심이다. 이 세 가지에서 인류의 모든 불행이 발생했다. 이는 과거에서부터 미래까지 인류에게 지워진 무거운 짐이다. 이 세상에 욕심, 교만, 이기심이 없었다면 완전한 질서가 지배했을 것이다. 인간 내부의 이 무서운 악과 질병에 대한 처방은 무엇인가?"

C. S. 루이스는 사탄의 음모에 대해 이렇게 파헤쳤다.

"사탄은 거듭난 성도들이 능력 있는 삶을 살지 못하게 방해한다. 사탄의 방해 도구는 '비교의식' 이다."

비교의식은 마음의 탐욕에서 시작된 비뚤어진 자긍심으로, 질투, 시기심, 열등감을 일으킨다. 사탄은 영적 성장을 방해하고 하나님 나라를 무너뜨리기 위해 교묘하게 인간의 비교의식을 건드린다. 믿음을 가진 사람도 일단 비교의식에 사로잡히면 은혜는 증발해 버린다. 사람들은 이 무거운 짐에서 벗어나려고 하지만 벗어날 수 없음을 깨닫는다. 누군가 은밀하게 우리 마음을 지배하고 조종하고 있음을 확인하게 된다.

비교의식과 함께 인간을 지배하는 또 다른 탐욕은 '쾌락의 추구'다. 인류학자 어윈은 인류의 역사를 이렇게 정의했다. "88개 인류 문명의 흥망사에서 하나의 공통점이 발견된다. 어느 문명이나 성도덕이 건전할 때 문명이 일어났고 성도덕이 무질서할 때 쇠망했다." 그의 지적대로 성문제는 개인의 차원을 넘어 문명의 존폐를 좌우하는 문제라는 사실이 역사적으로 증명되었다. 하지만 현대인들은 육체적 쾌락을 추구하는 원시적 본능에 몰두하고 있다.

이처럼 사탄은 '세상 유행', '외모와 학벌', '육체와 마음의 욕심'으로 인간의 삶을 배후에서 조종하고 있다. 죄의 수용소에서 탈출하기란 불가능하다. 유일한 출구는 죽음뿐이다.

싱가포르에 유명한 새 공원이 있다. 공원 전체에 새들이 가득하다. 하지만 공원 위에는 그물이 없다. 수만 마리의 새들이 그물이 없는데도 다른 곳으로 날아가지 않는다. 새들이 달아나지 못하도록 꼬리날개 깃털을 모두 뽑아 버렸기 때문이다. 새들은 위로 날아갈 수는 있지만 방향을 잡아 주는 꼬리가 없기 때문에 멀리 못 가고 빙글빙글 돌다가 맥없이 떨어지고 만다.

죄는 우리의 꼬리 깃털을 잘라 버렸다. 위로 위로 날아가 보지만 결국 빙글빙글 돌다가 맥없이 떨어질 뿐이다. 세상 유행과 외모지상주의, 탐욕의 인간성은 우리로 하여금 평생 동안 죄의 자리에서 맴돌게 할 뿐이다.

새로운 변화

칩 잉그램은 『탈바꿈』생명의말씀사에서 구원이 자신에게 가져온 변화를 설명한다. 어느 날 아버지가 칩에게 물었다. "무슨 일 있었니? 너 달라졌구나." 칩은 1년 전 즈음 예수님을 영접하고 구원받은 사실을 고백했다. "아들아, 네게 있는 것이 무엇이냐? 그게 무엇이건 내게도 필요한 것 같구나. 내게도 나눠 줄 수 있겠니?" 칩은 복음 전하는 방법을 몰랐다. "제가 아는 건 이래요. 성경을 읽다가 영접기도를 드렸더니 제 속의 많은 것들이 변화되기 시작했어요." 그 다음날부터 칩의 아버지는 매일 아침 5시 반에 일어나 1시간씩 성경을 읽기 시작했다. 6개월이 지나면서 아버지도 믿음이 무엇인지를 깨달았다. 그리고 형식적인 교인에서 하나님의 자녀로 거듭나는 변화를 경험했다.

구원은 그것을 경험한 사람에게 탈바꿈을 가져온다.

새로운 성품들

바울은 우리를 구원하시는 하나님의 성품을 4가지로 설명한다. 이들 성품은 하나님의 사랑이 어떤 속성을 갖고 있는지 보여 준다. 그리스도인은 하나님의 사랑으로 구원받았다.

첫째, 죄인을 구원하시는 하나님은 "긍휼"이 풍성하신 분이다엡 2:4. 하나님의 과분한 친절이 "그의 은혜의 풍성함"1:7, "그 은혜의 지극히 풍성함"2:7, "그 기업의 영광의 풍성"1:18, "그리스도의 풍성"3:8, "그 영광의 풍성"3:16과 함께 죄인에게 넘쳤다. "긍휼엘레오스"은 히브리어 '헷세드'를 번역한 말로 변함없는 왕의 사랑을 뜻한다. 하나님은 멈출 수 없는 사랑, 끝까지 지속되는 사랑으로 우리를 구원하셨다. 그 무엇도 하나님의 사랑에서 우리를 끊을 수 없다.

둘째, 구원은 오직 믿음으로 얻는 "은혜"의 선물이다. "우리를 사랑하신 그 큰 사랑을 인하여"엡 2:4. "사랑아가페"은 '최선의 것을 찾다'는 의미의 동사 '아가파오'에서 파생된 단어다. 하나님의 사랑은 죄인 안에서 최선의 것을 찾아내시는 사랑, 곧 은혜다. 하나님은 우리 인생의 소명과 직업과 소유와 인간관계와 자아실현과 영적 헌신의 모든 부분에서 최선의 것을 찾아내실 것이다.

긍휼과 은혜는 하나님 사랑의 두 측면이다. 긍휼은 '벌을 받아 마땅한데 주지 않는 것'이며, 은혜는 '받을 만한 가치가 없는데 주는 선물'이다. 죄인인 우리는 심판과 저주를 받아 마땅하지만, 하나님은 우리를 사랑하신 그 큰 사랑으로 인해 심판과 형벌과 저주를 보류하기로 결정하셨다. 또 하나님은 죄인이 결코 받을 수 없는 죄사함과 의롭다 하심과 양자됨과 하나님 나라를 기업으로 거저 주기를 기뻐하셨다.

셋째, 하나님은 "그 은혜의 지극히 풍성함을 나타내려" 하신다엡 2:7. "나타내다엔데이세타이"는 '전시하다', '시위하다'는 뜻이다. 하나님은 구원받은 자들의 삶을 통해 그 은혜의 풍성함을 세상에 전시하실 것이다. 그분은 은혜로 말미암아 주신 죄에 대한 용서와 죄로부터의 구원을 세상에 전시하길 원하셨다.

그리스도의 십자가를 통해 세상 한복판에 하나님의 풍성한 은혜가 전시되었건만, 그 전시물은 훼손되고 색이 바래 버렸다. 구원받은 신자들의 일상생활에서 은혜의 풍성함이 나타나지 않기 때문이다. 교회는 세상에 보여 줄 어떤 영향력도 갖고 있지 못하다. 소설가 E. L. 닥터로우가 『신의 도성City of God』에서 인상적으로 묘사한 것처럼, 조직화된 종교는 시대의 가장 중요한 도덕적, 지적 질문에 응답할 능력을 잃었다. 교회의 도덕 수준은 사회의 평균 수준보다 낮게 평가되고 있다.

넷째, 하나님은 우리에게 "자비"하시다. "이는 그리스도 예수 안에서 우리에게 자비하심으로써" 엡 2:7. "자비 크레스토테티"는 '적절하다', '적합하다'는 뜻으로 영적으로 죽은 자들에게 생명을 주셨다는 의미다. 죄와 허물로 죽은 자에게 절대 필요한 것은 새 생명이다. 멋진 옷이나 자동차나 지갑이 아니다. 죽은 자에게 필요한 것은 다시 살 수 있는 생명뿐이다. 하나님은 누구든지 그리스도를 믿기만 하면 새 생명으로 거듭나게 하신다 요 5:24. 하나님의 자녀로 다시 태어나게 하셔서 영생의 길을 걷게 하신다.

복음은 하나님의 능력이다. "내가 복음을 부끄러워하지 아니하노니 이 복음은 모든 믿는 자에게 구원을 주시는 하나님의 능력이 됨이라" 롬 1:16. 사람들은 구원받았다고 고백하지만 대부분 말뿐이다. 인격과 삶과 가치관에 아무 변화도 없다. 옷만 바꿔 입었을 뿐 사람은 그대로다.

철학자 키에르케고르는 인간의 삶의 수준을 세 단계로 구분했다.

우선 지하실 수준의 삶이다. 지하실은 창고다. 온갖 잡동사니로 지저분하다. 그는 세상 즐거움과 육체의 쾌락을 추구하는 사람이다. 교회에 다닐 뿐 여전히 세상 즐거움을 지하실에 숨겨 놓고 즐기는 사람이다.

두 번째는 거실 수준의 삶이다. 거실은 손님의 공간이다. 사람들에게 보이기 위해 꾸미는 장소다. 거실 수준의 사람은 외형에만 관심이 있다. 사람들이 나를 어떻게 생각하는지에 민감하다. 그래서 열심 있는 그리스도인인 양 바리새인처럼 가면을 쓰고 산다.

마지막으로 침실 수준의 삶이다. 침실은 자신의 모습이 정직하고 투명하게 드러나는 장소다. 하나님 앞에서 하루하루 살아가는 진실의 공간이다. 그는 구원의 감격으로 매일 주님과 동행하는 사람이다.

오직 그리스도만이 진정한 변화를 주실 수 있다. 탈바꿈이 일어나지 않았다면 아직 구원받지 못한 것이다.

그리스도와의 삼중 연합

구원받은 사람은 이미 그리스도 안에 있다. 주님과 새로운 관계가 형성된 것이다. 믿음이란 그리스도와의 연합을 아는 것이다. 주님과의 새로운 관계는 '우리를 위한 하나님 God for us', '우리와 함께하시는 하나님 God with us', '우리 안에 거하시는 하나님 God in us'으로 정의될 수 있다.

에베소서 2:5-6에서 바울은 "함께"라는 단어를 세 번 반복해서 사용함으로써 우리와 그리스도와의 관계를 삼중의 연합으로 설명한다. "함께"에 쓰인 '쉰'이라는 헬라어는 '도저히 분리할 수 없는 연합'을 뜻한다. 죄의 지배가 삼중적이었던 것처럼 세상 유행, 공중 권세, 탐욕 구원이 가져온 그리스도와의 연합도 삼중적 단계로 전개된다. "함께 살리셨고", "함께 일으키사", "함께 하늘에 앉히시니"의 순서로 성장해 간다.

구원의 삼중 연합은 메시아 5단계 1:20-23 중 '죽음', '부활', '승천' 이 그리스도와 신앙인 안에서 동일하게 반복된다. 즉, 그리스도의 죽으심 우리의 허물과 죄로 죽음, 그리스도의 부활 우리를 살리심, 그리스도의 승천 우리를 하늘에 앉히심에 우리를 동참시키셨다. 주님께서 먼저 걸어가신 그 길로 우리를 초대하셨다. 구원자와 구원받은 자에게서 동일한 하나님의 구속 단계가 전개되는 것이다.

프레드릭 뷰크너는 『진실을 말하다 Telling the Truth』에서 복음과 동화가 닮은 점이 있다고 했다. 개구리가 왕자가 되고, 미운 오리새끼가 백조가 되며, 나무인형이 진짜 사내아이가 된다. 복음과 동화에는 '변화' 라는 공통점이 있다. 차이점이 있다면 복음은 '사실' 이라는 점이다. 주님은 나무인형을 진짜 사내아이로 만드시는 분이다. 우리는 그 복음이 가져온 영광스러운 존재가 된다. 그리고 주님과 연합하여 세 단계의 놀라운 변화의 과정을 경험하게 된다.

첫 번째 연합 _ 그리스도와 함께 살리셨다

하나님께서는 은혜로 죄인들을 그리스도와 함께 연합하여 살리셨다. "허물로 죽은 우리를 그리스도와 함께 살리셨고" 엡 2:5. 영적으로 죽은 사람이 하나님과의 교제를 회복할 수 있는 유일한 길은 다시 살리심을 받는 것뿐이다. 그리스도를 믿으면, 죽은 자 가운데 산 자가 된다. 대형사고 때마다 사망자, 부상자, 생존자의 이름을 보도한다. 구원받았다는 것은 생존자 명단에 내 이름이 있다는 뜻이다.

두 번째 연합 _ 그리스도와 함께 일으키셨다

그리스도인은 살리심을 받았을 뿐 아니라 그리스도와 함께 일으키심을 받았다. "또 함께 일으키사"엡 2:6. 이는 믿는 자들이 새 생명을 얻었을 뿐 아니라 지위가 변화되었다는 뜻이다. 그리스도 안에 거하는 사람들은 새롭고 능력 있고 독특한 하늘의 삶과 지위를 갖게 된다. 새로운 삶과 능력과 지위는 당연히 새로운 삶의 가치관을 추구하게 이끈다.

"그러므로 여러분이 그리스도와 함께 살려 주심을 받았으면, 위에 있는 것들을 추구하십시오. 거기에는, 그리스도께서 하나님의 오른쪽에 앉아 계십니다. 여러분은 땅에 있는 것들을 생각하지 말고, 위에 있는 것들을 생각하십시오."골 3:1-2, 새번역.

프랭크 로바크는 "만일 당신이 어떤 따분한 형식의 헌신이 지겹게 느껴진다면 십중팔구 하나님도 당신만큼 그것을 지겹게 느끼실 것이다."라고 했다. 그리스도와 함께 일으키심을 받은 사람은 위에 있는 것을 열망하고 매일의 삶에서 그리스도를 추구하는 사람이다. 그는 그리스도와 함께 일으키심을 받았기에 위에 있는 것을 추구하고 섬기는 일에 잠시도 지겨움을 느끼지 못한다.

세 번째 연합 _ 그리스도와 함께 앉히셨다

믿는 자들은 영적으로 하늘 곧 그리스도가 계신 자리에 같이 앉는다. "그리스도 예수 안에서 함께 하늘에 앉히시니"엡 2:6. 우리의 시민권은 하늘에 있다빌 3:20. 그러므로 그리스도의 부활과 승천을 믿는 자는 그리스도와 함께 하늘의 자리에 앉아 있는 사람이다.

하나님께서 영광스러운 보좌로 우리를 초대하셨다. 우리는 땅에 살지만 하늘의 자리에 앉아 있는 사람들이다. 그런데 믿는 자들이 살아가는 태도나 모습은 땅에 속한 자들과 크게 다를 바가 없다. 그 삶과 인격에 하늘의 품위가 느껴지지 않는다. C. S. 루이스가 말한 것처럼, 우리는 "백사장에서 휴가를 보내는 것이 얼마나 좋은지 모르기 때문에 진흙탕에서 놀고 싶어하는 철없는 어린아이와 같다. 우리는 너무 쉽게 만족한다." 하나님께서 우리를 그리스도와 함께 하늘의 자리에 앉히셨다는 사실을 망각해 버렸다.

우리는 그리스도 안에 있는 자다. 매일의 삶에서 그리스도만 높이고, 그리스도의 기쁨을 구하며, 오직 그리스도의 영광을 위해 살아야 한다. 우리는 그리스도를 통해서만 진정한 나를 발견할 수 있고 진정한 자아실현을 이룰 수 있다. 신앙이란 '그리스도 안에 있는 나'를 발견하는 것이다.

"그러나 무엇이든지 내게 유익하던 것을 내가 그리스도를 위하여 다 해로 여길 뿐더러 또한 모든 것을 해로 여김은 내 주 그리스도 예수를 아는 지식이 가장 고상함을 인함이라 내가 그를 위하여 모든 것을 잃어버리고 배설물로 여김은 그리스도를 얻고 그 안에서 발견되려 함이니"

빌 3:7-9.

바울은 그리스도를 얻기 위해 자신의 모든 것을 배설물처럼 혐오스러워했다. 쓰레기처럼 버렸다. "배설물스퀴발론"이란 단어는 '개퀴온'와 '던지다발로'의 합성어로 '개에게 던져 줄 것', 즉 음식 찌꺼기 같은 것을 의미한다. 바울은 그리스도와 연합된 삶을 살기 위해 모든 것을 포기했다. 주님이 그의 삶의 전부였다. 주님은 밭에 감춰진 보물과 같은 분이시다. 모든 재산을 다 팔아 밭을 사지 않고서는 그 보물을 얻을 수 없다. 모든 것을 버리지 않으면 결코 그리스도를 얻지 못한다.

성공회 목사의 아들로 매주 성가대에 서던 조지 베벌리 쉐어는, 미국에 경제대공황이 닥쳐오고 경제적 어려움에 빠지자 대학을 그만두고 시카고 방송국 전속가수 시험을 보았다. 1,500명이 넘는 지원자 가운데 쉐어가 선발되었다. 기쁨에 겨워 잠을 이루지 못하는 쉐어를 지켜보던 그의 어머니는 10년 동안 애송해 온 밀러 부인의 시를 쉐어에게 건네주었다. "주 예수보다 더 귀한 것은 없네." 시를 읽고 큰 감동을 받은 쉐어는 바로 피아노 앞에 앉아 곡을 붙였다. 찬송가 102장이 태어나는 순간이었다. 그는 장래가 보장된 대중가수의 길을 버리고 하나님이 주신 재능을 오직 하나님의 영광을 위해 사용하기로 결심하고는 빌리 그레이엄 전도대회에 헌신했다.

십자가의 사랑을 깨달은 사람만이 "주 예수보다 더 귀한 것은 없네"라고 고백한다. 세상 부귀, 세상 영광, 세상 명예보다 그리스도를 따르고 그리스도를 구하는 사람, 그가 바로 회심한 사람이다. 지금까지 살아온 삶의 방향을 바꿔 새로운 삶의 방향인 그리스도를 따르는 사람, 그가 바로 참 그리스도인이다.

구원의 세 단계

그리스도와의 삼중 연합은 구원의 세 단계를 설명해 준다. 기독교 구원론은 위치적 구원칭의, 점진적 구원성화, 완성된 구원영화의 순으로 구원이 진행된다고 가르친다. 에베소서의 구원도 같은 과정으로 전개된다. "함께 살리시고"칭의, "함께 일으키시고"성화, "함께 하늘에 앉히시고"영화의 순서다. 예수 그리스도를 개인의 구세주로 영접하고 거듭난 사람은 이미 구원받았고, 지금도 그 구원이 진행되고 있으며, 그리스도께서 재림하실 때 완전한 구원에 이르게 될 것이다.

오늘날 교회와 세상 사이의 경계가 사라져 버렸다. 구원받은 사람과 불신자의 차이가 뚜렷하지 않다. 교회 다니는 사람들이 스스로 정한 구원의 경계선이 고작 술, 담배 정도다. 그나마 신학적 이유보다는 심리적 이유 때문이다. 물론 교회가 정해 놓은 세상과 교회 사이의 종교적 경계 표시는 시대에 따라 계속 바뀌지만, 많은 그리스도인의 삶과 인격이 불신자보다 못하다는 것이 우리의 고민이다.

토저는 우리가 말하는 구원을 의심한다. "많은 사람들이 한순간 의롭다 하심을 받는 스릴을 즐기는 반면, 지속적으로 의롭게 사는 데 따르는 불편함은 거부한다." 그는 "'오직 의인은 믿음으로 말미암아 살리라'롬 1:17는 말씀은 '의인은 믿음으로 구원을 얻는다'와 '의인은 믿음으로 산다'는 이중적 의미로 해석될 수 있다."고 말한다. 칭의는 믿음으로 가능하다. 그러나 그 믿음은 절대 순종의 삶을 동반해야만 한다.

구원받는다는 것은 주님과 평생 동행하는 삶을 말한다. 직장에서, 가정에서, 모든 인간관계에서 주님과 동행하는 삶을 말한다. 그러나 우리는 직장에서까지 주님과 동행하지는 않는다. 회사 문 앞에 주님을 맡겨 두고 퇴근할 때 다시 모시고 온다. 비즈니스 현장에서도 마찬가지다. 중요한 계약이 있는 날이면 적당히 세상 방식으로 문제를 해결하고 자신이 그리스도인이라는 사실을 잊는다.

우리는 더 이상 주님과 동행하기를 거부한다. 동행하는 법을 알지 못한다. 그래서 오늘 이 시대의 복음이 능력을 잃었다. 삶에 변화가 일어나지 않는다. 오래된 건전지마냥 작동하지 않는다. "그리스도와 함께하는" 자라고 고백하면서도 더 이상 그리스도를 추구하지 않는다. 자신의 행복과 부귀와 성공을 위해 주님을 이용하려 할 뿐이다.

미국 과학자가 중국의 연못 바닥에서 500년 묵은 연꽃 씨를 찾아 배양해서 꽃을 피우는 데 성공했다. 500년 묵은 씨에도 생명이 있었다. 주님은 길이요 진리요 생명이시다. 영원한 생명이신 그리스도와 연합했는데 삶에 변화가 나타나지 않는다면 복음의 씨가 잘못 심겨진 것이다.

우리는 주님이 우리 안에 어떤 변화를 일으키셨는지 확인하고 자신의 삶을 점검해야 한다. 삶의 중심에 주님을 모셔야 한다. 매일 주님을 닮아야 하고, 주님을 따르고, 주님을 섬겨야 한다. 본회퍼는 "제자도 없는 기독교는 그리스도 없는 기독교"라고 했다. 명심하라. 우리는 그리스도와 함께 살리심을 받고 일으키심을 받고 하늘의 자리에 앉은 사람들이다.

2. 두 번째 변화 : 신분

그러므로 생각하라 너희는 그때에 육체로 이방인이요 손으로 육체에 행한 할례당이라 칭하는 자들에게 무할례당이라 칭함을 받는 자들이라 그때에 너희는 그리스도 밖에 있었고 이스라엘 나라 밖의 사람이라 약속의 언약들에 대하여 외인이요 세상에서 소망이 없고 하나님도 없는 자이더니 이제는 전에 멀리 있던 너희가 그리스도 예수 안에서 그리스도의 피로 가까워졌느니라 그는 우리의 화평이신지라 둘로 하나를 만드사 중간에 막힌 담을 허시고 원수 된 것 곧 의문에 속한 계명의 율법을 자기 육체로 폐하셨으니 이는 이 둘로 자기의 안에서 한 새 사람을 지어 화평하게 하시고 또 십자가로 이 둘을 한 몸으로 하나님과 화목하게 하려 하심이라 원수 된 것을 십자가로 소멸하시고 또 오셔서 먼 데 있는 너희에게 평안을 전하고 가까운 데 있는 자들에게 평안을 전하셨으니 이는 저로 말미암아 우리 둘이 한 성령 안에서 아버지께 나아감을 얻게 하려 하심이라 그러므로 이제부터 너희가 외인도 아니요 손도 아니요 오직 성도들과 동일한 시민이요 하나님의 권속이라 너희는 사도들과 선지자들의 터 위에 세우심을 입은 자라 그리스도 예수께서 친히 모퉁이돌이 되셨느니라 그의 안에서 건물마다 서로 연결하여 주 안에서 성전이 되어 가고 너희도 성령 안에서 하나님의 거하실 처소가 되기 위하여 예수 안에서 함께 지어져 가느니라 엡 2:11-22

 2002년 미국계 투자은행 골드만 삭스는 브라질, 러시아, 인도, 중국이 조만간 세계 경제의 강자로 떠오를 것을 예견하고 이들 나라의 머리글자를 따서 '브릭스BRICs'라는 단어를 창안해 냈다. 이후 중국과 인도가 눈부신 경제 성장을 거듭하며 글로벌 파워를 과시하자, 2005년 영국의 경제주간지 『이코노미스트』는 '친디아Chindia'라는 말을 만들어 냈다. 그리고 인도와 브라질에 남아프리카 공화국이 가세한 3국 정상회담이 열려 시장 통합에 합의함으로써 '이브사IBSA' 동맹이 탄생했다. 앞으로 중국까지 함께 묶는 '이브삭IBSAC'이 만들어질 것으로 보인다. 이 나라들의 공통점은 광활한 국토와 풍부한 자원에 엄청난 인구가 있다는 점이다. 세계 시장은 계속 새로운 변화를 만들어 내고 있다. 변화는 하나님께서 주신 구원의 가장 중요한 핵심이다. 변화에 따라 새로운 도전을 만들어 내야 한다. 변화를 예측하고 앞서가는 사람이 되어야 한다.

구원의 첫 번째 변화는 개인의 내면에서 일어난 변화였다. 병원에서 MRI를 통해 눈에 보이지 않는 몸속을 탐색하듯, 바울은 구원에 감춰진 놀라운 변화를 수사적 섬세함으로 그려냈다. 이제 바울은 구원의 두 번째 변화, 곧 아브라함 언약의 관점에서 일어난 구원 사건을 설명한다.

바울은 주님이 십자가로 이루신 놀라운 구속사를 유대인과 이방인의 관점에서 가르친다. 하나님의 구속사는 그리스도의 십자가의 피로 아브라함의 혈통적 자손인 이스라엘에서 아브라함의 믿음의 자손인 교회로 옮겨지는 대전환을 이루었다. 구원은 유대인과 이방인을 그리스도 안에서 새로운 민족 곧 교회로 만드신 하나님의 경륜을 보여 준다. 에베소서 2:11-22에서 바울은 유대인과 이방인의 새로운 연합을 전개한다.

유대인 vs 이방인

예수께서는 두 아들의 비유를 말씀하셨다. "한 사람이 두 아들이 있는데 맏아들에게 가서 이르되 얘 오늘 포도원에 가서 일하라 하니 대답하여 가로되 아버지여 가겠소이다 하더니 가지 아니하고 둘째 아들에게 가서 또 이같이 말하니 대답하여 가로되 싫소이다 하더니 그 후에 뉘우치고 갔으니 그 둘 중에 누가 아비의 뜻대로 하였느뇨 가로되 둘째 아들이니이다 예수께서 저희에게 이르시되 내가 진실로 너희에게 이르노니 세리들과 창기들이 너희보다 먼저 하나님의 나라에 들어가리라 요한이 의의 도로 너희에게 왔거늘 너희는 저를 믿지 아니하였으되 세리와 창기는 믿었으며 너희는 이것을 보고도 종시 뉘우쳐 믿지 아니하였도다" 마 21:28-32. 유대 종교 지도자들의 교권주의가 가져온 결말을 비유로 말씀하신 것이다. 유대인은 불순종함으로 참감람나무에서 잘려 나갔다. 그리고 돌감람나무였던 이방인은 믿음으로 접붙임을 받았다 롬 11:20.

스튜어트 에이버리 골드는 『핑』웅진윙스에서 이렇게 말했다. "실수는 극복하면 되지만, 나태함은 영혼을 질식시켜 버린다. ……훗날 네가 실행한 일들보다 실행하지 않은 일들 때문에 더 많이 후회하게 될 것이라는 점을 명심해라. 새삼 강조하지만, 무언가가 되려면, 무언가를 해야만 하는 거야.'"

유대인들은 선택받은 하나님의 선민이었지만 자신들의 특권만 자랑했지 종교적 허상에 빠져 하나님이 기뻐하시는 것을 행하지는 못했다. 그들은 선택받은 백성으로 살아가는 데 실패하고 말았다. "무언가가 되려면, 무언가를 해야만 하는 거야."라는 말을 잊고 말았다. 이스라엘은 실패했다. 그러나 하나님의 구속사는 여전히 진행되고 있다. 유대인의 넘어짐으로 인해 구원이 이방인에게 넘어갔다.

구약의 역사는 말라기에서 끝난 듯 보인다. 하나님께서 마침내 하나님을 떠난 이스라엘을 포기하셨고 구원이 이방인에게 넘어왔다면, 우리에게 커다란 의문이 남는다. 유대인들은 과연 버림받은 것인가? 바벨론

포로기 이전, 이후 소선지자들은 유대인들이 주님께 돌아올 것을 계속 예언하고 있는데 구원이 유대인에게서 이방인에게로 넘어왔다면 이스라엘의 운명은 어떻게 되는 것일까?

구원의 두 번째 변화는 이 질문에 대해 하나님의 비밀을 계시하고 있다. 예수 그리스도의 십자가를 통해 하나님께서는 마침내 하나님의 경륜을 완성하셨다 "내가 다 이루었다". 우리는 그리스도의 십자가를 통해 전개되는 이스라엘과 교회의 신비로운 비밀을 알게 될 것이다. 유대인과 이방인들이 그리스도의 화목 사역으로 어떤 변화를 가져왔는지 하나님 나라의 비밀을 깨달은 계시적 지성인이 되어야 한다.

"아브라함이 하나님을 믿으매 이것을 그에게 의로 정하셨다 함과 같으니라 그런즉 믿음으로 말미암은 자들은 아브라함의 아들인 줄 알지어다" 갈 3:6-7. 바울은 마침내 '신新 아브라함론'을 제시한다. 그는 믿음으로 말미암은 자가 "아브라함의 아들"이라고 선언한다. 아브라함에 대한 바울의 새로운 해석은 당시 선민주의에 빠져 있던 유대인들에게 강한 분노와 적개심을 불러일으켰을 것이다.

하지만 유대인들은 알지 못했다. 그리스도를 통해 이루시는 하나님의 구원에 무지했다. 구원자 메시아를 기다렸지만, 메시아 언약은 알지 못했다. 유대인들은 자신들의 손으로 그리스도를 십자가에 못 박으면서도 그리스도의 죽음이 가져온 언약의 새로운 변화를 깨닫지 못했다. 자신들이 알고 있던 아브라함의 언약에 숨겨진 하나님의 섭리를 깨닫지 못했다. 어쩌면 우리도 같은 실패를 반복하고 있는지 모른다. 우리는 아브라함의 혈통적 자손인 유대인과 아브라함의 믿음의 자손인 이방인에 대해 하나님께서는 어떤 계획을 갖고 구속사를 전개하고 계신지를 알아야 한다.

구속사의 대전환

존 바텔은 『구글 스토리』랜덤하우스중앙에서 '검색'이 산업을 바꿀 것이라고 했다. 실제로 미국에서 검색은 경제 구조를 변화시키고 있다. 과거에 부동산업자들은 직접 발로 뛰어다니며 토지나 주택을 살피고 고객과 대화를 나눴다. 그러나 이제는 인터넷 검색을 통해 다량의 중대한 정보를 얻을 수 있다. 그 결과 부동산 사업은 훨씬 더 치열한 경쟁 체제에 돌입했다. 바텔은 인터넷을 통한 집단 지능이 산업과 생활을 변화시키고 있다고 했다.

그리스도의 십자가 죽음은 더 충격적인 언약의 변화를 이미 가져왔지만 우리는 알지 못하고 있다. 십자가의 죽음은 개인의 구원만 다루는 것이 아니다. 하나님의 구속사에 일대 전환을 가져왔다. 당시 유대인들은 예수님의 십자가 죽음을 무시했지만, 하나님께서는 그 죽음을 통해 새 시대를 여는 인류 최대의 구속사를 완성하셨다.

"그러므로 생각하라" 엡 2:11.

바울은 그리스도인들에게 진지한 탐구를 요청한다. 깊이 있는 사색과 이해와 통찰을 구한다. 하나님의 구원은 오랫동안 감춰져 있던 아브라함 언약의 실체를 드러내며 계속해서 변화의 과정을 이어간다. 과거의 시대가 석양과 함께 막을 내리고 새 시대의 여명이 밝았다. 주님의 십자가 죽음을 통해 새롭고 급진적인 질서가 생겨났다. 이 변화를 볼 줄 아는 영적 예지력을 지닌 사람만이 이 땅에서 하나님의 일을 완수할 수 있다. 하나님의 새로운 혁명을 따라 이 시대를 변화시켜 가는 새 시대의 일꾼이 될 수 있다.

레너드 스윗은 『미래 크리스천』좋은씨앗 에서 "60년도 채 못 되는 기간 동안 우리는 뜨거운 공기풍선과 프로펠러 비행기로 하늘을 날다가, 이제는 우주선을 타고 달에 착륙하기에 이르렀다."고 말한다. 양적 변화가 쌓여서 질적 변화를 만들어 내듯, 인생을 구성하는 요소 하나하나가 쌓여 우리 주변의 모든 것을 바꾸어 놓는다. 그리고 우리는 인생의 각 영역에서 위대한 역사적 사건을 맞고 있음을 인식하게 된다. 주님의 십자가는 위대한 역사적 사건이었다. 개인뿐 아니라 구속사의 큰 변화였다. 주께서 우리의 눈을 여셔서 하나님께서 완성하신 언약의 새로운 질서를 보게 하시기를 구한다.

구원받기 전 _ 이방인

아브라함 언약의 관점에서 인류는 유대인과 이방인으로 구분된다. 구원받기 전 우리는 '이방인'이요 '무할례당'으로 분류된 사람이었다. 유대인은 이방인을 개나 돼지같이 부정한 존재로 간주했다. 이방인과 가벼운 인사만 나눠도 시체나 문둥병자를 만진 것처럼 진 밖에서 정결예식을 치러야만 유대인 공동체에 다시 받아들여졌다.

유대인의 탈무드를 보면 한 유대인이 랍비에게 다음과 같이 묻는다. "하나님은 쓸모없는 이방인을 왜 저렇게 많이 만드셨습니까?"

랍비는 이렇게 답한다.

"지옥에 땔감이 많이 필요하기 때문이다."

유대인에게 이방인은 지옥 불을 지피는 땔감 정도의 가치밖에 없는 존재였다. 이방인은 철저하게 무시되었다. 하지만 하나님은 이방인이었던 우리를 그리스도를 통해 언약 백성으로 부르시고 은혜로 구원하셨다. 이스라엘은 아브라함의 언약을 오해했다. 그릇된 지식이 그들을 파멸로 이끌었다.

이방인, 다섯 가지가 없다

이방인이요 무할례당이던 우리에게는 5가지가 없었다. "그때에 너희는 그리스도 밖에 있었고 이스라엘 나라 밖의 사람이라 약속의 언약들에 대하여 외인이요 세상에서 소망이 없고 하나님도 없는 자이더니"엡2:12. 우리는 구원에서 가장 중요한 요소인 "그리스도", "이스라엘", "언약" 밖에 있는 버림받은 존재였다. 그리스도와 아무 관계가 없는 사람이었다. 그 결과 세상에서 "소망"이 없고 "하나님"도 없는 자였다. 이방인들은 "하나님도 없는아테오이", 곧 하나님에게서 분리된 자였다.

이방인이었던 우리의 실체는 "밖에 있고", "없고", "없는"이라는 단어들로 잘 설명된다. 우리는 구원에서 가장 기본적인 요소는 아무것도 가진 것이 없는 버림받은 존재였다.

유대인에게 이방인이 어떤 존재였는지는 예수께서 성전을 청결케 하신 사건을 보면 잘 알 수 있다. 예수께서는 공생애의 시작과 끝에 걸쳐 두 번 성전을 청결케 하셨다. 당시 성전 안에는 순례자들을 위한 제물

시장이 열렸다. 대제사장 아들들의 소유였던 이 시장은 성전 안에까지 들어와 있었다. 제사장과 상인들은 서로 협약을 맺어 제물 시장에서 구입한 제물만 제사용으로 승인하는 부도덕한 매매를 시행했고 이를 통해 얻은 이익을 나눠 가졌다. 주님은 매매하는 자들을 성전에서 내쫓으시면서 성전의 의미를 천명하셨다. "내 집은 만민의 기도하는 집이라 칭함을 받으리라" 막 11:17. 이 시장이 위치한 곳이 이방인의 뜰이었다. 상인들이 이방인의 뜰을 차지하고 이방인의 접근을 막았던 것이다. 그 결과, 이방인이 하나님께 나아가는 길은 애초에 차단되었다. 주님은 강도의 동굴로 막혀 버린 이방인의 빼앗긴 길을 뚫으셨다. 십자가에서 죽으심으로 이방인이 하나님께 나아가는 새롭고 산 길을 열어 놓으셨다.

새로운 민족의 탄생

현대 평화학의 창시자인 유럽평화대학의 요한 갈퉁 교수는 평화 심포지엄에서 행한 강연에서 테러와 보복으로 이어지는 작금의 악순환의 핵심에 미국의 패권주의가 있다고 밝혔다. 그는 미국의 태도 변화 없이는 평화가 어렵다고 진단했다. "갈등이 있는 곳에 폭력이 있다. 갈등이 해결되면 폭력도 사라진다." 이방인과 유대인의 갈등은 오랜 역사를 통해 형태를 바꾸며 계속되어 왔다. 유대인의 선민사상은 오랫동안 이방인과의 깊은 갈등을 야기해 왔다. 그로 인해 지금도 팔레스타인 땅에는 폭력과 죽음과 테러의 화염이 그치지 않고 있다. 중동 분쟁과 테러 한가운데 이스라엘이 자리 잡고 있다.

분쟁과 보복과 테러로 얼룩진 인간 역사의 현실과는 달리, 하나님의 구속사는 이미 그리스도의 십자가로 새로운 전환점을 성취했다. 유대인과 이방인으로 갈라져 증오와 차별의 역사 속에 전개되어 온 구속사는 그리스도의 십자가 죽음을 통해 중대한 전환점에 이르렀다. 거짓된 언약의 역사는 끝났다. 예수님의 십자가 죽음은 구원의 완성이었다. 십자가는 믿는 사람을 죄의 권세에서 해방시켰을 뿐 아니라, 유대인과 이방인을 화목의 한 공동체로 만들었다. 놀라운 창조력으로 새로운 민족을 탄생시켰다. 십자가는 복음의 핵심이자 새 역사의 출발점이었다. 새로운 세상이 이 땅에 왔음을 알리는 역사의 시작이었다.

새로운 시대는 새로운 문화를 익혀야 한다. 새로운 용어와 삶의 기술도 익혀야 한다. IT 혁명이 일어나면서 교회마다 홈페이지를 만들고 온라인에서 교제를 나누는 시대가 되었다. 심지어 사이버 교회마저 생겨났다. 새로운 시대에 적응하지 못하는 사람은 시대에 뒤쳐진 사람으로 도태될 수밖에 없다.

주님의 십자가는 새 시대를 열었다. 증오와 분열과 갈등의 두 민족, 이방인과 유대인을 화목케 하여 하나의 새 민족으로 태어나게 만들었다. 주님은 서로에게 등 돌린 두 민족을 하나로 만드신 화평이 되셨다. 아브라함의 혈통직 자손인 유대인과 아브라함의 믿음의 후손인 이방인들을 제3의 새로운 민족, 곧 교회로 태어나게 하셨다.

"그는 우리의 화평이신지라 둘로 하나를 만드사 중간에 막힌 담을 허시고" 엡 2:14.

"막힌 담"이란 표현은 신약성경에서 여기에만 나온다. 어떤 학자는 이 담이 유대인의 뜰과 이방인의 뜰을 구분하는 예루살렘 성전 경내에 있는 담이라고 말한다. 요세푸스는 이 담에 헬라어와 라틴어로 다음과 같이 쓰여 있다고 기록했다. "이방인은 성소와 구내를 둘러싼 방책 안에 절대로 들어갈 수 없다. 누구든 그렇게 하다가 붙잡히는 자는 죽음을 당해도 자기 책임이다." 또 다른 학자는 막힌 담이 물리적인 담이 아니라 유대인과 이방인을 분리하는 영적 적대감이며, 그리스도께서 이 적대감을 무너뜨리셨다고 해석한다. 어느 쪽이든 유대인과 이방인 사이의 뿌리 깊은 반목을 보여 주는 단어가 "중간에 막힌 담"이다.

유대인과 이방인 간의 증오심과 적개심은 그리스도의 십자가에서 멈췄다. 깨끗이 사라졌다. "그러나 지금은 하나님께서 그리스도의 죽으심을 통하여, 그분의 육신의 몸으로 여러분과 화해하셔서, 여러분을 거룩하고 흠이 없고 책망할 것이 없는 사람으로 자기 앞에 내세우셨습니다" 골 1:22, 새번역. 주님은 십자가에서 죽으심으로 하나님과 인간을 화해시키셨을 뿐 아니라 유대인과 이방인을 화목케 하셨다. 유대인과 이방인 사이에 적대감을 가져왔던 율법을 자기 몸으로 폐하셨다. 주님은 율법의 마침이 되셨다롬 10:4. 그리고 마침내 아브라함을 통해 "내가 내 민족을 세우리라"는 언약이 교회를 통해 실현되었다.

구원받은 후 _ 새로운 인류

예수께서는 평화의 왕으로 오셔서 화평의 사역을 이루셨다. 유대인과 이방인 사이의 오랜 갈등과 증오의 벽을 허물어 버리셨다. 왜곡되고 변질되고 멈춰 버린 아브라함 언약을 성취하셨다. 예수 그리스도를 믿음으로 말미암는 참된 언약의 공동체를 이 땅에 세우셨다.

"또 하나님이 이방을 믿음으로 말미암아 의로 정하실 것을 성경이 미리 알고 먼저 아브라함에게 복음을 전하되 모든 이방이 너를 인하여 복을 받으리라 하였으니 그러므로 믿음으로 말미암은 자는 믿음이 있는 아브라함과 함께 복을 받느니라" 갈 3:8-9. 바울은 아브라함 언약의 의미를 명쾌하게 정의했다. 주님은 오직 믿음을 가진 사람만이 아브라함 언약에 참여하는 새로운 구원의 길을 십자가의 피로 이루셨다.

"너희는 유대인이나 헬라인이나 종이나 자주자나 남자나 여자 없이 다 그리스도 예수 안에서 하나이니라 너희가 그리스도께 속한 자면 곧 아브라함의 자손이요 약속대로 유업을 이을 자니라" 갈 3:28-29. 믿음으로 구원받은 우리가 곧 아브라함의 자손이며 언약의 백성인 것이다.

화평의 주님께서 유대인과 이방인의 파괴적 관계를 전략적이고 창조적인 언약의 융합 관계로 바꾸어 놓으셨다. 주님 자신이 화평이셨다. 자신 안에서 유대인과 이방인을 '한 새사람', '한 몸', 곧 교회로 만드셨다. 교회 안에는 더 이상 유대인도 이방인도 존재하지 않는다. 유대인과 이방인이 신인류로 다시 태어났기 때문이다.

하나님 속에 감추어져 있던 구속사의 커다란 목적이 마침내 세상에 실체를 드러냈다. 자동차 업체들은 사회 지도층 인사들을 초청해 화려한 쇼와 더불어 신차발표회를 한다. 주님이 십자가에 못 박히셨던 골고다 언덕은 하나님의 새로운 민족을 세상에 생중계한 거대한 전시장이었다. 하나님은 그리스도의 십자가 피로 새 인류의 새 시대를 여셨다.

바울은 에베소서 2:14-18에서 세 단계에 걸쳐 점진적으로 하나 된 유대인과 이방인의 융합을 강조한다.

첫째, 둘은 "하나"가 되었다 14절.

둘째, 둘은 "한 몸으로" 화목케 되었다 16절.

셋째, 둘은 "한 성령 안에서……나아감을" 얻었다 18절.

새로운 연합이 만들어졌다. 평화가 적대감을 대신했다. 증오의 벽이 무너지고 유대인과 이방인이 새로운 민족으로 거듭났다. 교회는 그리스도의 몸이다 엡 1:23. 그리스도의 몸인 교회 공동체는 유대인과 이방인이 연합된 하나의 공동체다. 하나님의 구속사에서 아브라함 언약은 새롭게 갱신되었다. 오직 그리스도께 속한 자가 아브라함의 자손이며 약속의 자녀다. 이제 더 이상 유대인도 없고 이방인도 없다. 하나님의 새로운 인류만 있을 뿐이다. 교회는 새로운 인류다.

『뉴욕 타임스』 칼럼니스트 토머스 프리드만은 "맥도널드 햄버거를 먹는 사람들끼리는 서로 싸우지 않는다."는 사실을 『렉서스와 올리브 나무』 창해에서 소개했다. 중동의 앙숙이었던 이스라엘과 이집트, 요르단과 사우디아라비아에 맥도널드가 진출한 다음 전쟁이 멈췄다. 인도와 파키스탄의 50년에 걸친 기나긴 분쟁도 두 나라에 맥도널드가 진출하면서 멈췄다. 맥도널드가 진출하고 몇 년이 지나면 전쟁하던 나라들이 화해로 돌아선 것이다. 이는 햄버거에 반전 유전자가 들어 있는 것이 아니라 맥도널드를 받아들일 정도로 국제화되고 소득이 증가하면 전쟁을 피하려 하기 때문이라고 그는 분석했다. 이제 전쟁의 땅에서 평화의 소식이 들려오고 있다. 새로운 국제 질서가 지구촌의 평화를 만들어 내며 국가간 경제 통합을 주축으로 세계화를 추구하고 있다.

그런데 오늘의 교회는 새로운 시대가 이미 2천년 전에 완성되고 시작되었지만 새로운 질서를 만들어 내지 못하고 있다. 교회 자체가 이미 새로운 창조 질서와 능력을 소유하고 있지만 아직도 무너진 빈 집으로 남아 있다.

초대교회 교부였던 크리소스토무스는 "은과 납을 녹여 금을 만들어 내듯이 그리스도께서는 그의 피로 이방인과 유대인을 한 민족으로 만드셨다."고 했다. 은과 납은 절대 융합하지 않는 성질이 전혀 다른 금속이다. 유대인과 이방인도 하나 될 수 없는 민족이었다. 하나님은 그리스도의 화평을 통해 그들을 유대인도 이방인도 아닌 제3의 민족으로 창조하셨다. 이로써 하나님께서 아브라함에게 약속하신 "내가 네 씨그리스도를 통해 큰 민족을 세우리라"는 언약이 마침내 완성된 것이다.

"이는 이 둘로 자기의 안에서 한 새사람을 지어 화평하게 하시고"엡 2:15.

그리스도의 피, 십자가의 화평으로 창조한 "한 새사람"은 과거에도 없었고 미래에도 존재하지 않는 '유일한 새 것'이라는 의미이다. 하나님은 그리스도를 통해 "한 새사람", 하나님의 새로운 민족을 만드셨다. 그 새로운 민족은 예수 그리스도의 몸인 교회다. 새 언약의 교회 시대가 시작된 것이다. 하나님은 교회를 통해 유대인과 이방인을 하나의 민족, 하나의 공동체, 하나의 언약 백성으로 만드셨다. 교회는 지구에 있는 모든 민족을 연결하는 하나님 나라다. 교회는 영광스럽게 등장한 새로운 지구촌이다.

인터넷은 앞으로 20년 안에 지구상의 모든 사람을 연결하는 세상을 꿈꾸며 지금도 국적과 국경을 초월하는 급진적인 새 민족을 형성하고 있다. 하지만 그리스도의 피로 연결된 하나님의 새 민족인 교회는 아직도 걸음마 단계다. 모든 민족과 종족 가운데 더 많은 사람들이 하나님 나라로 유입되어야 한다. 다양한 이민자들이 하나님의 새 민족으로 유입되고 거듭나야만 한다. 교회는 세상의 변화를 감지하며 변화하는 세상 속에서 또 다른 변화를 주도해 가는 하나님의 창조적 공동체가 되어야 한다.

가라, 세상을 향해

주후 70년 로마 군대에 의해 예루살렘이 무너지면서 멸망당한 이스라엘은 전세계로 흩어졌다가, 1948년 독립하여 오늘날까지 이어지고 있다. 팔레스타인 땅에 거주하는 이스라엘과, 예수 그리스도를 믿고 구원받은 그리스도인은 새로운 민족으로 거듭났지만, 아직도 이스라엘은 예수를 선지자 중의 한 사람으로 여기고 있다. 여기에 종말론의 중요한 비밀이 담겨 있다.

주님이 십자가의 피로 화평을 이루셨지만 이스라엘은 아직 예수께 돌아오지 않고 있다. 그리스도의 죽으심으로 새 언약의 공동체에 연합되었지만 아직 유대인들은 그리스도께 돌아오지 않고 있다. 그러나 하나님의 구속이 완성되는 날, 이스라엘이 주님께 돌아와 믿음으로 그리스도께 속한 자가 될 것이다. 다니엘은 마지막 세계정부와 이스라엘의 관계를 통해 이스라엘이 다시 참감람나무에 접붙임을 받는 날 하나님의 구속사가 완성될 것이라고 예언했다.

"형제들아 너희가 스스로 지혜 있다 함을 면키 위하여 이 비밀을 너희가 모르기를 내가 원치 아니하노니 이 비밀은 이방인의 충만한 수가 들어오기까지 이스라엘의 더러는 완악하게 된 것이라 그리하여 온 이스라엘이 구원을 얻으리라 기록된 바 구원자가 시온에서 오사 야곱에게서 경건치 않은 것을 돌이키시겠고 내가 저희 죄를 없이 할 때에 저희에게 이루어질 내 언약이 이것이라 함과 같으니라" 롬 11:25-27.

하나님의 구속사 : 유대인 ⇨ 그리스도의 십자가, 교회 탄생, 이방인 ⇨ 유대인

이스라엘이 주님께 돌아오기 전까지 교회가 해야 할 중요한 사명은 주님의 지상명령에 순종하는 것이다. 주님은 "우리의 화평"엡 2:14이실 뿐 아니라 "평안"을 전하신 분이다엡 2:17. 그 평안의 메시지로 인해 이방인과 유대인은 한 성령 안에서 아버지께 나아감을 얻을 수 있었다엡 2:18. "나아감프로사고게"은 왕에게 사람을 소개하는 안내자를 의미한다. 이제 주님은 우리를 땅 끝까지 가라고 보내셨다. 우리는 주님을 대신해 보냄받은 평화의 사도로, 안내자로 모든 민족에게 복음을 전해야 한다.

지금은 이방인 교회 시대다. 복음이 땅 끝까지 증거될 때, 유대인들도 마침내 주님께 돌아올 것이다. 영광스러운 그리스도의 날에 유대인과 이방인은 하나님의 새 민족으로 마침내 하나가 될 것이다.

그러므로 교회는 추수할 들판을 바라보아야 한다. 모든 교회는 글로벌 선교 공동체가 되어야 한다. "믿어라, 돈 내라, 집 짓자"라는 동네 구

멍가게 식의 비전을 말하는 교회가 아니라, 복음을 땅 끝까지 증거하는 세계 복음화에 헌신하는 교회가 되어야 한다. 지구촌 모든 족속과 민족마다 교회를 개척해야 한다. 교회는 하나님의 새 민족이다. 그리스도의 몸인 교회를 통해 하나님께서 통치하신다.

레너드 스윗은 선교의 사명에 대해 이렇게 쓰고 있다. "교회를 이끄는 것은 하나님의 사명이다. 사실 '교회'라는 단어와 '선교'라는 단어는 거의 동의어다." 옥스퍼드 대학교의 역사가 아드리안 헤이스팅스는 이렇게 말했다. "진실로 교회는 그 사명을 위해 존재한다. 교회는 선교적 사명의 표현이자 그 종이다. 선교적 사명은 결과적으로 교회의 본질을 결정한다. 교회가 선교적 사명을 이루지 못한다면 교회는 교회가 되는 데 실패한 것이다. ……선교적 사명을 위한 존재로 부름받은 것이 교회다." 빌 이섬과 탐 밴디는 선교적 사명을 더욱 간결하게 설명했다. 그들은 그리스도인을 "하나님의 선교를 감당하는 사람"이라고 정의하며 "선교가 없으면 교회도 없다 No Mission, No Church."고 했다.

교회는 선교함으로 존재한다

종교개혁의 고향 독일은 교회가 죽어가면서 오히려 선교지로 변했다. 독일 기독교 지형도에는 빈 공간이 늘어나고 있다. 독일에서 복음의 영향력이 다시 회복되려면 당장 5천여 개의 복음적인 교회가 시급하게 개척되어야 한다. 놀랍게도 독일에는 5천 명 이상 거주하는 1,600여 개의 도시에 교회가 단 하나도 없다.

부흥의 진원지였던 영국도 상황은 비슷하다. 매년 문 닫는 교회 수가 늘고 있다. 1998년 통계에 의하면, 1년에 평균 60개의 교회가 문을 닫으며, 남은 교회들도 노인들만 몇 명 모일 뿐이라고 한다. 교단 유지를 위해 교회 건물을 매춘을 제외한 모든 용도에 세를 주고 있다. 교회는 선교하지 않으면 더 이상 자신을 지탱할 수 없다. 파스칼은 "교회는 하나님에 의해 유지될 때 가장 아름답다."고 했다.

하나님은 교회 시대의 문을 열어 놓으셨다. 땅 끝까지 복음을 전하라고 명령하셨다. 우리는 한비야 씨의 책 제목처럼 "지도 밖으로 행군해야" 한다. 교회의 거룩한 비전을 가슴에 품고 그리스도의 명령을 따라 지도 밖으로 행군하는 그리스도의 대사가 되어야 한다. 천하 만민에게 복음을 전해야 한다. 필립 브룩스 목사는 "죽어 있는 교회를 다시 살리기 위해 무슨 일을 해야 할까? 나는 선교헌금을 걷겠다."고 했다. 교회의 존재 목적은 선교에 있다.

베트남 정부는 최근 350여 개의 교회를 폐쇄했고 50여 명의 교계 지도자를 체포했다. 기독교에 대한 탄압이 계속 증가하고 있다. 『릴리전 투데이Religion Today』는 베트남 중부 닥락성에서만 354개의 교회가 강제 폐쇄되었고 남은 58개 교회도 곧 폐쇄될 것으로 보인다고 전했다.

남미 콜롬비아의 테랄타 북쪽 마을에서 최근 네 명의 그리스도인이 살해되었다. 무장한 25명의 괴한들이 침입하여 여든 살 목사 부부와 신자들을 살해했다. 콜롬비아에서만 지난 2년간 40여 명의 목회자가 살해되었고, 이미 300여 개의 교회가 문을 닫았다.

그래도 복음은 멈추지 않는다. 그리스도의 피로 세워진 교회는 피 흘리는 희생으로 복음의 행진을 계속하고 있다. 믿음의 사람들은 포기하지 않았다. 주님을 위해, 교회를 위해, 복음을 위해 자신을 거룩한 희생제물로 바쳤다. 교회는 땅 끝까지 가야 한다. 예배당 증축, 숫자 늘리기 같은 교회왕국 세우기를 중단하고 복음을 들고 새로운 땅에 교회를 개척하는 교회가 되어야 한다.

네덜란드의 세계적 신학자 아브라함 반 데 베크 박사는 내한 강연에서 "교회가 사회적 사명을 앞세우기보다 교회 자신의 정체성을 더욱 굳건히 하고, 성도들도 그리스도인의 정체성을 강화하는 것이 더 시급하다."고 전제했다. 그는 "한국 교회가 예수 그리스도 안에 있는 믿음의 기초와 중심을 느슨하게 해서는 안 된다. 초대교회도 교회 정체성을 가장 우위에 두었다. 우리의 부르심은 그리스도를 따르는 것이다. 무엇을 하느냐는 그 다음 문제다."라고 교회 정체성의 회복을 역설했다.

교회는 선교함으로 존재한다. 어느 목사는 이렇게 설교했다. "오늘날 교회의 가장 커다란 죄는 '커미션 commission' 죄를 범함도, '오미션 omission' 태만도 아닙니다. 그것은 '노 미션 No Mission', 즉 선교하지 않는 것입니다."

교회의 세 가지 얼굴

지금까지 구원의 두 가지 변화를 통해 하나님이 우리에게 어떤 구원을 주셨는지 살펴보았다. 에베소서 2:19-22 본문에서 바울은 새로운 민족으로서의 교회를 세 가지로 설명한다. 그리스도인은 '하나님 나라의 시민' 19절, '하나님의 가족' 19절, '하나님이 거하실 성전' 21절이다.

우리는 구원받기 전에 "외인"과 "손"이었다19절. "외인"은 여행자이며, "손"은 정착한 외국인을 뜻한다. 그러나 구원받은 후 우리의 신분은 달라졌다. 새 신분이 주어졌다. 우리는 하나님의 가족이며 하나님 나라의 시민이 되었다. 또한 보이지 않는 하나님의 성전이다. 그리스도께서 그 성전의 기초가 되셨다.

바울은 이 건물의 기초20절, 건물의 형성21절, 건물의 기능22절, 건물의 신학22절을 차례대로 설명한다. 무너져 버린 예루살렘 성전은 12미터의 기초석 위에 세워져 있었다. 하나님이 그분의 백성을 만나시는 새로운 성전의 기초는 주님이시다. 그리스도의 몸인 인간 공동체가 새 성전이다. 하나님의 성전은 지금도 복음이 증거되는 땅에서 계속 지어져 가고 있다.

"그의 안에서 건물마다 서로 연결하여 주 안에서 성전이 되어 가고" 엡 2:21. 건물의 여러 부분들이 우연히 겹쳐진 것이 아니라 고도의 기술로 서로 짜맞춰진 것이다. 이 구조는 "주 안에서 성전이 되어 간다." 계속 자라가며 매일 성장하고 있다. 하나님의 성전은 살아 있고 성장하는 유기체였다.

"너희도 성령 안에서 하나님의 거하실 처소가 되기 위하여 예수 안에서 함께 지어져 가느니라" 엡 2:22. 이 구절은 삼위일체 하나님을 다시 한번 증거한다. 에베소서 1:3-14에서 구원에 있어 삼위일체 하나님의 공동사역을 가르친 바울은, 2:18에서 유대인과 이방인을 한 교회로 만들어 아버지께 나아가게 하신 삼위일체 하나님의 새로운 공동체를 보여주었다. 그리고 2:22에서 전세계에 지어져 가는 하나님의 성전을 계시했다.

현대인은 이미지에 끌린다. 미국에서는 게임 CD가 책보다 더 많이 팔린다. 영상에 중독된 문화 속에서 이미지는 강한 메시지 전달 능력을 갖고 있다. 의사소통에 있어서도 말과 영상 가운데 최종 결정권을 갖는 것은 영상이 되었다. 이미지가 모든 것을 말한다. 이제는 걸어 다니며 영상을 즐기는 시대가 되었다.

건축 중인 하나님의 성전은 교회의 이미지를 보여 준다. 지구촌 전역에서 건축 중인 하나님의 성전 이미지는 하나님 나라를 생생하게 증거하고 있다. 하나님 나라 시민과 하나님 가족의 사명은 새로운 성전 건축에 있다. 우리는 눈에 보이는 건물이 아니라, 복음을 통해 전세계에 확장되는 우주적 교회를 세우라고 부름받았다. 주님이 모퉁이돌이 되신 우주적 교회를 세우는 것이 교회에 주신 시대적 사명이다.

프랑스 사상가 루소는 "인간의 자유는 원하는 것을 할 수 있는 데 있는 것이 아니라 원하지 않는 것을 하지 않는 데 있다."고 말했다. 사람들은 다른 사람에게 능력을 보여 주기 위해 무언가를 소비하며 자신의 이미지를 산다. 더 큰 집을 사고, 비싼 차를 타는 이유는 이 때문이다. 교회도 비슷한 본성을 따른다. 숫자를 늘리고 더 큰 건물을 건축하는 것은 사람들에게 성공한 목회자, 성공한 교회라는 평가를 얻으려는 몸짓인지도 모른다. 그러나 진정한 자유는 원하지 않는 것을 하지 않는 것이다.

하나님은 건물에 거하시는 분이 아니시다. 콘크리트와 철근으로 지어진 건물이 성전이 아니다. 구원받은 하나님의 백성들이 돌과 나무가 되어 지어지는 교회가 하나님이 거하시는 참된 성전이다. 교회는 애굽의 금송아지 숭배에 열광하고 있다. 담임목사의 절대 권력화, 건물지상주의, 교회 세습 등 분열과 갈등이 끊이지 않는다. 새로운 교회 개혁 운동이 일어나야 한다. E. W. 하우 목사는 "가장 큰 형벌은 이웃과 세상과 가족들에게 멸시받는 것"이라고 했다. 교회는 이미 이웃과 세상과 가족들에게 멸시의 대상이 되었다!

Chapter 3

교회 안에 있는 세 개의 방
: 3단계 제자도

에베소서 3장

미국 교회 개신교 교단의 출석 교인수가 지난 10년간 9.5% 감소했다. 지난 50년 동안 미국 교회는 미국 인구의 2%도 복음화하지 못했다. 그 결과, 미국은 1억 9천 500만 명의 불신자가 있는 전세계에서 세 번째로 큰 선교지가 되고 말았다. 매년 4천여 개의 교회가 문을 닫으며, 개척교회의 50-70%가 5년 안에 문을 닫는다.

교회가 죽어가고 있다. 교회가 복음을 전하고는 있지만 그 내용이 빈약하다. 진리의 상자는 비어 있다. 복음의 진리에 대한 바른 지식이 결여되었기 때문에 교회는 점점 더 쇠약해지고 있다. 교회가 다시 회복되려면 먼저 진리에 대한 지식부터 되찾아야 한다.

앨빈 토플러는 『부의 미래』청림출판에서 "무용지식 obsoledge"이란 신조

어를 소개했다. 그는 오늘날 급속도로 지식이 증가하면서 지금까지 알아온 정보와 지식이 많은 부분 진실에서 멀어지고 있음에 주목했다. 무용지식은 '무용한', '시대에 뒤진obsolete'이란 단어와 '지식knowledge'을 합성한 말로, 한번 배운 지식을 평생 활용하던 시대가 지났음을 뜻한다. 시대가 빠르게 변하면서 시대에 뒤쳐진 무용지식이 증가하고 있다.

교회에서도 무용지식이 진리의 자리를 차지하고 있다. 지식의 증가 속에 무용지식을 가려내는 분별력도 떨어지고 있다. 존 스토트는 이렇게 말했다. "오늘날 세계 기독교의 상황을 한마디로 압축하자면, '이상하고 비참하고 어지러운 역설' 이다. 한편으로 세계 여러 곳에서 교회가 계속 성장하고 있지만, 다른 한편으로 교회 도처에 피상성이 만연해 있다. 깊이 없는 성장, 이는 역설이다."

하나님은 깊이 없는 피상적인 제자도를 거부하신다. 그분의 백성이 그리스도 안에서 성숙한 제자로 성장하기를 원하신다. 그러려면 성령의 가르침을 바르게 전달해 주는 충실한 말씀의 청지기가 있어야 한다. 바울은 충실한 말씀의 청지기였다. 그의 복음은 예수 그리스도의 계시를 통해 얻은 지식이었다.

"내가 전한 복음이 사람의 뜻을 따라 된 것이 아니라 이는 내가 사람에게서 받은 것도 아니요 배운 것도 아니요 오직 예수 그리스도의 계시로 말미암은 것이라" 갈 1:11-12.

오늘날 교회와 복음의 능력이 다시 회복되려면 그리스도에게서 분명하게 지식을 전달받은 사역자, 주님을 인격적으로 만난 사역자, 주님의 십자가를 체험한 사역자가 세워져야 한다.

『크리스채니티 투데이Christianity Today』 2002년 8월호에 의하면, 조지 바나는 미국 목회자들에게 실망했고 자신의 사역이 실패로 끝났다고 시인했다. 그는 미국 교회의 지도자들을 일깨우는 역할을 해왔다. 그가 쓴 책들은 베스트셀러가 되었고, 지난 10년 동안 목회자를 대상으로 수많은 세미나를 열어 왔다. 주제는 언제나 '개혁'이었다. 그러나 교회는 더 나빠지고 있다고 탄식했다. 복음의 계시성이 회복되어야 한다. 그리스도의 계시만이 역동적인 복음의 말씀을 불러오고, 살아 있는 말씀만이 참된 교회 개혁을 가능하게 한다.

복음이 계시하는 두 가지 내용은 '구원'과 '교회'다. 복음을 깨달을 때 구원과 교회에 대한 바른 지식을 갖게 된다. 구원을 주신 하나님은 유기적 존재인 교회를 통해 우리를 성장시키고 열매 맺게 하신다. 교회를 다닌다는 것은 매주일 딱딱한 의자에 앉아 1시간 예배드리고 봉사하다가 집으로 돌아오는 것이 아니다.

마이클 그리피스는 『기억 상실증에 걸린 교회』IVP에서, 많은 그리스도인들이 교회를 천국 가기 위해 잠시 머무르는 버스정류장 정도로 생각한다고 한탄했다. 교회는 "에클레시아", 곧 부르심받은 자들의 공동체다. 우리는 하나님이 처음 계획하신 교회의 비밀로 돌아가야 한다.

첫째, 교회는 세 단계 자아실현으로 완성된다

에베소서 3장은 계시의 두 축인 '구원'과 '교회'의 계시가 어떻게 전개되는지 설명한다. 하나님은 거듭난 그리스도인들을 "그리스도와 함께 살리셨고, 함께 일으키시고, 함께 하늘에 앉히셨다"엡 2:5-6 참조. 살리심, 일으키심, 앉히심은 하나님이 행하신 구원의 행위다. 그 결과로 우리 안에 어떤 변화가 일어났고 또 일어나야 하는지를 바울은 이제 세 단계의 자아실현을 통해 밝힌다.

에베소서 2:5-6에 나타난 그리스도와 그리스도인의 삼중 연합이 3:6에 다시 설명되고 있다. "이는 이방인들이 복음으로 말미암아 그리스도 예수 안에서 함께 후사가 되고 함께 지체가 되고 함께 약속에 참예하는 자가 됨이라." 에베소서 2장이 하나님의 구원의 행위를 설명한다면, 3장은 그 결과로 구원받은 그리스도인들에게 일어난 변화와 자아실현의 의무를 설명하고 있다.

바울은 구원의 변화와 성장을 칭의, 성화, 영화의 세 단계 자아실현으로 표현하고 있다.

"그러므로 나의 사랑하는 자들아 너희가 나 있을 때뿐 아니라 더욱 지금 나 없을 때에도 항상 복종하여 두렵고 떨림으로 너희 구원을 이루라"빌 2:12. "너희 구원을 완성해 가라." 그리스도인은 구원의 완성, 곧 세 단계의 자아실현을 이루어 가야 한다. 한 사람의 죄인이 그리스도를 믿어 구원받는 것은 일회적이지만, 그 구원에는 세 단계의 과정이 따른다. "후사가 되고" 칭의, "지체가 되고" 성화, "참예하는 자가 됨이라" 영화. 즉 구원은 칭의, 성화, 영화의 단계를 거쳐 완성된다. 마치 사람의 일생이 유아기, 청소년기, 청장년기를 거쳐 이루어지는 것과 같다.

2:4-6		3:6
그리스도와 함께 살리심	칭의	함께 후사가 되고
그리스도와 함께 일으키심	성화	함께 지체가 되고
그리스도와 함께 하늘에 앉히심	영화	함께 약속에 참예하는 자가 되고

작가 로이드 존 오글비는 영적 능력이 점점 줄어들어 결국 시들어 버리는 그리스도인을 "가지가 꺾인 꽃과 같은 신자"로 비유했다. 나뭇가지는 열매 맺기 위해 나무에 붙어 있는 것을 미안해하지 않을 것이다. 하나님은 생명의 근원이신 주님을 의지하고 살도록 우리를 만드셨고, 지속적인 연합의 관계로 우리를 창조하셨다. 주님 안에 산다는 것은 곧 세 단계의 자아실현을 그리스도와 함께 하나씩 성취해 가는 것을 뜻한다.

하나님이 주신 구원은 단지 고백이 아니다. 구호도 아니다. 개념도 아니다. 종교적 성향도 아니다. 구원에는 구체적인 자아실현의 책임이 따른다. 우리는 모든 힘을 다해 그리스도와의 삼중의 연합을 성취하는 주님의 제자들이 되어야 한다.

둘째, 성령께서 작업지시다

프랑스의 화가이자 미술사가인 자크 프랑크가 "모나리자"의 신비를 500년 만에 풀어 냈다. 16세기 초반 포플러 나무판에 그려진 모나리자의 얼굴과 손을 표현한 미세한 붓 자국은, 눈에 보이지 않는 1/4밀리미터 굵기의 선으로 채색을 반복한 후 극도로 엷게 희석시킨 물감층을 덧

칠하는 방식으로 완성된 것이다. 다빈치의 붓질은 1-2밀리미터를 넘지 않았으며, 덧칠한 물감층만 30겹으로, 한 손에는 붓을, 다른 한 손에는 확대경을 들고 작업했을 것으로 추측했다. 1503년에 그리기 시작하여 16년의 세월을 들인 결과, 당시로는 혁명적인 3차원적 깊이가 있는 그림을 그려 낼 수 있었던 것이다.

레오나르도 다빈치가 30겹의 물감층을 덧입혀 하나의 그림을 완성했다면, 성령께서는 더 미세한 선과 더 많은 덧칠로 우리 안에 그리스도의 형상을 만들어 내신다. "하나님이 미리 아신 자들로 또한 그 아들의 형상을 본받게 하기 위하여 미리 정하셨으니 이는 그로 많은 형제 중에서 맏아들이 되게 하려 하심이니라" 롬 8:29. 성령께서 우리로 하여금 모든 일에 그리스도를 닮게 만들어 가신다.

바울은 에베소서 각 장마다 성령께서 진행하고 계신 구원의 과정을 치밀하게 전개한다. 그리스도 안에서 역사하신1장 성령께서 그리스도인 안에서 동일하게 일하셨고2장, 지금도 구원받은 그리스도인 안에 역사하셔서 그 변화를 만들어 가고 계신다3장.

1장 : 그리스도를 구세주로 만드신 메시아 5단계 (1:20-23)

2장 : 믿는 자를 새로운 피조물로 만드신 구원의 두 가지 변화 (2:10, 14)

3장 : 믿는 자와 그리스도와의 삼중 연합을 이루심 (3:6)

우리는 주님을 영접한 순간 영생의 선물을 받았고 하나님의 자녀로 거듭났다. 또한 영원한 집까지 약속받았다. 이제 하나님께서는 우리가 매일 영적으로 성숙해지기를 원하신다. 신앙에는 영적 성장이 뒤따라야 한다. 처음보다 그리스도를 따르는 제자됨이 더 자라나야 한다. "우리 주 곧 구주 예수 그리스도의 은혜와 저를 아는 지식에서" 자라야 한다 벧후 3:18. 성령께서 우리를 거듭나게 하시고 그리스도 안에서 성장하도록 도우신다. 그리스도와의 세 단계의 연합을 성령께서 우리 안에서 작업하시고 성취하신다.

셋째, 성령께서 우리를 한 몸으로 만드신다

삼성그룹의 이건희 회장은 삼성이 초일류 기업으로 성장했다고 보지 않는다고 했다. 오히려 앞으로 부단한 개혁을 통해 사업 전 분야에서 초일류를 이루는 진정한 글로벌 기업이 되어야 함을 강조했다. 일반 제트기의 속력은 마하 0.9 정도로 음속에 조금 못 미친다. 만일 음속의 두 배로 날고자 한다면 엔진의 힘만 두 배가 된다고 해결되는 것이 아니다. 비행기의 모든 소재가 음속의 두 배를 견딜 수 있도록 바뀌어야 한다. 이를 위해 재료공학, 기초물리, 화학이 모두 동원되어야 한다. 마찬가지로 사업 전 분야에서 초일류가 되어야 비로소 진정한 의미의 초일류 기업이라고 그는 말했다.

성령께서는 자아실현의 세 단계를 성취하시기 위해 일곱 가지 하나됨으로 우리를 주님의 능력 있는 제자로 만들어 내신다. 곧 몸, 성령, 부르심의 소망, 주, 믿음, 세례, 하나님이다 엡 4:4-6.

바울은 에베소서 2장에서 시작된 그리스도와의 연합을 3장과 4장까지 하나의 줄기로 이어서 논리적으로 전개하고 있다. 성령께서 완성해 가시는 구원의 비밀이 이 전개 과정에 담겨 있다.

2:4-6	3:6	4:4-6
함께 살리심	함께 후사가 되고	주, 믿음, 세례
함께 일으키심	함께 지체가 되고	몸, 성령, 부르심의 한 소망
함께 앉히심	함께 참예자가 되고	하나님

- "그리스도와 함께 살리심"은 "그리스도와 함께 후사가 되게" 하려는 것이며, 이 과정에 주, 믿음, 세례의 교리가 적용된다.
- "그리스도와 함께 일으키심"은 "그리스도와 함께 지체가 되는" 과정이며, 이 과정에 몸, 성령, 부르심의 한 소망의 교리가 적용된다.
- "그리스도와 함께 앉히심"은 "그리스도와 함께 약속에 참예자가 되는" 구원의 완성이며 이 과정에 하나님의 교리가 적용된다.

• 3단계 제자도 •

주님은 구원의 단계마다 각각 "주", "몸", "하나님"으로 변화되셨다. 우리도 주님의 변화에 따라 주님과 함께 새로운 신분으로 변화된다. 이 과정이 우리가 평생 실현해야 할 구원의 단계다.

칭의의 과정에서 그리스도는 우리의 "주"가 되시고, 성화의 과정에서 그리스도는 "몸"이 되신다. 그리고 그리스도께서 다시 오실 때 그분은 영광의 "하나님"으로 인정되신다. 그리고 마침내 우리는 그리스도와 함께 하나님 나라를 상속하는 약속의 참예자가 될 것이다.

주님의 변화	우리의 변화	구원의 단계
주	후사	칭의
몸	지체	성화
하나님	참예자	영화

현대 경영학의 대부 피터 드러커는 사람들이 흔히 일의 효과옳은 일을 하는 것보다는 일의 능률일을 옳게 하는 것에 초점을 둔다고 지적했다. "잘못된 제품을 확실하게 디자인하여 그 제품을 신속히 만들어 내는 엔지니어링 부서가 있다면 이보다 더 비생산적인 일은 없을 것이다. 옳은 일을 하는 것이 효과적으로 일하는 것이다."

우리도 옳은 일을 해야 한다. 교회에 출석하고 봉사에 힘쓰는 것만으로는 비생산적이다. 제자훈련을 받았다고 제자로 살게 되는 것은 아니다. 외부세계에서 내면세계로 방향을 바꾸어야 한다. 우리는 구원의 단계에 따른 그리스도의 변화에 발맞추어 우리에게 제시된 변화의 단계를 자아실현해야 한다.

바울은 "너희 속에 착한 일을 시작하신 이가 그리스도 예수의 날까지 이루실 줄을" 확신했다빌 1:6. 바울은 하나님이 구원의 완성자이심을 확신하면서 하나님의 견인성도를 끝까지 지켜 주심을 강조했다. 하나님은 그분께서 은혜로 시작하신 구원을 마지막 날까지 신실하게 지키고 완성해 가실 것이다. "착한 일"은 이미 시작되었고, 우리의 구원은 예수의 날까지 완성되어 갈 것이다. 우리는 예수 그리스도를 믿음으로 이미 구원받았고, 그 구원의 완성을 향해 나아가는 구원의 현재에 살고 있는 것이다.

성령께서는 구원받은 그리스도인의 내면에서 구원의 과정을 주도하신다. 우리는 성령께서 어떻게 우리 구원을 완성하시며 우리로 하여금 거룩함에 이르는 열매를 맺게 하시는지 그 과정을 알고 그 과정을 제자훈련 커리큘럼으로 만들어야 한다.

첫 번째 단계 : 함께 후사가 되다

"후사"는 법적 상속권이 있는 친자녀를 뜻한다. 죄인이 어떻게 하나님의 친자녀가 될 수 있을까? 오래전 니고데모도 같은 질문을 주님께 드렸다. "사람이 어떻게 다시 태어날 수 있습니까?"

이 세상의 출생 방식은 남자와 여자의 결합을 통해 이루어진다. 그러나 하나님 나라의 출생 방식은 '믿음'이다. "영접하는 자 곧 그 이름을 믿는 자들에게는 하나님의 자녀가 되는 권세를 주셨으니……오직 하나님께로서 난 출생한 자들이니라" 요 1:12-13. 성령께서는 오직 예수를 구세주로 믿고 영접한 자들을 다시 태어나게 하신다.

사람의 출생에는 약 10개월의 임신 기간이 필요하다. 그러나 하나님의 후사 친자녀는 복음을 듣고 예수님을 믿기로 결단하고 그분을 주님으로 영접하면 즉시 거듭나게 된다. 그렇게 다시 태어난 하나님의 자녀가 받는 교회 예식이 세례다. 그러므로 "주, 믿음, 세례"는 하나님의 후사가 되는 구원의 방식이다.

최근 존 맥아더 목사는 '주되심Lordship 구원'을 강조했다. 구원에 대한 신비로움이 사라졌다. 하나님의 자녀라고 고백하는 사람들은 많지만 하나님의 자녀다운 거룩한 삶은 없다. '주되심 구원'은 참된 구원의 기준을 보여 준다. 예수 그리스도의 가르침에 순종할 마음이 없다면 구원받은 사람이 아니다. 믿음은 예수를 '주'로 받아들이는 것이다. 예수 그리스도를 삶의 주인으로 받아들이는 것이다. 그러므로 믿음의 사람은 주님께 절대 순종한다.

구원받은 사람은 세례를 받아야 한다. 세례가 구원의 조건은 아니지만, 세례는 구원이 무엇인지를 몸으로 체험하게 하고 눈으로 보게 해주는 교회 예식이다. 세례는 구원받은 하나님의 자녀들이 세상에 대해 "나는 이제 하나님의 자녀입니다."라고 공개적으로 선언하는 의식이다.

오늘날 전세계적으로 새 신자들이 계속 증가하고 있다. 그리고 80여 개국에서 2천3백만 명의 신자들이 신앙으로 인해 핍박과 박해를 받고 있다. 그들은 주님을 믿음으로 인해 핍박받고, 주님을 믿음으로 고통을 견뎌내는 사람들이다. 오늘도 성령께서 복음이 증거되는 곳마다 "주, 믿음, 세례"의 교리를 통해 하나님의 후사로 거듭나게 하신다 요 3:3, 5.

두 번째 단계 : 함께 지체가 되다

하나님은 구원받은 그분의 자녀들을 그리스도의 몸인 교회로 모으셨다. "교회는 그의 몸이니 만물 안에서 만물을 충만케 하시는 자의 충만이니라"엡 1:23. 교회는 건물도, 교파도 아니다. 교회는 그리스도가 머리 되시고 구원받은 모든 자녀들이 지체가 되어 연합한 유기적 공동체living system다. 교회는 살아 있다. 숨쉬고, 말하고, 걸어 다니고, 활동한다. 거듭난 그리스도인들이 성령의 은사에 따라 그 몸의 지체가 되어 그리스도와 한 몸을 이룬다.

주님은 첫 번째 성육신을 통해 이 세상에 오셔서 구원의 길을 여셨다. 그리고 두 번째 성육신인 그분의 몸된 교회를 통해 지금도 일하고 계신다. 구원받은 모든 그리스도인이 그분의 손과 발이 되었다. 주님은 우리 안에 계시고 우리는 주님 안에 있다는 연합의 실체는 구원과 교회 양쪽에 다 해당된다. 주님은 우리 안에 계시고 우리는 또한 그분 몸의 일부가 되어 그리스도의 몸을 이루기 때문이다. 어떻게 우리가 그리스도의 몸의 지체가 되었을까? "몸", "성령", "부르심의 한 소망"엡 4:4이 성화 과정에 적용된다.

몸으로 계신 분

칭의의 과정에서 우리의 "주" 되신 그리스도께서는 성화의 과정에서 "몸"으로 존재하신다. 주님은 그분의 몸인 공동체를 통해 우리와 새로운 연합을 이루셨고, 세상 끝 날까지 함께하시겠다는 약속을 우리를 그분의 몸으로 만드시는 신비한 방법으로 확증하셨다.

우리와 주님은 한 몸으로 결합되었다. 구원받은 모든 신자들은 그리스도의 몸 안에서 하나가 되었다. 서로 지체가 되었다. 주님은 추상적으로 우리 곁에 계시는 것이 아니라 생체학적으로 우리와 함께 계신다. 우리는 성령의 은사에 따라 그분 몸의 일부가 되었다. 하나님은 각 사람에게 주신 은사와 직분에 따라 우리로 그분의 몸의 지체가 되게 하셨다.

『내겐 너무 작은 하나님』두란노에서 브루스와 스텐은 교회를 이렇게 설명했다. "교회는 본질적으로 그리스도의 공동체다. 그리스도를 따르며 그분과 서로에게 헌신된 사람들을 뜻한다. 몸을 이루는 지체는 모두 중요하고 각각의 조화 속에 제 기능을 발휘한다. 눈에 잘 띄는 지체, 보이지 않는 곳에서 중요한 역할을 담당하는 지체 모두가 한 몸이다. 모든 지체가 똑같다면 몸은 이상할 것이다. 가로 20센티미터, 세로 150센티미터의 귀를 상상해 보라. ……그리스도의 몸의 지체가 된다는 것은 주일예배에 참석하는 것 이상의 의미다. 우리는 일주일 내내 주님 몸의 지체로 살아야 한다."

성령께서 몸의 연합을 만드신다

성령께서 구원의 전 과정을 진행하신다. 각 사람을 예수 그리스도를 주로 고백하여 거듭나게 하시는 분도 성령이시며고전 12:3, 믿는 자들을 그리스도의 몸의 지체로 연합시키시고고전 12:13, 그리스도의 재림 때 죽은 자들을 다시 부활하게 하시는 분도 성령이시다롬 8:11.

성령께서 오신 목적은 그리스도의 몸인 교회에 있다. 오순절 성령강림을 기점으로 시작된 초대교회는 성령의 내주와 성령의 세례를 통해 확장되고 있다. 한국에 4만여 개의 교회가 있지만 하나님이 보실 때는 하나의 교회, 한분 그리스도만 계신다. 전세계에 5억 8천에서 6억 5천만 명의 그리스도인이 있지만, 하나님이 보실 때는 오직 하나의 교회, 한분 그리스도만 계신다.

"우리가 유대인이나 헬라인이나 종이나 자유자나 다 한 성령으로 세례를 받아 한 몸이 되었고 또 다 한 성령을 마시게 하셨느니라"고전 12:13.

주님은 결코 하나가 될 수 없는 인간 사회의 벽을 깨뜨리시고 우리를 그리스도의 몸이라는 공동체로 부르셨다. 구원받은 모든 신자들은 그리스도의 몸의 지체가 된다. 지체가 되려고 애쓸 필요가 없다. 성령께서 이미 우리를 그 몸의 지체로 부르셨기 때문이다.

기업의 조직이 바뀌고 있다. 전통적 피라미드 조직이 장기판이라면, 네트워크형 팀제는 바둑판에 비유할 수 있다. 장기는 알마다 크기가 다르고 역할이 애초부터 정해져 있다. 또한 장기알은 일정한 법칙과 규칙에 의해서만 움직일 수 있다. 졸이나 마, 상, 포는 온몸을 던져 왕을 지켜야 한다. 왕이 죽으면 끝이기 때문이다. 이러한 수직적 조직 구조가 수평적 네트워크형 팀제로 바뀌기 시작한 지가 오래되었다. 바둑알은 장기알과 달리 역할이 모두 같다. 직책도 평등하다. 바둑알이 혼자 산다는 것은 불가능하다. 다른 바둑알과 관계가 끊어지지 않아야 산다. 고립되면 죽는다. 조직도 더 나은 성과를 얻기 위해 서로 손을 맞잡고 '생존의 띠'를 만들어야 한다.

교회도 이제는 목회자 중심의 수직적 조직에서 모든 지체들이 각각 기능을 발휘하는 네트워크형 공동체를 추구해야 한다. 교회는 살아 있는 유기체이기 때문이다. 주님은 교회를 "몸은 하나인데 많은 지체가 있고, 많은 지체가 있으나 몸은 하나"라고 정의하셨다.

성령의 역사는 은사주의가 아니다. 성령강림절에 초대교회가 태어난 것처럼 성령의 중심 사역은 그리스도의 몸인 공동체를 세우는 일이다. 성령께서 오신 목적을 혼동한 일부 사람들이 성령의 사역을 은사주의로 몰아가고 있다. 진정한 성령운동은 공동체 회복운동이다. 그리스도의 몸인 교회를 세우고 그 몸의 지체로서의 기능을 감당하도록 성령께서 은사를 주시기 때문이다. 은사의 목적은 그리스도의 몸을 세우는 데 있으므로 공동체를 외면한 은사주의 운동은 잘못된 것이다. 그것은 마치 벽에 수도꼭지만 붙이고 수돗물이 나오기를 기다리는 것과 같다.

몸(공동체)이 성화를 이룬다

구원의 목적은 거룩함이다. 부르심의 소망은 거룩함의 실현에 있다. "곧 창세전에 그리스도 안에서 우리를 택하사 우리로 사랑 안에서 그 앞에 거룩하고 흠이 없게 하시려고 그 기쁘신 뜻대로 우리를 예정하사 예수 그리스도로 말미암아 자기의 아들들이 되게 하셨으니"엡 1:4-5. 거룩함은 매일의 삶에서 그리스도를 닮는 것이다. 주님을 따르는 삶은 그리스도를 닮아 가는 거룩함에 있다. 성경은 구원이 완성되는 날 "우리가 그그리스도와 같을" 것을 약속하고 있다요일 3:2.

하나님은 거룩한 사람을 찾고 계신다. 오직 그리스도를 위해 모든 것을 포기하고 그리스도를 따르는 사람을 찾으신다. 그러나 우리는 구원받았지만 성장하지 못했다. 변화되지 않는 자신의 모습에 실망하고 있다. 교회 안에 주님을 따른 지 오래되었건만 여전히 젖병 물고 기저귀차고 다니는 사람들이 많다. 구원받고 수년이 지났지만 아직도 갓난아기 수준을 벗어나지 못하고 있다. 매주 드리는 예배가 삶을 변화시키지 못한다. 성경공부와 거듭되는 설교는 정신적 유희일 뿐이다. 부흥회, 세미나, 다양한 프로그램이 교회 안에 가득하지만 사람들은 그리스도께 굴복하지 않는다.

에드먼드 버크는 "참된 종교의 본질은 하나님의 뜻에 복종하고 하나님 말씀에 대한 믿음을 자라게 하며 하나님을 닮아 가는 모방에 있다."고 했다. 그러나 우리는 그 본질을 경험하지 못한 채 표류하고 있다. 특별한 프로그램이 필요한 것이 아니다. 교회가 하나님이 계획하신 성장의 원리를 따르지 않기 때문에 변화를 경험하지 못하는 것이다. 하늘을 나는 새와 물속의 물고기는 전혀 다른 생존 방식과 원리를 갖고 있다. 서로의 삶의 방식은 흉내 낼 수도 없고 받아들일 수도 없다.

하나님의 성장 방식은 공동체다. 단계별 제자훈련이 아니라 '에클레시아', 곧 공동체인 것이다. 하나님은 그리스도의 몸된 공동체를 통해 온몸이 함께 성장하도록 계획해 놓으셨다. 그러므로 성장하고자 한다면 반드시 공동체 안으로 들어가야 한다.

세상에서는 대부분 개인이 노력한 만큼 성장하고 성과를 얻을 수 있다. 한 인터뷰에서 이승엽 선수는 이렇게 말했다. "마지막이라고 생각하고 딱 1년만 더 하자며 이를 악물었습니다. 시즌이 끝난 뒤 거의 하루도 쉬지 않고 훈련에 매진했죠. 손바닥 껍질이 벗겨지고 굳기가 여러 번이었습니다." 국민타자라는 영예를 뒤로 하고 일본에 진출했지만 일본의 벽에 막혀 2군 추락의 수모를 겪었을 때 그는 "딱 1년만 더 하자."며 투지를 불태웠다. 야구를 그만둘까 진지하게 고민도 했지만 결국 마음을 다잡고 훈련에 매진하여 이듬해 연일 홈런을 퍼부으며 그간의 설움을 날려 보냈다.

이처럼 세상 법칙은 노력한 만큼 결과가 있다. 그러나 그리스도를 닮아 가는 영적 성장은 개인의 노력이 다가 아니다. 손바닥 껍질이 벗겨지고 굳은살이 생겨도 하나님을 닮지 못한다. 개인의 노력과 함께 하나님께서 정하신 방식대로 사는 법을 배워야 한다.

마틴 로이드존스는 구원의 목적을 이렇게 말했다. "우리는 단지 지옥에서 벗어나도록 구원받은 것이 아니다. 우리가 구원받은 목적은 하나님이 온 세상을 깜짝 놀라게 하실 한 백성을 보여 주시기 위해서다." 하나님은 세상을 깜짝 놀라게 할 백성을 바라고 계신다. 우리가 하나님 나라의 성장 방식대로 제대로 순종하기만 한다면 하나님께서는 그 일을 이루어내실 것이다.

세 번째 단계 : 함께 약속에 참예자가 되다

메시아에 대한 모든 성경의 예언이 성취되었다. 동정녀 탄생, 십자가 죽음, 부활, 승천. 이제 마지막 남은 한 가지 예언은 '그리스도의 재림'뿐이다. 모든 예언이 끝났다. 주님은 그분께서 다시 오실 재림의 징조로 자연재해, 교회의 타락과 배교, 이스라엘의 회복을 말씀하셨다 마 24장. 우리는 주님의 재림이 가까운 때에 살고 있다. 그리스도가 다시 오실 때 죽은 자들이 먼저 무덤에서 일어나 주님을 맞이할 것이며, 살아 있는 자들은 공중에서 주님을 영접하게 될 것이다. 육체의 부활과 함께 우리는 그리스도와 함께 약속의 참예자가 되고, 구원의 여정은 완성될 것이다.

성경은 예수 그리스도의 재림에 대한 약속으로 가득 차 있다. 구약성경의 1,845곳에서 그리스도의 다시 오심을 예언하고 있으며, 신약성경의 318곳에서도 같은 예언이 발견된다. 신약성경에는 평균 26구절마다 주님의 재림이 예언되어 있다.

"너희는 마음에 근심하지 말라 하나님을 믿으니 또 나를 믿으라 내 아버지 집에 거할 곳이 많도다 그렇지 않으면 너희에게 일렀으리라 내가 너희를 위하여 처소를 예비하러 가노니 가서 너희를 위하여 처소를 예비하면 내가 다시 와서 너희를 내게로 영접하여 나 있는 곳에 너희도 있게 하리라" 요 14:1-3. 주님은 "내가 다시 와서"라는 세 마디로 재림을 분명히 약속하셨다.

주님이 승천하실 때 두 천사도 증언했다. "올라가실 때에 제자들이 자세히 하늘을 쳐다보고 있는데 흰옷 입은 두 사람이 저희 곁에 서서 가로되 갈릴리 사람들아 어찌하여 서서 하늘을 쳐다보느냐 너희 가운데서 하늘로 올리우신 이 예수는 하늘로 가심을 본 그대로 오시리라 하였느니라" 행 1:10-11. 두 천사는 올라가신 예수님이 다시 오실 것을 예언했으며 이제 그때가 가까웠다.

성경에서는 재림의 징조에 대해 98가지나 설명하고 있다. 그러나 가장 확실한 증거는 이것이다.

"이 천국 복음이 모든 민족에게 증거되기 위하여 온 세상에 전파되리니 그제야 끝이 오리라" 마 24:14.

복음이 모든 민족에게 전파될 때가 가장 정확한 재림의 때다. 교회는 자신의 사명, 곧 온 세상에 복음을 전파하는 일에 전념해야 한다. "이러므로 너희도 예비하고 있으라 생각지 않은 때에 인자가 오리라" 마 24:44. 선교 중심적 교회와 선교 중심적 제자만이 진정으로 종말론적 삶을 산다고 할 수 있다.

바울은 이렇게 찬양했다. "교회 안에서와 그리스도 예수 안에서 영광이 대대로 영원 무궁하기를 원하노라 아멘" 엡 3:21. 그는 교회와 그리스도 예수를 동격에 놓았다. 그리스도 안에 거하려면 교회 안에 거해야 한다. 그분의 몸된 교회 안에 거하지 않고는 그리스도 안에 살 수 없다. 그리스도를 따르는 제자가 일평생 살아내야 하는 삶은 "그리스도와 함께 지체가 되고" 교회를 통해 섬기는 삶이다.

몸(교회성장)의 두 가지 원리 •

원리 1 : 몸이 자라지 않으면 개인도 자라지 않는다.

수치로 보는 인체는 신비롭고 아름답다. 0.2밀리미터 크기의 수정란이 자궁에 착상한 후 2개월이 지나면 뇌와 신경세포 80%가 만들어지고, 키가 2센티미터 정도로 자라며 몸무게는 8그램 정도가 된다. 심장, 간장, 위 등 장기가 분화되기 시작하고 손과 발 모양도 구별이 된다. 4개월이 되면 초음파로 성별 구별이 가능하고, 5개월이면 머리카락과 손톱이 자라서 사람의 모습을 갖춘다. 6개월이 된 태아는 바깥 소리를 들을 수 있고 눈도 깜박인다. 7개월째는 뇌가 발달하고 몸을 돌릴 힘도 생기고 손가락을 빨기 시작한다. 10개월째,

아기는 완벽한 몸을 갖고 태어난다. 그리고 성장하기 시작한다. 아기의 성장은 단계별로 진행되는 것이 아니다. 온몸이 자라면서 모든 지체가 같은 비율로 균형 있게 성장한다.

교회도 몸이 성장하면서 몸의 각 지체가 다른 지체와 더불어 성장하는 것이 하나님의 방식이다. 열심 있는 일부 지체들만 성장하지는 않는다. 개인의 노력으로 성장하는 것도 아니다. 태어난 지 1년 정도 된 아기를 생각해 보자. 아기의 오른팔만 매일 운동시킨다고 해서 그 팔만 20세 청년의 수준으로 자라는 것은 아니다. 만일 각 사람이 자신의 노력과 수고에 따라 성장한다면 그리스도의 몸인 교회는 괴물이 되고 말 것이다. 오른손은 20세, 간은 4개월, 왼발은 12세……. 지체는 홀로 성장할 수 없다. 몸이 자라는 만큼 모든 지체가 균형 있고 조화롭게 자라야 건강한 성장을 하게 된다.

따라서 교회는 세상의 성공 방식인 개인주의를 버려야 한다. 다른 지체들과 연합하고 사랑으로 하나 되지 않는다면 잘려 나간 포도나무 가지처럼 열매를 맺을 수 없다. 그리스도의 몸 안에 거하라. 몸 안에 거하는 사람들만이 몸의 성장에 맞추어 함께 성장할 수 있다.

1977년 미국의 부호 두 사람이 세상을 떠났다. 20억 달러의 재산가 하워드 휴즈와 석유 제왕 폴 게티였다. 하워드 휴즈는 죽기 전에 고독한 삶을 살았던 것으로 유명하다. 세계에서 손꼽히는 부자였던 그의 사망 원인은 놀랍게도 영양실조였다. 그는 정신적 고독과 공허감으로 인해 사람들을 믿지 못하고 홀로 유폐된 생활을 하다가 결국 영양실조로 죽었던 것이다. 폴 게티도 30억 달러 이상의 재산이 있었지만, 다섯 번이나 이혼했고 두 아들이 사고로 죽는 것을 지켜봐야 했다. 그들은 자신들이 소유한 재산만큼이나 불행한 삶을 살아야 했다.

그리스도인의 삶도 동일하다. 고독한 그리스도인은 영양실조에 걸릴 뿐이다. 하나님이 주신 큰 은혜가 아무 도움이 되지 못한다. 홀로 그리스도를 따르는 제자는 플라스틱 씨앗일 뿐이다. 고독한 그리스도인은 하나님이 주신 사랑과 은혜에 대해 구경꾼일 뿐이다. 여기에 교회에 숨겨진 생명의 비밀이 있다.

서로 사랑하라.

"우리가 다 하나님의 아들을 믿는 것과 아는 일에 하나가 되어 온전한 사람을 이루어 그리스도의 장성한 분량이 충만한 데까지 이르리니……오직 사랑 안에서 참된 것을 하여 범사에 그에게까지 자랄지라 그는 머리니 곧 그리스도라" 엡 4:13, 15.

그리스도의 몸인 교회는 살아 있는 유기체다. 예수께서 그 몸의 머리가 되셨다. 사랑 안에서 참된 것을 행할 때 우리는 머리되신 그리스도에게까지 성장할 수 있으며 주님의 장성한 분량에까지 자랄 수 있다. 사랑 안에서 다른 지체들과 연합하고 섬기는 삶을 살기 전에는 교회의 풍성한 축복을 경험할 수 없다. 주님 안에서 성장을 경험하고 싶다면 몸에 연결되어야 한다. 몸에 연결될 때 몸이 자라는 만큼 모든 지체들이 자랄 수 있다. 다른 지체들과 연결되고 몸에 연결되기 위해 우리는 서로 사랑해야 한다.

로스앤젤레스의 한 신문에서 보디빌딩 대회에 참가한 육체미 트레이너의 말을 인용했다. "텔레비전이나 잡지에서 볼 수 있는 남자들의 근육은 생계를 위해 만든 것입니다. 그 모습을 유지하는 데 그들의 삶 전부가 투자됩니다.

그런데 우리 사회는 '지금 당장'을 추구합니다. 사람들은 석 달 후 또는 수영복을 입을 때가 되면 근육질의 단단한 몸매가 되겠거니 기대하고 저를 찾아옵니다. 그러나 그것은 너무나 비현실적인 생각입니다."

건강한 그리스도의 몸을 만들려면 오랜 시간 근육을 만들어야 한다. 그리스도인은 사랑의 근육을 꾸준히 키워야 건강하고 멋진 그리스도의 몸을 만들 수 있다. 날마다 그리스도를 닮아 가는 영적 성장은 서로 사랑하는 관계에서만 경험할 수 있다. 예수께서는 이 땅에 계시는 동안 열두 제자와 함께하는 공동체 중심의 삶을 보여 주셨다. 사람을 변화시키는 것은 교실이 아니라 인간관계다. 복음의 능력은 사랑하는 관계를 통해서 한 사람의 생애를 변화시키고 주님께 굴복하게 하며 헌신하게 만든다.

인도 캘커타의 '죽음을 기다리는 집'에 한 무신론자가 찾아왔다. 그는 온몸에 상처와 구더기가 들끓는 노숙자와 병자들의 몸을 닦아 주고 치료하는 수녀들의 모습을 보면서 이렇게 말했다. "저는 무신론자였습니다. 제 마음은 증오로 가득했습니다. 그러나 이제는 하나님의 사랑으로 가득 차게 되었습니다. 저는 제 눈으로 직접 하나님의 사랑을 보았습니다. 이제 저도 믿음을 가지게 되었습니다."

사랑이 사람을 변화시킨다. 사랑이 하나님의 능력이다. 사랑으로 그리스도의 몸에 연결될 때 생명의 성장을 체험할 수 있다.

"새 계명을 너희에게 주노니 서로 사랑하라 내가 너희를 사랑한 것같이 너희도 서로 사랑하라 너희가 서로 사랑하면 이로써 모든 사람이 너희가 내 제자인 줄 알리라" 요 13:34-35.

우리가 그리스도께 속한 사람임을 세상에 보여 줄 수 있는 길은 하나뿐이다. 사랑이다. 오직 하나님의 사랑을 실천하는 사람만이 자신의 정체성을 확인할 수 있다. "피차 사랑의 빚 외에는 아무에게든지 아무 빚도 지지 말라 남을 사랑하는 자는 율법을 다 이루었느니라……사랑은 이웃에게 악을 행치 아니하나니 그러므로 사랑은 율법의 완성이니라" 롬 13:8, 10. 사랑은 율법의 완성이다. 사랑을 행하는 사람이 모든 율법에 순종한 사람이다. 오늘날 기독교가 세상에서 경멸당하는 이유는 사랑하지 않기 때문이다.

교회가 그리스도의 몸으로서 유기적 공동체가 되려면 모든 지체가 서로 사랑해야 한다. 오직 사랑만이 그리스도의 몸을 만들어 낸다. 지체와 지체를 연결시킨다. 생물학적으로 한 몸의 관계를 가져온다. 보이지 않는 신경과 힘줄과 핏줄과 생명으로 연결되려면 모든 지체가 사랑 모드에 들어서야 한다.

"그에게서 온몸이 각 마디를 통하여 도움을 입음으로 연락하고 상합하여 각 지체의 분량대로 역사하여 그 몸을 자라게 하며 사랑 안에서 스스로 세우느니라" 엡 4:16.

사랑이 그리스도의 몸을 세우는 유일한 성장 호르몬이다. 사랑은 자신은 물론 타인까지 성장시킨다. 미국 국가장애위원회 정책차관보 강영우 박사가 연세대 강당에서 "사랑과 봉사로 리더십을 길러라"라는 제목의 강연을 했다. 그는 리더십을 키우는 가장 효과적인 방법은 불행으로 인해 낙담하고 낙오한 사람들에게 힘을 보태는 것이라고 정의한 후에, 남을 돕지 않고 자기만을 위해 살고자 했다면 오늘의 자신은 없었을 것이라고 했다.

우리는 서로 사랑하지 않으면 존재할 수 없다. 몸에서 분리된 지체는 이미 시체다. 성장할 수 없을 뿐 아니라 머리의 명령에 따를 수도 없다. 다른 지체들과 협력할 수도 없다. 죽은 지체로 남을 뿐이다. 서로 사랑하는 삶을 잃는 것은 자신의 존재 자체를 잃는 것이다.

함께 행하라.

최근 셀교회, G-12, 목장교회, 가정교회 등 작은 교회 운동이 크게 확산되고 있다. 이 운동의 기본 원리는 그리스도의 몸된 교회론에 근거한다. 예수님은 3년 동안 열두 제자와 함께 생활하셨다. 함께 먹고, 함께 행동하고, 함께 하나님 나라 사역을 나누셨다. 왜 열두 명이었을까? 사회학자들은 열두 명이 인간관계의 가장 완벽한 수라고 말한다. 피드백을 나눌 때 한 사람도 소외되지 않는 절대적 숫자라는 것이다.

오늘날의 교회는 계속 대형화되고 있다. 2005년 '한국 교회 미래 리포트'에 의하면, 한국 기독교 인구는 1천50만 명이며, 그중 도시 대형교회에 참석하는 비율이 전체의 30-40% 정도인 것으로 나타났다. 하지만 대형교회의 구조상 교인 관리가 어렵고 교인들도 심방과 봉사에 참여하지 않는 것이 대형화의 약점이자 악영향으로 분석되었다. 대형교회에서는 "서로 사랑하라"는 계명에 순종하기 어렵다.

미국의 경제 주간지 『비즈니스 위크』는 미국 내 기업형 이윤 추구 전략을 중시하는 초대형 교회의 급격한 증가를 소개했다. 예배 출석 인원 2천 명이 넘는 교회가 1980년대에는 50개였으나 오늘날 880개로 증가했으며, 미국 250개 탑브랜드 중 상위 20위 안에 4개의 교회가 선정되었다고 한다. 윌로우 크릭 교회의 경우 경영대학원 출신 전문가를 고용해 교회를 운영하고 있고, 연간 총수입이 5천만 달러를 넘는다고 보도하며, 종교 자본주의가 새롭게 떠오르고 있고 교회의 상업화가 가속화되고 있다고 전했다.

교회는 계속해서 시대에 맞춰 새로운 형태, 새로운 유행을 만들어 내고 있다. 그러나 어떤 형태의 교회든 근본은 유기적 공동체여야 한다. '나'와 '너'의 수평적 관계가 형성되지 않으면, '나'와 '그리스도'의 수직적 관계도 맺어질 수 없다. 교인수가 몇 명이든지 모든 그리스도인은 작은 교회 곧 소그룹 공동체 관계 속으로 들어가야만 한다. 소그룹이 진정한 교회다. 열두 명의 제자들이 서로 사랑하고 서로의 발을 씻겨 주고 서로 종노릇하며 서로가 서로를 목양하는 공동체가 될 때, 비로소 하나님의 사랑이 소그룹의 모든 지체들을 변화시키는 영적 성장을 경험할 수 있다.

버클리 대학교 연구팀이 관계와 수명의 관계를 실험했다. 우선 한 마리 쥐만 따로 먹이를 주고, 다섯 마리 쥐는 함께 먹이를 먹게 했으며, 다른 한 마리 쥐는 연구원이 쓰다듬고 노래를 불러 주면서 직접 먹이를 먹였다. 실험 결과, 혼자 외롭게 먹이를 먹은 쥐는 600일을 살았고, 다섯 마리 그룹은 700일, 사람이 손으로 먹인 쥐는 950일을 생존했다. 복음의 비밀을 깨달은 사람은 소그룹 참여에 우선순위를 두어야 한다. 소그룹에 대한 절대 헌신이 필요하다. 소그룹이 곧 '교회 속의 교회'이기 때문이다.

후안 카를로스 오르티즈 목사는 부에노스아이레스에서 목회할 당시 교회는 계속 성장했으나 자신은 공허감을 떨칠 수 없었다고 고백했다. 교회는 활발하게 움직였고 새신자도 증가하고 있었지만 무엇인가 허전했다. 그는 교회의 허락을 얻어 홀로 한적한 곳에서 무릎을 꿇었다. 기도 중에 주님이 말씀하셨다.

"후안, 너의 모든 사역 가운데 나의 손가락은 어디 있느냐? 너는 내 일을 마치 코카콜라를 팔듯이 했을 뿐이다."

"주님, 저희 교회는 성장하고 있습니다."

"성장하는 것이 아니라 살찌고 있다. 사랑의 감동이 없다. 네가 말하는 교회는 교회가 아니다. 고아원일 뿐이다. 부모가 없다. 넌 고아원 관리자일 뿐이다. 주일마다 커다란 젖병을 들고 교인들에게 입을 벌리라고 말할 뿐이다. 그것을 목양이라고 착각하고 있을 뿐이다."

후안 목사는 엎드려 하나님의 도우심을 구했다. 진정한 교회와 목회가 무엇인지 알려달라고 구했다. 그에게 주님이 보여 주신 해결책은 '카리스마 소그룹'이었다.

칼 조지는 『성장하는 미래 교회 메타 교회』요단출판사에서 메타 교회가 미래 교회를 이끌어갈 것이라고 전망했다. '메타'는 '변화'를 의미하는 단어로, 메타 교회는 소그룹cell group과 축제celebration를 미래 교회의 모델로 제시한다. 메타 교회는 소그룹 모임이 사람 몸의 혈관처럼 교회 전체에 고루 퍼져 네트워크를 형성하고 그 결과 목회의 사각지대가 없는 살아 있는 구조를 갖게 된다. 회중예배와 소그룹이 메타 교회의 기본 조직을 이루고, 교인들의 요구가 소그룹을 통해 충족되며, 교회의 모든 지체가 일하는 구조 속으로 들어가게 된다.

서로 세우라.

"이러므로 하나님의 자녀들과 마귀의 자녀들이 나타나나니 무릇 의를 행치 아니하는 자나 또는 그 형제를 사랑치 아니하는 자는 하나님께 속하지 아니하니라……우리가 형제를 사랑함으로 사망에서 옮겨 생명으로 들어간 줄을 알거니와 사랑치 아니하는 자는 사망에 거하느니라……그가 우리를 위하여 목숨을 버리셨으니 우리가 이로써 사랑을 알고 우리도 형제들을 위하여 목숨을 버리는 것이 마땅하니라" 요일 3:10, 14, 16.

소그룹은 성경공부 모임이 아니다. 제자훈련반도 아니다. 그리스도의 몸 안에서 성도가 함께 삶을 나누는 '코이노니아'의 공동체다. 셀교회가 추구하는 것은 성경공부와 예배가 아니다. 오직 설교와 삶을 나누는 초대교회 형태의 예배공동체다. 함께 찬양하고 한 주간의 삶을 나누고 지난주 설교에서 깨달은 것과 결심한 것을 나누며 서로를 위해 중보한 후 다른 지체들을 심방하거나 교회 사역에 함께 봉사한다. 이러한 소그룹이 곧 작은 교회다. 작은 교회는 계속 재생산해야 한다. 작은 교회가 또 다른 작은 교회를 개척함으로 하나님 나라를 확장해야 한다.

소그룹 모임을 통해 신자들은 진정한 하나님의 사랑을 경험하게 된다. 서로의 발을 씻어 주는 섬김의 삶을 경험하게 되고, 새신자들은 진정한 사랑의 교제를 통해 믿음을 갖게 되며, 지체들은 그리스도의 장성한 분량에까지 성장하게 된다. 영혼을 변화시키는 것은 사랑이다. 소그룹 중심으로 세워진 공동체는 "서로 사랑하라"는 주님의 새 계명에 순종하는 교회다.

그리스도를 믿지 않는 한 사람이 소그룹 모임에 참석했다. 몇 주 동안 모임에 참석한 그는 어느 날 모임 리더를 찾아왔다. 그는 리더에게 어떻게 하면 그리스도인이 될 수 있는지 가르쳐 달라고 했다. 리더가 "누가 당신에게 그리스도를 전했습니까?"라고 묻자 그는 이렇게 답했다. "아무도 권하지 않았습니다. 다만 당신들의 모임에 참석하면서 나도 어떻게 하면 당신들처럼 살 수 있을지 고민했습니다. 내게는 당신들에게 있는 것이 없다는 것을 깨달았습니다. 그것은 사랑이었습니다." 그날 그 형제는 예수님을 구주로 영접하고 하나님의 자녀가 되었다. 이것이 소그룹 공동체가 가진 복음의 능력이다.

영적 성장은 주님과 나의 일대일 관계를 통해 얻어지는 것이 아니다. 하나님은 우리가 다른 지체들을 사랑하고 섬기는 동안 공동체 안에서 일어나는 공동 성장을 경험하도록 계획하셨다.

주님도 하나님 나라에 대해 다음과 같은 비유로 말씀하셨다.

"또 가라사대 하나님의 나라는 사람이 씨를 땅에 뿌림과 같으니 저가 밤낮 자고 깨고 하는 중에 씨가 나서 자라되 그 어떻게 된 것을 알지 못하느니라 땅이 스스로 열매를 맺되 처음에는 싹이요 다음에는 이삭이요 그 다음에는 이삭에 충실한 곡식이라 열매가 익으면 곧 낫을 대나니 이는 추수 때가 이르렀음이니라" 막 4:26-29.

농부가 열매를 자라게 하는 것이 아니다. 씨의 생명력이 성장을 가져온다. 씨 안에 생명력이 숨어 있다. 자고 깨는 중에 씨는 스스로 자라난다. 그리스도인의 성장도 마찬가지다. 소그룹 안에서 서로 사랑하고 말씀의 교제를 나누고 중보하고 불신자들을 소그룹에 초대해서 하나님의 사랑을 보여 주고 서로의 짐을 지는 동안 영적 성장이 나타나게 된다.

주님의 제자로 성장하기 원하는 사람들은 소그룹을 통해 진정한 삶의 변화와 영적 성장을 경험하는 일에 일생을 걸어야 한다. 주님이 가르치시고 본을 보여 주신 대로 소그룹 안에서 자기를 포기하고 서로 사랑해야 한다. 생존의 길은 하나뿐이다. 소그룹 안에서 서로 사랑함으로 그리스도의 몸에 연결된 지체가 되어야 한다.

1893년 엘리너 체스넛 박사는 사재를 털어 중국에 병원을 세웠다. 그런데 병원 문을 열기도 전에 급한 수술 환자가 찾아왔다. 체스넛 박사는 수술 장소가 없어 자신의 욕실을 정리해 수술을 했다. 중국인 최하층 노동자의 다리 절단 수술이었다. 다리를 절단한 후 복잡한 피부 이식 수술이 이어졌다. 이식할 피부가 부족하자 체스넛 박사는 자신의 다리 피부 일부를 떼어 수술을 마무리했다. 함께 왔던 중국인들은 큰 충격을 받았다. 최하층 노동자에게 자신의 신체 일부를 나눠 준다는 것은 그들로서는 상상할 수도 없는 일이었기 때문이다. 하지만 박사는 웃으며 "아무것도 아니에요."라고 했다. 중국인들은 그녀를 진정으로 사랑했고, 많은 사람들이 주님께 돌아왔다. 후일 의화단 사건이 일어나 많은 선교사들이 추방되고 살해되었지만, 체스넛 박사는 그때도 남아서 중국인들을 위해 계속 복음을 전할 수 있었다.

복음의 문을 여는 것도 사랑의 실천에 있다. 영적 성장을 경험하고 날마다 그리스도를 닮아 가며 주님께 헌신할 수 있는 능력도 소그룹 안에서 나누고 실천하는 사랑이 가져온 생명력의 결과다. 그러므로 소그룹 안으로 들어가야만 한다. 그리스도의 몸이 주시는 생명력은 소그룹에서 얻을 수 있다.

소그룹이 교회다. 대형교회의 뒷좌석에서는 결코 하나님이 주신 교회의 생명력을 경험할 수 없다. 소그룹으로 들어가기까지 우리는 결코 그리스도의 형상으로 변화되지 않는다. 모든 성도가 사랑으로 서로를 섬기고 목양하고 돌보고 양육하고 그리스도의 몸을 세워갈 때 그리스도의 충만을 경험하게 될 것이다.

원리 2 : 몸이 가지 않으면 머리가 갈 수 없다.

어느 유명한 화가가 '죽어가는 교회'를 그려 달라는 부탁을 받았다. 사람들은 화가가 무너져 가는 초라한 교회를 그릴 것이라 예상했다. 그러나 화가는 비싼 설교단에 장엄한 모자이크 창문이 어우러진 웅장한 교회를 그렸다. 그리고 그 예배당 문 앞에 거미줄이 쳐진 헌금함을 그려 넣었다. 헌금함에는 '선교' 라는 명패가 붙어 있었다. 교회의 사명은 선교에 있다. 선교가 멈춘 교회는 죽은 교회일 뿐이다.

교회는 "주님의 지상명령에 순종하는 교회" 여야 한다. 교회와 신자들에게는 세계를 향한 주님의 계획에 동참하는 커다란 특권이 주어졌다. 주님의 지상명령에서 제외된 사람은 아무도 없다. 구원받은 모든 신자들은 땅 끝까지 가라는 명령을 받았다.

헨리 마틴은 이렇게 말했다. "그리스도의 영은 선교의 영이시다. 그분께 가까이 갈수록 우리는 선교사가 될 수밖에 없다."

데이비드 리빙스턴은 "하나님의 외아들은 선교사요 의사셨다. 나는 참으로 보잘것없지만 그분을 닮고 싶다."고 고백했다.

해럴드 러셀도 같은 말을 했다. "성경은 선교의 책이다. 예수 그리스도는 잃어버린 세상을 위해 하나님 아버지께서 보내신 선교사이시다."

주님의 초림과 재림 사이에 있는 교회에 맡겨진 사명은 선교다. 온 세상이 복음을 듣게 될 때, 그때 주님은 다시 오실 것이다 마 24:14. 주님의 최후 명령은 "모든 족속으로 제자를 삼으라"는 것이었다 마 28:19. 사업을 하던 공부를 하던 장사를 하던 취업을 준비하던, 우리는 복음을 전하고 가르치고 제자를 삼아야 한다. 예수께서는 교회와 신자들의 '제자 삼는 사역' 이 세상 끝 날까지 계속될 것을 염두에 두셨다. 선교의 과업이 완성될 때 주님은 그분의 백성과 함께 영원한 나라를 시작하겠다고 약속하셨다.

"이 일 후에 내가 보니 각 나라와 족속과 백성과 방언에서 아무라도 능히 셀 수 없는 큰 무리가 흰 옷을 입고 손에 종려가지를 들고 보좌 앞과 어린양 앞에 서서 큰소리로 외쳐 가로되 구원하심이 보좌에 앉으신 우리 하나님과 어린양에게 있도다 하니" 계 7:9-10.

주님은 선교가 끝날 때 있을 영광스럽고 장엄한 광경을 우리 눈앞에 그려 주셨다. 모든 방언과 족속과 나라가 민족을 초월한 위대한 연합과 조화 가운데 하나님께 드려지는 하늘의 찬양소리를 들려주셨다.

헌신된 복음전도자들이 기꺼이 고통의 대가를 치르고 잃어버린 영혼들을 위해 자신의 전부를 내줌으로써 복음은 계속 증거될 수 있었다. 하나님은 가장 힘든 헌신을 요구하셨지만 그들은 거절하지 않았다.

에이미 카마이클은 쉬지 않고 53년이나 사역했다. 다리가 부러지고 척추가 휘는 어려움을 겪었고, 1931년부터 1939년 사이에는 심한 부상을 입어 진통제 없이 잠들 수 있는 날이 겨우 8일밖에 없었지만 그는 멈추지 않았다.

윌리엄 캐리 역시 단 한 번도 안식년을 갖지 않고 복음을 전했다. 그는 인도에서 감당할 수 없는 어려움을 겪었다. 아들이 다섯 살에 죽고 아내가 정신이상으로 죽었다. 재혼했지만 두 번째 부인도 잃고 말았다. 어렵게 인도어로 번역한 성경을 비롯한 다른 책들과 인쇄소가 불타 버렸다. 그는 모든 것을 다시 시작해야 했다.

루스벨트 대통령은 이렇게 말한 바 있다. "나는 대통령이 되고 나서 해외에 나가 있는 최고의 미국인은 선교사라는 것을 알게 되었다. 내가 해외 선교의 가치와 선교사들의 고귀함에 대해 이 나이까지 모르고 있었다는 사실이 부끄럽다. 전쟁이 벌어지고 있는 중국 같은 곳에서의 선교는 아무리 칭찬해도 부족하다. 그들의 용기는 장렬하며 그들의 꿋꿋함은 영웅적이다."

선교는 멈추지 않았다. 하지만 세계 인구의 절반이 아직까지 한 번도 복음을 듣지 못한 채 버려져 있다. 전세계 1만2천 종족 가운데 절반이 미전도 종족으로 남아 있다. 복음화가 가장 안 된 5천여 종족이 10/40창에 밀집해 있다.

선교는 교회의 사명이다. 교회가 선교해야 할 중요한 이유는 교회가 그분의 몸이기 때문이다. 머리되신 그리스도는 그분의 몸된 교회와의 연합을 통해서만 완전해지실 수 있다. 머리는 몸의 도움 없이는 아무것도 실행할 수 없다. 몸의 지체들이 머리의 명령에 따라야 머리가 원하는 것을 이룰 수 있다. 또한 몸은 다른 지체 일부가 없어도 생존할 수 있지만 머리가 없으면 죽는다. 여기에 두 가지 중요한 사실이 있다. 우리는 주님 없이는 아무것도 할 수 없다. 그리고 주님도 그분의 몸된 교회 없이는 아무것도 하실 수 없다.

주님께서 교회에게 "모든 족속으로 제자를 삼으라"는 명령을 주셨는데, 교회가 땅 끝까지 가지 않는다면 주님은 땅 끝의 영혼을 구원하실 수 없다. 그분은 몸된 교회의 제한을 받으시기 때문이다. 그러므로 교회가 가야 한다. 몸이 갈 때 머리가 함께 갈 수 있다. 교회가 가지 않으면 주님은 잃어버린 영혼을 구원하실 수 없다.

1866년 미국 상선 제너럴셔먼호를 타고 대동강을 올라온 토마스 선교사가 순교하면서까지 조선 땅에 성경을 전하지 않았다면, 주께서 한국 땅에 부흥의 문을 여실 수 없었을 것이다. 당시 열두 살이었던 최치량의 증언에 의하면, 토마스 선교사는 참수당할 때까지 "예수!"라고 외치며 많은 성경을 뿌렸다고 한다. 최치량은 토마스 선교사에게 받은 성경 세 권을 평양감영 경비였던 박영식에게 주었고, 박영식은 성경으로 자기 집을 도배했다. 그 집이 나중에 평양 최초의 교회가 되었고, 널다리교회, 장대제교회, 장대현교회로 이름이 바뀌면서 마침내 평양 대부흥의 진원지가 되었다. 교회가 토마스 목사를 통해 조선 땅을 찾아오지 않았다면, 주님은 한국 교회를 위해 아무것도 하실 수 없었을 것이다.

교회가 가야 한다. 그래야 주님이 새 역사를 일으키실 수 있다. 그리스도의 몸된 교회의 지체들은 선교적 사명으로 살아야 한다. 교회에는 두 부류가 있을 뿐이다. '보내는 선교사'와 '나가는 선교사'다. 결국 모든 성도는 선교사로 부르심받았다.

모든 성도가 선교사이다.

아시아 경영 문제 전문가인 유럽경영연구소의 헬무트 쉬태 교수는 아시아의 소비 행태를 분석했다.

"서구 기업들은 사람들이 보편적인 소비 행태를 갖고 있다는 가정 하에 아시아 시장에 접근한다. 그러나 서구와 다른 문화를 가진 아시아인들은 전혀 다른 소비 패턴을 보인다. 예를 들어, 루이비통 가방을 산다고 할 때 서구인들은 개인적으로 그 물건이 좋아서 사지만 아시아인들은 다른 사람의 존경을 받을 목적으로 산다. 아시아인들이 값비싼 프랑스 코냑을 많이 마시는 것은 진짜 좋아서가 아니라 남의 눈을 의식해서다. 아시아인들의 소비 동기가 서구인들과 다르기 때문에 아시아 시장에 접근하기 위해서는 서구 시장과는 전혀 다른 전략을 세워야 한다. 유행과 과소비를 부추기는 것이 아시아에서 가장 중요한 전략이다."

다른 사람의 눈을 의식하는 아시아인들의 소비 동기는 영적 생활의 동기로도 작용한다. 교회 성장도, 선교에 대한 참여도 때로는 다른 사람들의 시선을 끌려는 목적일 경우가 많다. 과시적, 과소비적 선교 형태는 한국 교회에 선교에 대한 숫자 숭배를 불러왔다. 하지만 주님은 "사람에게 보이려고……너희의 의를 행치 않도록 주의하라"고 경고하셨다 마 6:1.

하나님은 아브라함을 택하셔서 이스라엘을 세우셨다. 그리고 이스라엘이 축복의 통로가 될 것을 말씀하셨다. 그러나 이스라엘은 실패하고 말았다. 이스라엘은 모든 민족을 축복하는 복의 근원이자 축복의 통로로서 자신에게 맡겨진 사명을 망각하고 살았다. 축복의 통로가 우상 숭배의 더러운 피로 막혀 버렸다.

결국 하나님은 그리스도를 세상에 보내셨다. 그분의 죽음과 부활을 통해 새로운 민족 곧 교회를 세우셨다. 그리고 교회를 통해 온 세상을 구원하기로 작정하셨다. 교회는 모든 민족을 위한 축복의 통로여야 한다. 아브라함 언약을 성취하는 하나님의 도구여야 한다 창 12:2-3.

축복의 통로가 되려면 교회의 재정도 그에 걸맞는 구조 조정이 있어야 한다. 오스왈드 챔버스는 예배를 이렇게 정의했다. "예배란 하나님이 우리에게 주신 것 가운데 가장 좋은 것을 되돌려드리는 것이다." 하나님이 우리에게 주신 축복을 다시 돌려드리는 헌신이 참된 예배다. 선교와 사회봉사는 하나님께서 주신 축복을 되돌려드리는 것이다. 선교에 인색한 시대에 부흥이 멈췄다. 선교학자 토렛 박사는 "선교의 문이 다시 열리려면 다시 부흥이 필요하다."고 지적한다. 영적으로 무기력한 시대에는 선교도 잠들어 있다. 다시 부흥의 불꽃이 타오를 때 선교에 대한 헌신과 갈망도 일어날 것이다.

헌신된 그리스도인의 숫자가 세계 인구의 2.5%가 되기까지 초대교회에서부터 1900년이 걸렸다. 그 숫자가 다시 두 배가 되기까지 70년이 더 걸렸다.

1970년부터 다시 두 배가 되는 데 22년이 걸렸다. 1992년 헌신된 그리스도인의 숫자는 세계 인구의 10%가 되었다. 지금도 전세계에서 매일 26만274명이 구원받고 있다. 인도에서만 매일 1만5천 명이 세례를 받고 있다. 1950년 대박해 이후 네팔의 그리스도인은 15만 명으로 급격하게 증가했다. 아시아 전문가들은 아시아에서 일어나는 부흥은 "추수가 아니라 대수확"이라고 부른다. 역사상 전례가 없는 엄청난 복음의 진보가 아시아 대륙을 휩쓸고 있다. 최근 CCC 영화팀과 CBN의 협력으로 중앙아메리카 전역에서 200만 명이 주님께 돌아왔다는 보도가 있었다.

지구상에 남은 미전도 종족은 1만여 개다. 전세계 교회는 560만 개다. 숫자로만 본다면 560개 교회가 1개의 미전도 종족에 선교사를 보내 교회를 개척한다면 그리스도의 지상명령은 우리 시대에 끝마칠 수도 있다. 560개 교회의 성도들이 하나의 미전도 종족을 위해 집중적으로 중보하고 선교사를 보낸다면 주님의 재림은 빠르게 준비될 것이다.

교회가 땅 끝까지 가지 않으면 주님이 땅 끝의 영혼을 구하실 수 없다. 머리되신 주님은 몸된 교회의 제한을 받으신다. 몸이 주님의 수단이다. 그분의 사역과 활동의 도구다. 그러므로 몸의 두 가지 원리에 따라 주님을 섬겨야 한다. 몸이 성장하지 않으면 개인이 성장할 수 없다. 몸이 가지 않으면 머리가 갈 수 없다. 교회는 소그룹 공동체여야 하며, 선교 공동체여야만 한다. 모든 성도는 선교사로 부르심받았다.

두 계명에 순종하라.
2002년 한국 사회의 화두는 '느림의 미학'이었다. 2003년에는 '단순함의 철학' 이었다. 프랑스 철학자 피에르 쌍소는 『느리게 산다는 것의 의미』동문선에서, "느림"이란 시간을 급하게 다루지 않고 시간의 재촉에 떠밀려 가지 않겠다는 단호한 결심이라고 해석했다. 또한 인생길을 가는 동안 나 자신을 잃지 않을 수 있는 능력, 세상을 받아들일 수 있는 능력을 키우는 의지라고 말했다.

그리스도인은 어느 때나 '공동체의 미학'으로 사는 사람들이다. 자기과장과 위선을 버리고 솔직한 가슴으로 공동체에 들어가 하나의 공동체를 만드는 '지체의 삶', 그것이 하나님이 우리에게 원하시는 복음에 합당한 생활방식이다. 주님의 참된 제자상은 지체의 삶이다. 공동체를 추구하는 삶이 주님을 따르는 삶이다. 몸의 공동체는 주님께서 남겨 주신 두 가지 큰 명령을 실천하는 공동체다.

첫째, 대계명Great Command이다.

"새 계명을 너희에게 주노니 서로 사랑하라 내가 너희를 사랑한 것같이 너희도 서로 사랑하라 너희가 서로 사랑하면 이로써 모든 사람이 너희가 내 제자인 줄 알리라"요 13:34-35.

둘째, 대위임령Great Commission이다.

"하늘과 땅의 모든 권세를 내게 주셨으니 그러므로 너희는 가서 모든 족속으로 제자를 삼아 아버지와 아들과 성령의 이름으로 세례를 주고 내가 너희에게 분부한 모든 것을 가르쳐 지키게 하라 볼지어다 내가 세상 끝 날까지 너희와 항상 함께 있으리라"마 28:18-20.

주님의 이 두 가지 명령은 몸의 원리를 따른 것이다. 몸의 두 원리와 주님의 두 명령이 서로 조화를 이룬다. 교회는 두 가지 명령, 두 가지 몸의 원리를 따라 변화되어야 한다. 이 원리에 따라 조직과 프로그램을 대폭 수정하고 새로운 교회로 거듭나야 한다. 그렇게 하지 않으면 교회의 미래는 없다.

세상은 몸 숭배주의에 빠져 있다. 건강이 주요 관심사로, 아름답고 건강한 몸을 만들기 위한 운동 중독중이 소용돌이치고 있다. 사탄은 복음의 핵심 진리인 그리스도의 몸의 비밀을 빼내고 대신 거짓된 몸 숭배주의를 세상에 전파했다. 몸무게를 줄이는 것이 전세계적 관심사가 되었고 거대한 산업이 되었다. 인간의 몸을 비즈니스화하고 있다. 사탄은 세상으로 하여금 몸을 숭배하게 만들었다.

사탄은 예수 그리스도의 몸이라는 하나님 나라 공동체 사상을 자기 몸 숭배라는 이기적 탐욕으로 바꾸어 버렸다. 교회가 참된 몸의 진리를 망각하고 있는 동안 사탄이 그 진리를 강탈해 버렸다. 우리는 잃어버린 복음의 진리를 되찾아야 한다. '그리스도의 몸된 교회' 라는 진리를 세상에 증거해야 한다. 세상이 몸을 숭배하고 몸의 건강과 아름다움을 추구하는 거대한 바벨탑을 쌓아가는 것보다 더 강한 열정으로 그리스도의 몸된 교회를 추구해야 한다.

그리스도의 몸된 교회는 하나님이 만드신 신인류다. 교회는 하나님의 새로운 나라이며, 그리스도 안에 거하는 삶의 방식이다. 포도나무이신 그리스도께 붙어 있으려면 그분의 몸된 교회에 붙어 있어야 한다. 나무에 붙어 있지 않은 가지는 열매를 맺을 수 없다. 그분의 몸된 교회 공동체 안에 거하지 않고는 열매를 맺을 수 없다.

"우리가 한 몸에 많은 지체를 가졌으나 모든 지체가 같은 직분을 가진 것이 아니니 이와 같이 우리 많은 사람이 그리스도 안에서 한 몸이 되어 서로 지체가 되었느니라" 롬 12:4-5.

Chapter 4

교회를 세우는 두 기둥
: 두 가지 사역

에베소서 3-4장

 구원의 세 단계, 교회공동체, 종말을 설명하면서 교회가 무엇인지를 가르친 바울은, 이제 실제적인 교회 건설 현장으로 우리를 초대한다. 교회는 삼위일체 하나님의 구원 사역에서 가장 중요한 핵심이다. 아브라함의 씨로 말미암아 천하 만민이 복을 얻고 큰 민족을 이루게 하시겠다는 약속에서 "씨"는 예수 그리스도를, "큰 민족"은 그분의 몸된 교회를 뜻했다.
 그리스도의 몸된 교회를 세우기 위해 두 가지 사역이 병행된다. '성령의 사역'과 '목회자의 사역'이다. 성령께서 몸의 소프트웨어를 담당하셨고, 목회자가 하드웨어를 맡았다. 두 사역은 기차의 레일과 같다. 교회라는 기차가 달리기 위해서는 두 개의 레일이 오차 없이 목표 지점까지 이어져야 한다. 두 사역의 균형과 조화와 협력을 통해 교회는 건강한 그리스도의 몸을 만들고 유지할 수 있다. 성령과 목회자의 균형 잡힌 사역이 없다면 교회는 하나님의 설계도대로 완성될 수 없다.

성령의 사역	목회자의 사역
3:16-4:6	4:7-16
사랑의 성품	은사와 섬김의 구조

미나 칸트는 "기독교는 교회의 담장 안에 갇히고 교권주의의 족쇄에 묶인 지 오래다. 우리 안에 들어와 우리에게 자유와 평등과 사랑을 가르칠 수 있도록 기독교를 풀어 달라."고 교회에 요청한다.

교회에 문제가 생겼다. 중대한 결함이 드러났다. 사람들이 교회에 실망하여 돌아서고 있다. 교회는 불신자뿐 아니라 신자들에게도 외면받는 곳으로 전락했다고 교회증식협회Church Multiplication Associated 대표 닐 콜은 말한다. "서구 교회는 있으나마나한 존재가 되어 버렸다.

오늘날 심각한 문제로 고민하는 사람들이 찾아가는 곳은 교회가 아니라 전문상담 클리닉이다." 교회는 잊혀진 존재가 되었다.

하나님이 계획하신 그리스도의 몸된 교회가 세워지려면 두 종류의 숙련된 작업이 요구된다. '성령의 성화 사역'과 '목회자의 은사 사역' 이다. 두 사역의 균형 잡힌 협력과 조화가 필요하다.

성령은 하나님의 새로운 공동체가 요구하는 '사랑의 실천자'를 만드시고, 목회자는 그리스도의 몸을 세우는 '지체의 구조'를 만들어야 한다. 성령께서 사랑으로 충만한 사람을 만들어 내신다. 목회자는 서로 사랑하며 진정한 그리스도의 몸공동체을 조직하고, 지체들의 은사를 발견하여 은사 공동체를 세우는 '작은 교회' 곧 소그룹 목회를 목회 현장에서 구현해 내는 건설자가 되어야 한다.

1. 성령의 성화 사역

> 이러하므로 내가 하늘과 땅에 있는 각 족속에게 이름을 주신 아버지 앞에 무릎을 꿇고 비노니 그 영광의 풍성을 따라 그의 성령으로 말미암아 너희 속사람을 능력으로 강건하게 하옵시며 믿음으로 말미암아 그리스도께서 너희 마음에 계시게 하옵시고 너희가 사랑 가운데서 뿌리가 박히고 터가 굳어져서 능히 모든 성도와 함께 지식에 넘치는 그리스도의 사랑을 알아 그 넓이와 길이와 높이와 깊이가 어떠함을 깨달아 하나님의 모든 충만하신 것으로 너희에게 충만하게 하시기를 구하노라 우리 가운데서 역사하시는 능력대로 우리의 온갖 구하는 것이나 생각하는 것에 더 넘치도록 능히 하실 이에게 교회 안에서와 그리스도 예수 안에서 영광이 대대로 영원 무궁하기를 원하노라 아멘 엡 3:14-21

칼 힐티는 『행복론』에서 성령에 대해 이렇게 쓰고 있다. "성령은 무엇보다 허영심, 향락, 탐욕, 진실하지 못한 마음, 투쟁심을 확실하게 몰아내신다." 자동차를 운전할 때 엔진룸에서 일어나는 3만여 개의 부품의 작동은 우리 눈으로 볼 수 없다. 성령께서 우리 안에서 행하시는 일도 우리 눈에 보이지 않는다. 그러나 성령께서는 오늘도 우리 마음속에서 부정적 성향들을 제거하고 계신다.

성령께서는 그리스도의 몸을 이루는 지체들이 사랑으로 연합할 수 있도록 사랑의 실천자로 우리를 빚으신다. 교회가 하나님의 신인류가 되기 위해선 "서로 사랑하라"는 주님의 새 계명을 실천할 수 있는 하나님의 자녀들이어야만 한다.

성령 하나님	속사람	능력으로 강건케 하심
성자 하나님	믿음의 내주	그리스도의 사랑을 깨닫게 하심
성부 하나님	하나님의 충만	충만케 하심

에베소서 3:14-21에서 삼위일체 하나님의 공동 사역으로 성화의 세 단계가 진행된다. 이로써 삼위일체 하나님에 대한 교리가 세 번째 등장한다 1:3-14, 2:18-20. 바울은 성령, 성자, 성부께서 주시는 성장 원리를 발견함으로써 참된 성화가 각 사람 안에서 전개되고 각 사람이 하나님의 충만하심으로 채워지기를 간구한다.

각 나라마다 부품 규격을 통일하여 호환성을 높이고 대량생산을 가능하게 하는 표준화 작업을 시행하고 있다. 1947년 출범한 국제표준화기구 ISO는 나라마다 다른 산업, 통상 규격을 조정하고 통일하여 국제 기준을 정하고 제품의 호환성을 높이고 있다. ISO가 'International Standards Organization'의 약자라고 생각하는 사람이 많지만, 실은 '같다, 동일하다'는 뜻의 그리스어 'isos'에서 온 말이다.

성령의 사역도 '지체의 표준화' 작업이다. 성령께서는 구원받은 신자들을 먼저 그리스도의 몸을 이루는 지체로 세우시고 지체들이 몸의 연합을 이룰 수 있도록 사랑의 인격적 변화로 우리를 표준화하신다.

최근 김동구 교수팀은, 간 이식수술에서 면역 거부반응을 줄이기 위해 몇 년 전부터 장기를 이식받을 환자에게 미리 장기 제공자의 조혈모세포를 이식하여 면역체계를 장기 제공자와 같게 바꾼 다음 간을 이식하는 수술을 세계 최초로 성공했다.

이 수술법은 기증자와 제공자가 같은 면역체계를 갖고 있기에 장기이식 후 면역 거부반응이 일어나지 않아 면역 억제제를 사용하지 않아도 되는 장점이 있다고 한다.

교회는 늘 혼란스러웠다. 다양한 사람들이 한 공동체를 이루면서 인간관계로 인한 고통이 멈추지 않았기 때문이다. 서로 다른 개성, 주장, 의견을 가진 그리스도인들을 살아 있는 유기적 공동체로 연합시키기 위해 성령께서는 주님의 조혈모세포를 이식하여 각 지체로 하여금 동일한 면역 체계를 갖게 하신다. 이러한 동일화 과정이 없다면 그리스도의 몸으로서의 교회는 분열과 다툼의 공동체가 될 수밖에 없다.

20여 년 전 브라질의 산호세라는 도시 근교에 브라질 정부가 운영하는 교도소가 있었다. 정부는 두 명의 그리스도인에게 교도소 운영을 맡겼다.

그들은 그곳을 '휴마이타이'라 이름하고 기독교 정신에 입각해 교도소를 운영했다. 그들의 운영방식은 독특했다. 두 명의 전임직원을 제외하고 모든 업무가 수감자들에게 맡겨졌다. 교도소선교회 회장 찰스 콜

슨이 이 교도소를 방문한 후 다음과 같은 보고서를 제출했다.

"휴마이타이를 방문했을 때 나는 모든 수감자들의 얼굴에서 웃음을 보았다. 나를 안으로 들여보내 준 사람은 살인을 저지른 죄수였다. 교도소 어느 곳을 가든지 죄수들은 평온해 보였다. 안내자는 과거에 죄수를 고문하던 작은 독방을 소개했다.

이제 그곳에는 단 한 사람만이 갇혀 있다고 했다. 내가 그 방에 들어가 보고 싶다고 하자 그는 육중한 문을 열어 주었다. 독방 안에 있는 유일한 죄수는 십자가에 매달려 계신 예수, 휴마이타이 죄수들이 조각한 예수님이었다.

안내자는 이렇게 말했다. '예수께서 우리 모두를 위해 우리의 남은 형기를 채우고 계십니다.' 그 설명을 들으며 나는 그리스도께서 십자가에서 우리가 받을 형벌을 다 갚으셨다는 사실을 다시 생각하게 되었다."

그리스도를 닮은 두 사람으로 인해 모든 죄수들이 변화되었다. 한 사람의 변화는 다른 사람들의 삶과 인격을 변화시킨다. 우리를 변화시키는 성령의 성화 사역은 다섯 단계를 거쳐 완성된다.

겉사람 vs 속사람

거듭난 그리스도인은 이중 자아를 소유한 사람이다. 성경은 이중 자아에 대해 다양한 표현을 하고 있다. 우리는 '겉사람과 속사람', '육과 영', '나와 그리스도'라는 서로 대립하는 두 자아를 갖게 되었고, 두 자아 사이의 갈망과 갈등과 선택에 따라 각각 다른 행동을 하게 된다. 우리가 어떤 자아를 선택하고 거절하는가에 따라 우리는 육신을 좇아 사는 자가 되기도 하고, 영을 좇아 행하는 자가 되기도 한다. 그러다 보니 그리스도인들은 변덕스러울 수밖에 없다. 교만과 탐욕과 이기심을 따라 사는 나 중심적 사람이 되기도 하고, 그리스도를 따라 사는 사랑의 실천자가 되기도 한다.

그리스도인은 근본적으로 다중 인격체다. 베드로처럼 주님께 "시몬아, 네가 복이 있도다!" 하는 칭찬을 받다가도, "사탄아, 내 뒤로 물러가라. 너는 나를 넘어지게 하는 자로다!" 하는 책망을 듣기도 한다. 산헤드린공회의 협박에도 불구하고 담대히 복음을 증거하기도 하고, 여종 앞에서 주님을 세 번이나 부인하기도 한다.

거듭난 그리스도인은 몸은 하나이지만 머리는 둘인 샴쌍둥이와 같다. 현대의학은 샴쌍둥이를 분리하여 정상적인 삶을 살도록 하는 데 어느 정도 성과를 보이고 있다. 성령께서는 마치 샴쌍둥이와 같은 우리의 두 자아를 분리해 주신다.

자기포기

두 자아는 우리 속에서 끊임없이 줄다리기를 한다. 팽팽한 긴장이 계속되다가 결국 힘이 센 쪽에 결정권이 넘어간다. 성령께서는 속사람을 선택하고 겉사람을 거절하도록 우리를 강건하게 하신다.

속사람이 강건해진다는 것은 무슨 뜻일까? '강건함크레타이오데나이'은 '힘을 빼다', '힘을 제거하다' 는 뜻이다. 성령께서는 우리의 힘을 키우는 것이 아니라 오히려 완전히 잃게 하신다. 그분은 우리 겉사람의 힘을 제거하신다. '자기신뢰'의 강한 힘을 빼내신다. 자기 자신을 포기하고 모든 일에 그리스도를 의지하는 믿음을 배우게 하는 일이 성령께서 행하시는 중요한 성화 정책이다.

헨리 나웬은 "가치 있는 것은 대부분 부딪혀서야 얻을 수 있다."고 했다. 강건함은 실패와 고통과 좌절과 무능을 온몸으로 부딪히지 않고는 얻을 수 없는 거룩함의 비밀이다.

"다만 이뿐 아니라 우리가 환난 중에도 즐거워하나니 이는 환난은 인내를, 인내는 연단을, 연단은 소망을 이루는 줄 앎이로다 소망이 부끄럽게 아니함은 우리에게 주신 성령으로 말미암아 하나님의 사랑이 우리 마음에 부은 바 됨이니" 롬 5:3-5.

환란의 광야를 지나지 않고는 약속의 땅에 들어갈 수 없다. '강건함'을 얻지 않고는 '믿음'을 얻을 수 없다. 성령께서는 모든 제자들이 광야를 통해 가나안 땅에 들어가게 하시는 최고의 연출가시다.

성령께서는 오늘도 모든 일정을 주관하고 계신다. 크고 작은 일상의 실패와 불쾌한 경험을 통해 우리 안의 뿌리 깊은 '자기신뢰'를 제거하고, 그 대신 '그리스도를 의지하는' 믿음을 증진시키신다. 예를 들면 물에 빠진 사람을 건져 낼 때 구조대원들이 지켜야 할 중요한 원칙이 있다. 물에 빠진 사람의 힘이 다 빠질 때까지 기다려야 한다는 것이다. 그렇게 하지 않으면 물에 빠진 사람과 구하는 사람이 다 위험해질 수 있기 때문이다.

성령께서도 우리의 자기신뢰의 힘이 다 빠질 때까지 물속에서 허우

적거리도록 내버려 두신다. 우리의 힘이 다 빠진 후에야 죄와 육신과 무능의 물에서 우리를 건져 내신다.

우리는 강건함과 믿음의 역학적 관계를 매일 훈련하고 배워야 한다. 속사람이 강건한 사람은 자기신뢰를 버리고 모든 일에 그리스도를 믿는 믿음으로 살아간다.

그리스도와 함께 십자가에 못 박힘

도스토예프스키는 "우리에게 고통이 없다면 무엇으로 만족을 얻겠는가?"라고 물었다. 어부들은 고기가 잡히지 않으면 바람이 강하게 불기를 기다린다. 태풍이 불어와 바다 속까지 뒤집으면 물 속에 산소가 많아지고 먹이도 풍부해져 고기가 불어나기 때문이다.

바울도 큰 폭풍을 경험하고 난 뒤 믿음의 삶에 대해 이렇게 고백했다. "내가 그리스도와 함께 십자가에 못 박혔나니 그런즉 이제는 내가 산 것이 아니요 오직 내 안에 그리스도께서 사신 것이라 이제 내가 육체 가운데 사는 것은 나를 사랑하사 나를 위하여 자기 몸을 버리신 하나님의 아들을 믿는 믿음 안에서 사는 것이라" 갈 2:20. 믿음 안에서 산다는 것은 자기를 포기하고 그리스도께서 나를 대신해서 사시게 하는 자아교체의 삶을 의미한다.

성화는 움직이지 않는 자동차를 고치기 위해 단순히 먼지를 털고 광택을 내는 정도가 아니라 새 엔진으로 교체하는 것과 같다. 하나님께서 우리를 구원하실 때 죄의 본성을 지닌 우리 옛 자아를 씻기시고 광택을 내신 것이 아니라, 우리의 옛 자아를 완전히 새로운 자아로 교체하고 우리로 하여금 새 자아로 살게 하신 것이다. "이제는 내가 산 것이 아니요 오직 내 안에 그리스도께서 사신 것이라"는 바울의 고백처럼 그리스도로 자아가 교체된 사람이 곧 속사람이 강건한 사람이다.

자아가 교체되는 놀라운 일은 모든 일에서 자기를 포기하고 예수 그리스도께 의탁하는 믿음으로 가능하다. 바울도 "하나님의 아들을 믿는 믿음 안에서 사는 것이라"고 확실한 비결을 제시하고 있다. 모든 일에 자기신뢰를 버리고 그리스도를 의지하는 믿음으로 행할 때 우리는 그리스도께서 내 인생을 사시는 것을 경험할 수 있다. 내가 살지만 내가 사는 것이 아니라 그리스도께서 내 인생을 사시게 된다.

어느 소녀가 믿음으로 사는 것에 대해 이렇게 설명했다. "마귀가 제 마음문을 노크하면 전 주님께 '죄송하지만 문 좀 열어 주실래요?' 하고 말씀드려요. 주님이 문을 여시면 마귀가 주님을 보고 놀라 '죄송합니다. 집을 잘못 찾아왔습니다.' 하고 도망친답니다. 그래서 저는 죄를 짓지 않을 수 있어요. 마귀가 저를 유혹할 수 없거든요." 주님께서 우리 인생의 문을 여시도록 그분을 믿음으로 의지하는 것이 비밀이다.

주님으로 사는 영성은 모든 일을 주님께 의탁하는 태도를 의미한다. 다윗은 전쟁 때마다 주님께 여쭈었다. "주여, 내가 가리이까?" 주님이 전쟁을 명하시면 다윗은 다시 여쭈었다. "내가 어떻게 싸우리이까?" 그러면 주님이 친히 작전사령관이 되셔서 다윗의 군대와 함께 싸워 주셨다. 그래서 다윗은 가는 곳마다 승리를 거둘 수 있었다. 다윗이 싸웠지만 이기게 하신 분은 주님이셨다.

영국의 윈저 공이 왕실에서 자랄 때 아버지 조지왕이 매일같이 들려준 말이 있다. "네가 누구인지를 잊지 말아라 Never forget who you are." 폴 스티븐스는 이 문장에서 단어 하나를 바꿔서 "네가 누구의 소유인지를 잊지 말아라 Never forget whose you are."고 했다.

우리가 누구이며 누구의 소유인지 잊지 않는다면, 우리는 주님 앞에서 살아가는 '자아포기와 믿음'의 자세를 유지할 수 있다.

새로운 계명

인류는 오랫동안 마음의 중요성을 강조해 왔다. 정신은 육신을 움직이며 세상을 좌우할 수 있는 원동력으로 여겨져 왔다. 그러나 『뉴스위크』지가 선정한 '21세기에 주목할 가장 뛰어난 인물 100인' 가운데 한 사람인 신경과학자 빌라야누르 라마찬드란 박사는 이러한 심신이원론에 반기를 든다. 인간이 행하는 모든 일은 오직 뇌가 결정한다는 것이 그의 주장이다.

그는 『뇌가 나의 마음을 만든다』 바다출판사에서 이제껏 정신적 범주로 여겨졌던 마음의 움직임은 사실이 아니며, 1천억 개의 신경세포와 1만 개에 이르는 시냅스를 통해 뇌가 상상을 초월하는 명령 조합을 만들어 낸다고 설명한다. 그는 더 나아가 아름다움도 뇌의 흥분 상태에 불과하다고 논증하며, 지난 600년간 코페르니쿠스, 다윈, 프로이트를 거치며 크게 진보한 과학이 이제 우리 인간의 문제를 파헤치기 시작했다고 말한다.

성령께서는 인간 자아의 중심인 뇌를 교체하신다. 자기중심적인 자아를 아가페의 정신으로 교체하신다. "내 안에 그리스도께서 사신 것이라"라고 고백하는 삶은, 주님 사랑의 길이와 넓이와 깊이와 높이를 깨달아 그 사랑을 실천하는 삶이다.

주님이 사랑이시기 때문이다. 주님의 사랑을 깨달은 만큼 우리의 사랑의 영역도 넓어진다. 우리는 하나님의 사랑의 영토를 확장해야 한다. 매일의 삶에서 사랑을 실천하는 사람이 주님과 동행하는 사람이다. 사랑으로 사는 사람이 거룩한 제자이다.

서기관 중 한 사람이 예수께 나아와 물었다. "모든 계명 중에 첫째가 무엇이니이까?" 주께서 대답하셨다. "첫째는 이것이니……주 곧 우리 하나님은 유일한 주시라 네 마음을 다하고 목숨을 다하고 뜻을 다하고 힘을 다하여 주 너의 하나님을 사랑하라 하신 것이요 둘째는 이것이니 네 이웃을 네 몸과 같이 사랑하라 하신 것이라 이에서 더 큰 계명이 없느니라" 막 12:29-31.

우리를 죄에서 구원하신 하나님의 목적이 여기에 있다. "사랑하라"는 계명이 하나님이 그분의 자녀들에게 주신 '거룩함의 대헌장'이다.

성 아우구스티누스는 누군가가 어떤 사람인지 알고 싶다면 그가 "무엇을 하는가?"를 묻지 말고 "무엇을 사랑하는가?"를 물으라고 했다. 세속적인 그리스도인과 거룩한 그리스도인도 "무엇을 사랑하는가?"라는 단순한 질문으로 구별될 수 있다. "내 계명은 곧 내가 너희를 사랑한 것 같이 너희도 서로 사랑하라 하는 이것이니라 사람이 친구를 위하여 자기 목숨을 버리면 이에서 더 큰 사랑이 없나니 너희가 나의 명하는 대로 행하면 곧 나의 친구라" 요 15:12-14.

사랑이 무엇인가에 대해 주님은 "친구를 위하여 자기 목숨을 버리는 것"으로 정의하셨다. 주님은 자신이 먼저 그 사랑을 보여 주셨고, 우리에게도 동일한 사랑의 실천을 요구하셨다. 주님은 새 계명을 실천하는 사람만이 "나의 친구"라고 분명하게 선을 그으셨다.

무디는 사랑이 실종된 교회를 비판했다. "다투는 교회에서는 더 이상 성령께서 일하시지 않는다. 수많은 교회가 무력해진 것은 분열과 다툼 때문이다. 다투는 교회에서 해야 할 일은 없다. 설교자도 그 다툼에서 뛰쳐나와야 한다. 다투는 교회에서는 설교도 소용없는 일이다."

미시간주 서부에 사는 15세 소년이 항암치료를 받기 시작했다. 화학요법으로 인해 머리카락이 빠지기 시작했고, 소년은 치료를 위해 결국 머리를 다 깎아야 했다. 한참을 망설이다가 부끄러움을 무릅쓰고 학교에 간 소년은 크게 놀라고 말았다. 가까운 친구들이 모두 머리를 깎고 등교했기 때문이었다. 친구의 고통에 동참하고 부끄러움을 가려 주기 위해 모두 같은 모습이 되었던 것이다.

"만일 한 지체가 고통을 받으면 모든 지체도 함께 고통을 받고 한 지체가 영광을 얻으면 모든 지체도 함께 즐거워하나니" 고전 12:26.

다른 사람의 마음에 공감할 수 있는 능력, 곧 감정 이입의 능력은 공동체 안에 있는 그리스도인들이 가진 사랑의 표지다. 우리는 그리스도라는 몸의 지체이며, 하나님은 우리가 손을 내밀어 서로 돕기를 원하신다. 지체에 대한 사랑은 죄인과 가난한 자들의 친구로 확장되어야 한다.

하나님의 충만

모든 지체가 그리스도 안에서 유기적 연합을 이루려면 사랑의 거룩한 성품을 지녀야 한다. 바울은 "부름에 합당하게 행하라"고 권면한다 엡 4:1. "합당하게악시오스"라는 단어는 저울이 균형을 이룬 상태를 말한다. 하나님의 부르심에 균형을 맞추는 사람, 공동체의 부르심과 조화를 이루는 사람을 뜻한다. 하나님의 부르심에 합당한 사람은 네 가지 영적 성품을 소유한 사람이다.

> 그러므로 주 안에서 갇힌 내가 너희를 권하노니 너희가 부르심을 입은 부름에 합당하게 행하여 모든 겸손과 온유로 하고 오래 참음으로 사랑 가운데서 서로 용납하고 평안의 매는 줄로 성령의 하나 되게 하신 것을 힘써 지키라 엡 4:1-3

겸손, 온유, 오래 참음, 용납은 교회를 하나 되게 하는 거룩한 성품이며 모두 하나님 사랑의 특성이다. 하나님의 사랑 안에 공동체를 하나로 묶는 데 필요한 성품이 모두 들어 있다. 서로 다른 개성과 주장을 가진 사람들이 생물학적으로 한 몸이 된다는 것은 불가능한 일이다. 아무리 조직력이 탁월해도 사람들을 하나로 만들 수는 없다. 오직 하나님의 성품만이 진정한 연합을 가능하게 한다.

참된 연합을 만들어 주는 영적 성품은 개인 훈련으로 만들어지지 않는다. 하나님의 선물도 아니다. 공동체를 하나 되게 하는 이 성품은 하나님의 충만으로 충만할 때 비로소 나타나는 신적 인격이다. 그러므로 그리스도의 몸의 지체가 된 사람은 성령께서 그를 "하나님의 충만으로 충만케 된 자"로 변화시키실 수 있도록 성령께 철저히 의탁해야 한다.

성령의 사역

자아포기와 그리스도께 대한 믿음⇨그리스도의 사랑⇨하나님의 충만

적당한 좌절

전남 대학교 의과대학 정신과 이무석 교수는 때로 적당한 좌절을 통해 진정한 자신을 만나게 된다고 말한다. "아이를 과잉보호하면 아이가 병약해진다. 성장 과정에서 자연스럽게 경험해야 할 고통을 어머니가 제거해 버렸기 때문이다.

'적당한 좌절 optimal frustration'은 바른 인격 성장에 필수적이다. 흥미로운 실험이 있다. 쥐를 두 그룹으로 나누어 한 그룹은 일정한 과제를 통과해야만 음식을 주었고, 다른 한 그룹은 과제를 주지 않고 원하는 대로 맛있는 것을 먹게 했다.

실험은 놀고먹은 행복한 쥐들의 불행으로 끝났다. 비만과 무기력에 빠져 죽은 것이다. 그러나 먹기 위해 어려운 과정을 거쳐 과제를 풀어야 했던 쥐들은 체중 증가도 없었고 오히려 건강했다."

날마다 성령께 자신을 의탁하고 적당한 좌절로 이기적 자아를 제거해 달라고 기도해야 한다. 매일 성령께서 주시는 훈련을 감당하고자 힘써야 한다. 이 시대는 적당한 좌절을 겪지 못한 신앙인들로 인해 복음의

능력이 가려졌다. 교만과 탐욕과 이기심을 십자가에서 처리하지 못한 사람들로 인해 복음의 길이 막혔다.

한국의 단기 선교팀들과 어울리는 것이 좋아서 예수님을 믿게 된 몽골인 오강바타르 씨. 그는 울란바토르 대학에서 한국어를 전공한 뒤 한 선교단체의 도움으로 서울 대학교 언어교육원에서 5개월 동안 한국어를 공부했다. 대학 졸업 후 틈틈이 통역과 전도책자 번역을 하고 있는 그는, 한국에서 신학교를 나와 목사나 선교사가 될 꿈을 키우고 있다.

"몽골은 아직도 복음화 비율이 2%밖에 되지 않습니다. 수도인 울란바토르에는 수백 명의 선교사들과 300개나 되는 교회가 있지만, 그곳만 벗어나면 예수님을 모르는 사람들이 너무나 많습니다."

오강바타르 씨는 한국 선교사들이 도시보다는 지방으로 가 주기를 바란다. 그는 울란바토르에 있는 선교사들의 모습을 보면서 마음 아플 때가 있다고 고백한다.

"한국 선교사나 단기 선교팀을 보면서 몽골인들이 예수님의 삶을 오해할지도 모른다는 생각이 들 때가 있어요. 한국 선교사들은 좋은 아파트에 살고 좋은 차를 타고 좋은 식당에서 밥을 먹습니다. 그리고 단기 선교팀들이 오면 역시 제일 좋은 식당으로 안내하죠.

몽골 사람들은 한국 선교사들이 많은 돈을 가지고 편하게 선교한다고 생각해요. 또 한국의 기독교인들은 돈이 많아서 어디든 놀러 다니면서 겸해서 선교도 한다고 보고 있지요. 그런데 예수님은 그렇게 하지 않으셨잖아요."

그는 선교사들이 울란바토르에만 모여드는 것은 이기적이라고 본다.

"지방에는 선교사들이 거의 없습니다. 몽골 사람들을 훈련시켜서 지방으로 보내겠다고 하죠. 이런 모습은 좀 이기적이라고 생각해요. 몽골 사람들은 아직 한국 사람들을 좋아하고 기독교에 대해서도 부정적이지 않습니다. 한국 선교사들이 정말로 예수님처럼 선교한다면 큰 열매를 맺게 될 것입니다."

사랑으로 행하는 그리스도인을 만나기가 쉽지 않다. "내 안에 그리스도께서 사신 것이라." 이렇게 고백하는 제자는 십자가의 고통과 좌절을 통해 자아가 교체된 사람, 하나님의 충만으로 행하는 사람이다. 주님은 그런 사람을 통해 사랑의 성품을 드러내시고, 그로 하여금 공동체 안에서 겸손과 온유와 오래 참음과 용납을 실천하게 하신다.

성령께서는 오늘도 다양한 경험과 실패와 고난과 시련을 통해 우리의 이기적 자아를 십자가에 못 박고 하나님의 사랑으로 섬기는 하향적 인격으로 우리를 만들어 가신다. 그 결과 우리는 "평안의 매는 줄로 성령의 하나 되게 하신 것을 힘써" 지킬 수 있다. "매는 줄"은 지체들을 한 몸으로 연합시키는 것을 말한다. 우리는 하나 됨을 유지하기 위해 공동체를 묶는 끈이 되어야 한다.

프란시스 쉐퍼는 "참된 그리스도인들이 실제로 하나 되는 모습을 세상이 조금이라도 보기 전에는, 하나님 아버지께서 아들을 보내셨고 예수님의 주장이 사실이며 기독교가 참이라는 사실을 세상이 믿기를 기대할 수 없다."고 하면서 교회의 하나 됨을 촉구했다. 평안의 매는 줄로 교회를 하나로 묶는, 속사람이 강건한 지체들이 진정한 그리스도의 몸을 이 땅에 세울 수 있다.

2. 목회자의 자체 (은사) 사역

> 우리 각 사람에게 그리스도의 선물의 분량대로 은혜를 주셨나니 그러므로 이르기를 그가 위로 올라가실 때에 사로잡힌 자를 사로잡고 사람들에게 선물을 주셨다 하였도다 올라가셨다 하였은즉 땅 아랫곳으로 내리셨던 것이 아니면 무엇이냐 내리셨던 그가 곧 모든 하늘 위에 오르신 자니 이는 만물을 충만케 하려 하심이니라 그가 혹은 사도로, 혹은 선지자로, 혹은 복음 전하는 자로, 혹은 목사와 교사로 주셨으니 이는 성도를 온전케 하며 봉사의 일을 하게 하며 그리스도의 몸을 세우려 하심이라 엡 4:7-16

성령께서는 교회 공동체를 세우시기 위해 '지체의 성품'을 변화시키신다. 서로 사랑하는 하나 된 공동체를 세우신다. 그렇다면 목회자가 하는 일은 무엇일까?

짐 그레이엄 목사는 현대 교회를 목뼈가 부러진 전신마비 환자에 비유했다. 그리스도의 몸인 교회는 머리되신 그리스도께 붙어 있어야 한다. 그러나 몸과 머리를 연결하는 목뼈에 이상이 생겼다. 그 결과, 교회는 경추에 손상을 입은 전신마비 환자 증세를 보이고 있다. 침대에 누워서 어린아이라도 할 수 있는 간단한 일조차 못한다. 말하는 능력이 손상되어 의사소통이 어렵고 쉽게 지친다. 자신이 원하는 것을 하지 못해 늘 좌절감에 젖어 주변 사람들을 원망한다.

언뜻 보기에 교회는 머리되신 주님과 건강하게 연결된 듯 보인다. 예배, 교육, 봉사, 기타 활동이 활발하다. 그러나 주님의 권위를 가지고 세상을 향해 복음 사역을 감당하는 능력은 없다. 주님이 명령하신 어려운 사역은 생각조차 하지 못한다. 쉬운 일만 골라서 한다. 복음을 전하려는 의지도 결여되어 있다. 지금 하고 있는 일만으로도 쉽게 지친다. 몸과 머리가 분리된 불안한 징후들이다.

영적 리더십

하나님은 지도자를 통해 공동체를 이끄신다. 예수님을 하나님과 사람 사이의 중보자로 세우신 것처럼, 하나님은 영적 지도자를 통해 일하기를 기뻐하신다. 그러나 이스라엘 역사와 교회 역사에서 지도자는 공동체에 큰 감동을 주기도 했지만 심각한 갈등의 원인이 되기도 했다.

주님의 공동체를 섬기는 영적 지도자가 된다는 것은 결코 쉬운 일이 아니다. 하나님이 모세에게 맡기신 일은 인간으로서는 불가능한 사명이었다.

한 군사 전략가가 출애굽 과정에서 모세가 해야 했던 일을 연구했다. 애굽에서 탈출한 백성은 200만 명이 넘었다. 그들을 안전하게 인도한다는 것은 불가능에 가까운 일이었다.

애굽은 당시 가장 요새화된 나라였다. 서쪽은 사막에 가로막혔고 동쪽은 성벽으로 둘려 있었다. 그리고 남쪽으로는 홍해가 놓여 있어 사실상 탈출이 불가능한 지형이었다. 혹시 탈출한다고 해도 사람과 가축이 먹을 양식이 매일 900톤이나 필요했다. 요리하는 데 필요한 땔감이 2,400톤, 식수가 7,400만 리터 필요했다.

430년간 노예로 살아야 했던 이스라엘 민족이 오랜 세월 동안 탈출 준비를 했다고 해도 불가능한 일이었다. 그러나 하나님은 이 모든 불가능한 상황을 그분의 능력으로 해결하셨다. 한 사람의 지도자를 얻으시면, 하나님은 일하실 수 있다.

하나님은 그분이 쓰실 사람을 오랫동안 준비하신다. 영적 지도자를 만드시는 분은 하나님이시다. 그분은 어떤 지점에 도달해야 비로소 그를 사용하신다. 구세군의 탁월한 지도자 사무엘 로간 브렝글은 영적 리더십에 대해 이렇게 말했다.

"영적 리더십은 노력한다고 얻어지는 것이 아니다. 그저 많은 눈물과 죄의 회개를 통해, 즉 스스로를 낮추고 반성하고 자기를 포기하고 모든 우상을 과감하게 버리고 십자가를 지는 일에 타협도 불평도 하지 않는 태도에서 얻어진다. 자신을 위해 더 큰 것을 구함으로써 얻어지는 것이 아니라 바울처럼 그리스도를 위해 잃음으로써 얻어진다. 리더십의 대가는 굉장히 비싸지만, 참 지도자이신 주님이 갚아 주실 것이다."

그러나 영적 지도자가 되기 위해 대가를 치르고 목회자로 세워진 사람을 찾기는 힘들다. 미주판 『한국일보』에 따르면, 로스앤젤레스에서만 매년 3-4백 명의 한인 목회자들이 작은 신학교들을 통해 무책임하게 배출되고 있다고 한다.

이들 대부분은 신학교육과 인성훈련을 제대로 받지 못한 채 졸업해서 생계를 위해 교회를 개척하고 목회를 흉내 낸다. 그리고 여기서 이민 교회의 부패와 타락이 발생하고 확산된다. 시대적 종말의 징조는 목회자의 인플레이션에서부터 시작된다.

목사pastor는 목자shepherd와 같은 말이다. 목자의 사명은 양을 먹이고 돌보는 것이다. 요즈음 대부분 목사들은 목자가 되기보다는 유능한 설교자가 되려고 한다.

시대의 흐름에 따라 교회가 대형화되면서 목자로서의 한계를 인식한 목사는 어쩔 수 없이 설교자로 위치 이동하고 만다. 아무리 유능한 목사도 혼자서 수백 명을 목회할 수는 없다. 현대 목회학은 전임목사 한 사람이 감당할 수 있는 성도의 수를 150명으로 제한한다. 그 수를 넘으면 효율적인 목회가 불가능해진다.

성도들 또한 유명한 설교자를 찾아 교회를 옮긴다. 교회 생활이 곧 설교를 듣는 행위로 바뀌고 말았다. 설교자와 교회 성장이 서로 맞물리면서 교인들도 좋은 설교자를 요구하고 기대한다. 그러나 하나님께서 세우신 목사의 참된 사명과 목회의 본질도 그러할까? 함께 살펴보자.

네 가지 직분

하나님은 네 가지 직분을 교회에 선물로 주셨다. "사도", "선지자", "복음 전하는 자", "목사와 교사"라는 특별한 직분이다. 일부 신학자들 사이에 이견이 있지만, 사도와 선지자는 더 이상 현대 교회에 존재하지 않는 직분이며, 복음 전하는 자와 가르치는 목사는 지금까지 존재하는 직분이다.

한 주석가는 이 네 직분을 그리스도의 몸에 비유했다. "사도"는 교회의 뼈대, "선지자"는 머리의 명령을 온몸에 전달하는 신경조직, "복음

전하는 자"는 몸에 영양분을 공급하고 살찌우는 소화기 계통, "가르치는 목사"는 노폐물을 내보내고 산소와 필요한 영양소를 몸 전체에 공급하는 순환기 계통으로 설명했다.

"사도"는 '권한을 가진 대리자로 보냄받은 자'라는 뜻으로, 열두 사도 외에도 야고보, 바나바, 실라, 디모데 등의 교회 사도가 포함된다. 교회 사도는 사도의 재능을 가졌으나 열두 사도와 바울처럼 사도의 '직'을 소유하지는 않았다. "선지자"는 아직 성경이 완성되지 않았을 때 교회에 하나님의 뜻을 전달한 사람이다. 사도와 선지자는 믿음의 첫 세대 이후로는 존재하지 않는다는 견해가 일반적이다.

"복음 전하는 자"는 순회 전도자 또는 선교사로 복음 전파에 헌신한 사람이다. "목사와 교사"는 가르치는 목사를 뜻한다. 안정된 회중 가운데서 사역하는 직분이다. 그들은 믿음의 첫 세대 이후로 교회의 목양 사역을 감당하도록 부름받은 사람을 일컫는다.

목사의 삼중 사역

목사의 삼중 사역은 오늘날 목사가 해야 할 일이 무엇인지를 분명하게 보여 준다. 수세기 동안 교회 내에서 벌어진 목사와 회중 간의 갈등은 교회를 크게 약화시켰고, 이러한 갈등과 다툼과 분열의 원인 중 하나는 목사와 회중 어느 쪽도 목사의 직무가 무엇인지 제대로 이해하지 못한 무지였다.

목회의 본질은 하나님이 목사를 세우신 목적에서 찾아야 한다. 목사는 모든 성도를 그리스도의 몸인 교회의 지체로 가르치고, 모든 지체를 평신도 목회자로 훈련시키고, 성도들이 지체로 섬길 수 있도록 은사 네트워크를 이끌어 주는 사역을 감당해야 한다. 그리스도의 몸 안에서 에클레시아 사역교회 봉사과 그리스도의 몸의 지체로 디아스포라 사역사회 봉사을 감당하도록 가르치고 훈련해야 한다. 목사의 가장 중요한 목회 본질은 모든 성도를 사역자Every Member Minister로 세우는 일이다.

성도를 온전케 하며

목사의 첫 번째 책임은 성도들을 교회의 지체로 준비시키는 것이다. "온전케 하고카타르티스몬"는 '준비하다' 는 뜻으로, 나중에 사용할 수 있도록 그물을 수선하거나 부러진 뼈를 다시 맞추는 것을 의미한다. 적당한 사역에 쓰임받도록 성도를 준비시키는 사역이 목사의 첫 번째 임무다.

목사는 복음의 두 본질, 구원과 교회에 대해 가르쳐야 한다. 교회는 그리스도의 몸이며 구원받은 모든 성도는 그 몸의 지체라는 사실을 교육해야 한다. 그리고 모든 성도가 그리스도의 몸의 지체로서 섬길 수 있도록 설교, 성경 교육, 훈련, 목양 사역으로 훈련시켜야 한다.

목사의 리더십은 '구비 리더십Equipping Leadership'이다. 모든 성도가 그리스도 몸의 지체로서 지체의 고유 사역을 감당하도록 준비시키는 리더십이다. '구비' 라는 말은 '온전케 하다' 는 뜻이다. 앞서 말했듯이 '온전케 함카타르티스모스'은 의학 용어로, 뼈마디를 맞추는 것을 의미한다. 특히 어긋난 뼈를 교정할 때 사용되는 단어다.

목사 혼자 목회하는 것에 대해 킬린스키는 『지역 교회의 조직과 리더십*Organization and Leadership in the Local Church*』에서 "절대적으로 운동이 필요한 수많은 관중들 곧 평신도들은 객석에 앉아 환호성을 지르는 반면, 절대적으로 휴식이 필요한 선수들 곧 목사들은 운동장에서 탈진한 상태로 허덕이고 있다."고 지적했다.

목회는 목사에게만 맡겨진 것이 아니다. 목사는 목회 리더십을 갖되, 목회 사역은 성도에게 맡겨야 한다. 목사의 사명은 열심히 일하는 것이 아니라 교인들이 교회와 복음과 주님을 위해 사역자로 살아가도록 훈련시키는 것이다. 목회는 목회자의 우수성을 드러내는 것이 아니라 교인들의 우수성을 드러내는 사역이다.

연세 대학교 정치학과 박영림 교수는 신입생들에게 항상 다음과 같은 질문을 던진다. "비전이 무엇인가?" 비전에 따라 대학 생활이 크게 달라지기 때문이다. 한 사람이 대학 시절을 어떻게 보내는가에 따라 개인의 삶뿐 아니라 사회의 향방이 바뀐다. 개인의 비전은 삶을 움직이는 근본 동력이다. 그리고 개인의 비전이 사회적 요구와 만날 때 보다 큰 영향력을 발휘하게 된다.

교인들도 어떤 목사를 만나느냐에 따라 비전과 삶의 방향이 크게 달라진다. 복음의 비밀, 그리스도의 비밀을 가르치는 일에 전력을 다하는 목사가 모든 성도들을 그리스도의 몸의 지체로 준비시킬 수 있다. 구원과 교회에 대한 하나님의 비전을 성도들의 가슴에 품게 할 수 있다. 중요한 것은 복음의 계시다. 거기에 담긴 그리스도의 비밀, 곧 교회의 비밀을 가르침으로 각 사람을 평신도 사역자로 준비시켜야 한다.

복음의 계시적 지식이 결여된 준비되지 못한 목회자의 가르침이 그리스도의 몸의 지체로 준비되지 못한 성도를 만들어 낸다. 교회 성장이 목회자의 목표가 아니다. 성도를 온전케 하는 사역이 목회자의 가장 중요한 사명이다. 모든 교인을 그리스도의 몸의 지체로서 사역자로 세우는 것, 이것이 바로 목회자의 사명이다.

봉사의 일을 하게 하며

그리스도는 그분의 몸된 지체들에게 "은혜선물"를 주셨다 엡 4:7.

그리스도인에게는 주님이 주신 "은사"가 있다. 구원받은 모든 성도는 지체의 고유 기능을 감당할 수 있도록 성령이 주시는 은사를 소유하게 된다. 은사가 없다면 지체가 될 수 없다.

J. C. 라일 목사는 교회에 대해 다음과 같이 설명했다. "그리스도의 교회에는 모든 종류의 일꾼과 온갖 종류의 도구가 필요하다. 큰 칼뿐 아니라 작은 칼도, 망치뿐 아니라 도끼도, 톱뿐 아니라 조각칼도, 마리아뿐 아니라 마르다도, 요한뿐 아니라 베드로도 필요하다."

"은혜카리스"는 "은사카리스마"를 가져온다. 헬라어 접미사 '마'는 결과를 뜻하는 말이다. 즉 은혜의 결과가 은사다. 주님은 구원받은 각 성도에게 은사를 주심으로써 주님의 손과 발과 눈과 입이 되게 하셨다.

사람이 70년을 산다고 할 때 그동안 몸 안에 일어나는 일은 정말 놀랍다. 심장은 27억 번 운동하면서 3억3천1백 리터의 피를 운반한다. 3천 번 정도 눈물을 흘리고, 머리카락은 563킬로미터가 자라며, 손톱은 3.7미터가 자란다. 일생 동안 약 50톤의 음식을 먹으며, 4만9천2백 리터의 물을 마신다.

이렇게 몸의 각 지체가 각각의 은사와 능력에 따라 움직여 몸을 살게 하듯이, 하나님은 각 성도들이 자신의 은사에 따라 그리스도의 몸을 이루도록 하셨다. 자신의 은사를 알지 못하면 지체로서의 역할을 감당할 수 없다.

교회는 은사 공동체다. 목회자가 은사 브로커가 되어, 각 성도가 하나님께 받은 은사에 따라 그리스도의 몸의 지체로서 봉사의 일을 할 수 있도록 해줘야 한다.

새들백교회의 '다이아몬드형' 제자도는 이상적인 제자도 모델을 보여 주는 사례다. 1루 구원, 2루 은사, 3루 평신도 사역, 그리고 홈을 선교로 정해 목사의 사역을 체계적으로 설명하고 있다.

목회자는 구원받은 성도들의 은사에 따라 은사 그룹을 조직하고, 은사에 따른 봉사의 일을 만들어 주고, 그에 적합한 평신도 사역자를 세워야 한다. 그리고 모든 성도들로 하여금 선교의 삶을 살게 하는 것이 제자도의 핵심이다.

하나님께서 그리스도를 통해 이 땅에 세워지기 원하셨던 교회는 두 가지 자아상을 갖는다.

모든 성도는 사역자다. 그리고 모든 성도는 선교사다.

"우리가 한 몸에 많은 지체를 가졌으나 모든 지체가 같은 직분을 가진 것이 아니니 이와 같이 우리 많은 사람이 그리스도 안에서 한 몸이 되어 서로 지체가 되었느니라" 롬 12:4-5. 성령께서 성도들에게 서로 다른 은사를 주신 것은 서로 다른 직분을 통해 하나의 몸을 이루게 하시기 위해서다. 바울은 각 지체에게 주신 성령의 은사가 그리스도의 몸을 세우기 위해 주어진 것임을 강조한다. 몸의 각 지체는 유기적으로 협력하여 몸의 활동이 원활해지게 해야 한다.고전 12:7, 14:12.

평신도 사역. 평신도 사역 전문가 폴 스티븐스 초청강좌가 한국에서 열렸을 때 목사의 권위에 대한 질문이 이어졌다. 스티븐스는 "권위는 인정해야 하지만 목사가 권위주의에 빠지는 것은 반대한다."고 잘라 말했다. 그는 "목회자들이 자신의 권위를 이용해 교인들을 통제하고 소유하고 복종하게 만드는 왜곡된 권위주의를 경계해야 한다."고 비판하면서, "권위란 진리를 발견할 수 있도록 인도하는 것이며 내적 정직함과 마음의 소원을 성취하도록 도와주는 것"이라고 성경적 권위를 설명했다.

스티븐스는 『참으로 해방된 평신도』IVP에 "'평신도'라는 단어를 사용한 것을 후회한다."며 "교회에서 사역자와 평신도를 구분하는 것은 잘못"이라고 했다. 그는 "성경에서는 평신도라는 단어를 찾을 수 없다."며 "모든 그리스도인이 교회와 세상 속에서 사역자"라고 했다. 또한 "교회 간다는 말은 무지한 표현"이라며 "우리 자신이 교회이기 때문에 우리가 있는 곳이 바로 교회다."라고 잘못된 교회관을 꼬집었다.

스티븐스는 목회자와 평신도가 아니라, 선지자, 제사장, 왕의 사역으로 정리했다. 선지자 사역은 공동체나 어떤 현상을 하나님의 관점에서 보는 것이다. 구약의 선지자처럼 그리스도인은 삶의 현장에서 하나님의 뜻을 설명하고 새로운 가능성을 보여 주며 기존의 관습들에 도전해야 한다. 제사장 사역은 사람에 초점을 두고 사람을 돌보며 베푸는 것이다. 이를 위해 영적 리더십을 구비해야 한다. 그리고 왕 사역은 과정을 중시하는 것으로, 공동체가 정의와 공평을 실현하고, 인적, 물적 자원을 사용함에 있어 청지기적 자세를 유지하도록 하는 사역이라고 했다.

사역에 있어서 목회자와 성도는 어떤 관계인가? 목회자는 전임 사역자이며, 성도는 파트타임 사역자다.

존 헌터는 목회를 운동 경기에 비유했다. 운동 경기의 세 요소는 감독, 선수, 관중이다. 전통적 교회와 사도적 교회에서 이 세 요소가 지시하는 대상은 서로 다르다.

전통적 교회에서 성도는 철저히 관중이다. 관중은 뛰어난 선수들의 화려한 경기를 관람하며 흥분하고 즐거워한다. 하나님은 몇몇 화려한 스타플레이어로 경기를 승리로 이끄는 사령탑으로 인식된다.

이러한 교회에서는 유명한 목사만 관중의 주목을 받는다. 목사는 스타가 되기 위해 깔끔한 용모에 학벌, 잘 다듬어진 언변과 유머, 능숙한 인사 관리와 행정력, 미래 지향적 비전을 소유해야 한다. 그것이 아니면 가짜 박사학위라도 취득하거나 이름 있는 목회자 뒷줄에 서서 출세할 기회를 기다려야 한다.

반면, 사도적 교회에서 경기에 임하는 선수는 성도다. 성도는 은사에 따라 그리스도의 몸 안에서 봉사하거나 세상 속으로 들어가 복음의 산 증인으로 살아간다. 교인들을 최고의 선수로 만들어 내는 것이 목사의 일이다. 목사는 코치이며 감독이다. 관중석에는 하나님이 앉으셔서 교인들이 펼치는 경기를 큰소리로 응원하신다.

이처럼 모든 성도가 필드에서 뛰는 선수들이어야 한다. 목사 홀로 목회를 독점하고 목사만 제사장직이라고 외치는 것은 복음에 대한 지식 부족 탓이다. 목사는 목회를 독점하라고 세워지지 않았다.

모든 성도를 복음의 제사장으로 세우고, 평신도 사역자로 훈련시켜 세상 속에서 복음의 재생산자로 사역하게 하고, 그들로 하여금 그리스도의 몸된 교회 안에서 은사에 따라 봉사하게 하는 것이 목사의 직무다.

또한 목회자는 교인들을 교회에만 붙들어 두는 폐쇄적 목회를 해서는 안 된다. 세상 속으로 들어가 복음과 하나님의 사랑으로 세상을 변화시키는 사역자가 되도록 교인들을 훈련시켜야 한다. 성경적 목회는 신병훈련소와 같다. 민간인을 훈련시켜 군인으로 만들어 부대로 보내는 훈련소의 기능이 복음이 보여 주는 목회의 비전이다. 교회는 '모이는 공동체'이지만 동시에 '흩어지는 공동체'여야 한다.

북미유학생수련회KOSTA에서 만난 한 강사가 한 여성의 이야기를 들려주었다. 미국 UPS 사무실에서 근무하는 이 여성은 금요일 저녁이면 직장에서 성경공부를 인도한다. 그녀는 점심시간에 비그리스도인 동료들과 점심을 먹으며 관계를 유지하다가 성경공부 모임에 초대한다. 이 모임을 통해 구원받고 선교사로 헌신한 직원까지 있다고 한다.

회사에 목사가 가서 제자 삼는 사역을 할 수는 없다. 직장은 그리스도인에게 선교지다. 직장은 제자 삼는 사역지다. 비즈니스도, 캠퍼스도 하나님을 섬기는 개인의 지성소다.

목사가 올바른 위치에서 올바른 사역에 집중할 때 성도의 순종과 존경을 받을 수 있다. 목회자는 성도를 지배하려는 태도를 버리고 모든 성도를 사역자로 세우는 코치와 감독의 능력을 보여 주어야 한다.

그리스도의 몸을 세우려 함이라

목사는 모든 성도를 주님의 제자로 양육하고 훈련시키는 직분이다. 목사는 성도를 온전케 하고 봉사의 일을 하게 함으로써 그리스도의 몸을 세우는 사명을 감당해야 한다.

> 우리가 다 하나님의 아들을 믿는 것과 아는 일에 하나가 되어 온전한 사람을 이루어 그리스도의 장성한 분량이 충만한 데까지 이르리니 엡 4:13

교회는 이 말씀이 말하는 세 가지 목표에 도달하기까지 봉사를 계속해야 한다. 하나님의 아들에 대한 지식과 신앙이 일치되도록, 온전한 인간이 되도록, 그리스도의 풍성한 분량에 이르도록 끝까지 봉사해야 한다. 믿는 각 사람이 그리스도께 받은 은사와 봉사의 일을 따라 몸 전체와 일체를 누리고, 영적으로 점점 더 성숙해 가며, 예수 그리스도의 풍성함으로 그리스도를 점점 더 닮아 가야 한다.

경제 전문지 『포춘』은 "기업가 정신, 과연 교육될 수 있는가?"라는 제목의 특집을 다뤘다. 최근 미국 대학에 비즈니스 스쿨이 급증하여 1984년 300여 개이던 것이 2005년에 1,992개로 증가했다. 루이스 대학교의 제롬 캐츠 교수는 "기업가 정신은 미국에서 가장 빠르게 성장하는 학문"이라고 평했다.

그러나 일부 전문가들은 비즈니스 마인드는 학교에서 배우는 것이 아니라며 부정적 반응을 보인다. 앤윈 블라드는 "기업가 정신은 타고나는 일종의 천재 인자 같은 것으로 결코 만들어지는 것이 아니다. 빌 게이츠나 스티브 잡스 같은 사람들이 대학을 마치지 못했지만 자기 분야에서 성공한 것이 그 예다."라고 주장한다.

예수 그리스도를 영접하고 구원받은 사람에게는 타고난 지체 인자가 있다. 그리스도의 몸의 지체라는 사명감이 제자도의 중심에 강하게 자리 잡고 있다. 이는 만들어지는 것이 아니라 본능적으로 타고나는 것이다. 목사의 사역은 그 거룩한 본능을 말씀으로 확인해 주고 체계화해서 지성적 이해와 확신을 갖게 하는 것이며, 모든 성도를 은사 공동체로 만들어 에베소서 4:13이 말하는 교회의 목표에 이르게 하는 것이다.

건강한 교회

사람은 평생 몇 번이나 자잘한 병으로 고통받을까? 건강 관련 상품을 판매하는 '부스'는 영국인을 대상으로 이 흥미로운 질문에 대한 답을 얻었다. 영국인들은 평생 1만7천277번의 작은 병이나 부상을 당하는 것으로 집계되었다. 1,326번의 두통, 234번의 감기, 312번 물집이 잡혀 고생하는 것으로 밝혀졌다. 일년 평균 221번 자잘한 병을 겪는 셈이다.

교회도 하나의 생물학적인 몸이다. 크고 작은 질병을 앓기 마련이다. 목사는 교회가 여러 가지 질병으로 고통당할 때 몸의 건강을 회복시키는 사역을 감당해야 한다. 최근 교회 성장보다 건강한 교회가 관심의 대상이 된 것은 이 때문이다.

이는 우리가 이제부터 어린아이가 되지 아니하여 사람의 궤술과 간사한 유혹에 빠져 모든 교훈의 풍조에 밀려 요동치 않게 하려 함이라 오직 사랑 안에서 참된 것을 하여 범사에 그에게까지 자랄지라 그는 머리니 곧 그리스도라 그에게서 온 몸이 각 마디를 통하여 도움을 입음으로 연락하고 상합하여 각 지체의 분량대로 역사하여 그 몸을 자라게 하며 사랑 안에서 스스로 세우느니라 엡 4:14-16

교회가 건강해야 긍정적인 결과를 얻을 수 있다. 소극적인 면에서 볼 때 건강한 교회의 유익은, 미숙함으로 인해 쉽게 흔들리거나 당황하지 않을 수 있고, 인간의 궤휼과 간사한 유혹과 속임수에 빠지지 않게 되며, 그릇된 교훈들에 요동치 않게 된다는 것이다. 교회 주변과 교회 안에서 진리에서 벗어난 여러 가르침들이 미숙한 교인들을 사납게 흔들고 있다. 건강한 교회만이 미숙함에서 성숙함으로 나아갈 수 있다.

적극적인 면에서 볼 때 건강한 교회는, 사랑 안에서 말과 삶이 진실해지고 모든 일에서 그리스도에게까지 성장하게 된다. 그리스도는 믿는 자의 성장의 근원이자 동시에 성장의 목표가 되신다. 그리스도인은 머리이신 주님으로부터 모든 성장과 활동에 필요한 능력을 공급받게 된다. 그리스도가 성장의 능력이시다.

또한 건강한 교회는 각 구성원이 서로 긴밀하게 연결되어 있으며엡 2:21, 각 마디를 통해 도움을 입어 몸을 자라게 하고 서로를 세워 준다. 에베소서 4장에는 "사랑 안에서"라는 말이 세 번2, 15, 16절, "분량"이라는 단어도 세 번 반복된다7, 13, 16절. 각 사람이 그리스도의 몸의 지체로서 그 분량대로 봉사한다면 교회는 그리스도의 분량에까지 성장할 것이다.

그리스도의 공동체를 건강하게 유지하는 것이 가르치는 목사의 임무다. 각 지체가 지닌 다양한 기능이 다른 지체의 봉사에 힘입어 맡은 역할을 다하게 된다. 영적 성장은 개인의 성장이 아니라 공동체의 성장이다. 몸의 성장이다. 몸이 자랄 때 몸에 속한 모든 지체들도 같은 분량만큼 성장하게 된다.

조지 아담 스미스는 『성서의 역사와 지리 The Historical Geography of the Holy Land』에서 목자의 사명을 이렇게 설명한다. "풀밭이 드문드문 흩어져 있고, 길은 분간하기 힘들 정도고, 종종 야수들이 출몰하고, 자칫 사막으로 빠져들 위험이 큰 유대 같은 나라에서 목자는 매우 중요했다. 목자는 유대 리더십에서 단연 선두였다. 왕은 목자로 불렸고, 목자는 하나님 섭리의 상징이었다. 왜 예수께서 목자로 불리셨는지 이해가 된다."

성령께서 우리의 목자가 되셔서 모든 성도를 사랑을 실천하는 그리스도의 몸의 지체로 양육하시고 훈련하신다. 성령께서 가르치는 목자를 세우셔서 각 성도에게 주신 성령의 은사를 따라 그리스도의 몸을 세우는 '은사 공동체'를 세우게 하셨다. 두 사역의 균형과 조화가 이뤄질 때 하나님이 원하시는 몸의 공동체가 세상에 모습을 드러내게 된다. 두 사역 중 어느 하나가 불완전하면 몸은 파괴된다. 움직이지 않는다.

Chapter 5
세상을 변화시키는 교회

에베소서 4-6장

조지 잉글은 『주님의 신조』에서 성육신의 삼중적 단계를 세 번의 회개로 설명하면서, 사람의 일생에는 세 번의 회개가 일어나야 한다고 가르쳤다. 그리스도께 대한 회개, 교회에 대한 회개, 세상에 대한 회개가 그것이다.

첫 번째 회개는 주님께서 주시는 구원과 죄사함을 경험하는 단계이며, 두 번째 회개는 같은 믿음을 가진 사람들과 교제하는 특권과 책임을 주셨음을 깨닫고 공동체 중심의 영성을 확신하는 단계다. 세 번째 회개는 세상의 괴로움에 참여하는 책임을 인식하는 것으로, 세상에서 가난한 자들을 위해 그리스도를 인생의 중심에 두고 사는 것이라고 했다. 이 세 단계의 회개는 에베소서에서 나타난 성육신의 세 단계와 정확하게 일치한다.

스티브와 로이스 레이비는 『21세기 제자도』복있는사람에서 제자의 삶에 대해 이렇게 말했다. "지상 사역 초기에 제자들을 부르신 예수님의 부름은 직선적이고 간단했다.

'와서 나를 따르라!' 그리고 지상의 생애가 끝날 무렵 예수께서 마지막으로 제자들에게 남기신 명령도 직선적이고 간단했다. '가서 제자 삼으라!' 예수님의 제자였던 자들이 이제 직접 나가 제자를 삼아야 한다. 주님은 제자들을 위해 기도하셨다. '아버지께서 나를 세상에 보내신 것 같이 나도 저희를 세상에 보내었고' 요 17:18. 주님은 우리를 세상으로 보내셨다."

여기에 성육신의 비밀과 사명이 있다.

그리스도의 제자들은 그분의 몸된 교회 안에서뿐만 아니라 세상에서도 주님의 지체로 살아야 한다. 우리는 그리스도의 한 부분으로 세상에 존재한다. 우리는 그리스도의 하나님 나라 사역을 세상에서 감당하도록 부름받았다. 그리스도의 일부인 우리는 세상에서 그리스도의 향기를 풍기는 거룩한 삶을 살아야 한다. 그리스도가 어떤 분이신지를 우리의 전 삶을 통해 증거해야 한다.

그리스도인은 성화가 진행되면서 삶의 우선순위가 바뀌기 시작한다. 자기중심적 관심사에서 그리스도 중심의 관심사로 이동한다. 클리프 리처드는 제자들이 경험하는 삶의 변화에 대해 이렇게 말했다. "다른 사람들이 나를 어떻게 생각하는지는 갈수록 덜 중요해진다. 그들이 나로 말미암아 예수님을 어떻게 생각하는지가 중요하다."

우리는 세상에서 그리스도를 대신하는 사신이다.고후 5:20. 우리는 주님이 어떤 분이신지를 세상에 보여 주는 하늘의 포스터요 광고물이다. 사람들은 우리가 사는 모습을 보고 주님이 어떤 분이신지 상상하게 될 것이다. 그리스도인들은 주님의 성육신의 일부이기 때문이다.

에베소서 후반부를 구성하는 "옛사람과 새사람", "어둠과 빛의 자녀"의 대조는 예수께서 교회의 머리가 되실 뿐 아니라, 믿는 자의 생활 전반에서 머리되심을 가르치고 있다. 교회의 머리이자 만물의 주인이신 주님은엡 1:21-23 우리의 내면 생활과 교회 생활뿐 아니라 가정, 직장 등 삶의 전 영역에 걸쳐 우리를 통치하고 다스리시는 분이다. "온몸이 머리로 말미암아 마디와 힘줄로 공급함을 얻고 연합하여 하나님이 자라게 하심으로 자라느니라"골 2:19.

프레드릭 뷰크너는 『통쾌한 희망사전』복있는사람에서 다음과 같이 성육신을 정의한다. "요한은 '말씀이 육신이 되어 우리 가운데 거하시매……은혜와 진리가 충만하더라' 요 1:14고 증거했다. 이것이 바로 성육신의 의미다. 신학적인 것이 아니다. 난해한 것도 아니다. 범접할 수 없는 것도 아니다. 그러나 기독교는 이것이 진리라고 말한다." 하나님 나라의 구속사에서 가장 중요한 사역은 주님의 성육신이었다.

성 클레멘스는 주님의 성육신에 대해 이렇게 고백했다. "그리스도를 통해 우리는 흠 없고 아름다우신 하나님의 얼굴을 거울로 보는 것처럼 본다." 그는 성육신의 삶에 대한 정의를 내렸다. "하나님의 얼굴을 거울로 보는 것처럼 본다." 믿는 자도 성육신의 삶을 살도록 부름받았다. 우리를 통해 세상이 거울로 보는 것처럼 그리스도를 보아야 한다.

성육신의 삶은 바울의 고백과도 일치한다. "오직 내 안에 그리스도께서 사신 것이라"갈 2:20. 내 자아가 그리스도로 교체된 삶은 구체적으로 "옛사람을 벗어 버리고 새사람을 입는 것"이며엡 4:22, 24 "어두움을 책망하는 빛의 자녀답게 사는 것"이다엡 5:8. 바울은 나를 대신해 사시는 그리스도를 새사람으로 표현하며, 그분이 어둠의 세상에서 빛이 되심을 선언한다. 그러므로 주님을 닮기 원하고 주님을 따라 살기를 구하며 그리스도께 자신을 양도한 사람은, 매일의 삶에서 옛사람과 어둠을 버리고 새사람과 빛의 자녀됨을 구한다. 그리스도의 몸으로 세상을 사는 것이다.

구원	구원의 제1변화	구원의 제2변화
교회	성령의 사역	목회자의 사역
세상	옛사람과 새사람	어둠과 빛의 자녀

앞에서 구원에 따르는 변화를 두 단계로 나눠 설명했듯이, 바울은 성육신의 삶도 두 단계로 구분해서 가르친다. 곧 개인 윤리옛사람과 새사람와 사회 윤리어둠과 빛의 자녀로 나누어 예수 그리스도의 장성한 분량까지 성장하는 거룩한 삶을 교훈한다.

하나님은 구원의 목적을 분명하게 말씀하셨다. "우리는 그의 만드신 바라 그리스도 예수 안에서 선한 일을 위하여 지으심을 받은 자니 이 일은 하나님이 전에 예비하사 우리로 그 가운데서 행하게 하려 하심이니라"엡 2:10. 그리스도인은 선한 일을 위해 지음받았다. "선한 일"이란 매일의 삶에서 그리스도 중심의 삶, 성육신의 삶을 사는 것이다. 우리는 앞에서 교회가 그리스도의 두 번째 성육신이라는 사실을 살펴보았다. 구원받은 신자는 그 성육신하신 몸의 지체다. 그리스도의 몸의 지체가 된다는 것은 교회의 영역 안에만 제한되는 것이 아니다. 교회 밖 모든 삶의 영역에서도 우리는 그 몸의 지체로 살아야 한다. 주님의 지체로 사는 삶을 성육신의 삶이라고 정의할 수 있다.

1. 세상을 향하여 성육신하라

에베소서 5:1-2은 성육신적 삶의 대헌장이다. 본문은 옛사람을 벗어 버리고 새사람을 입는 것, 어둠과 빛의 대결 속에서 빛의 자녀답게 사는 것으로 성육신의 삶을 설명한다.

> 그러므로 사랑을 입은 자녀같이 너희는 하나님을 본받는 자가 되고 그리스도께서 너희를 사랑하신 것같이 너희도 사랑 가운데서 행하라 그는 우리를 위하여 자신을 버리사 향기로운 제물과 생축으로 하나님께 드리셨느니라 엡 5:1-2

본문은 제자도의 심장이다. 바울은 명령한다. "하나님을 본받는 자가 되라." 자녀가 부모를 닮듯, 하나님의 자녀는 하나님을 닮아야 한다. 어떻게 해야 하나님을 닮을 수 있을까? "사랑 가운데서 행하라." 우리가 실천해야 하는 사랑은 주님이 이미 모범을 보여 주셨다. 우리는 주님이 우리를 사랑하신 방식대로 사랑해야 한다.

바울은 에베소서에서 세 번에 걸쳐 "행하라"고 명한다 4:1, 17, 5:2. "행하다페리파테오"라는 단어는 '삶'으로 번역되기도 한다. 성육신의 삶은 세상에서 하나님의 사랑을 실천하며 사는 삶이다. 하나님을 본받는 삶은 사랑으로 행하는 삶이다.

한 율법사가 예수님을 시험하며 영생에 대해 질문했을 때 주님은 이렇게 대답하셨다. "율법에 무엇이라 기록되었으며 네가 어떻게 읽느냐 대답하여 가로되 네 마음을 다하며 목숨을 다하며 힘을 다하며 뜻을 다하여 주 너의 하나님을 사랑하고 또한 네 이웃을 네 몸과 같이 사랑하라 하였나이다 예수께서 이르시되 네 대답이 옳도다 이를 행하라 그러면 살리라 하시니" 눅 10:26-28. 그리스도인에게는 사랑으로 살아야 하는 절대 의무가 있다.

또한 사랑은 생명과 죽음의 구분선이다. 구원과 심판의 경계선이다. 참 신앙과 거짓 신앙을 가려내는 하나님의 기준이다. 하나님의 자녀와 마귀의 자녀를 가려내는 신원조회. "우리가 형제를 사랑함으로 사망에서 옮겨 생명으로 들어간 줄을 알거니와 사랑치 아니하는 자는 사망에 거하느니라" 요일 3:14.

윌리엄 템플은 사랑을 이렇게 정의했다. "하나님을 사랑하는 것은 생명나무의 뿌리요, 이웃을 사랑하는 것은 생명나무의 열매다. 한쪽이 없이는 다른 한쪽도 존재할 수 없다. 한쪽은 원인이요 다른 한쪽은 결과다." 하나님 나라는 사랑에서 시작해 사랑으로 완성된다. 우리는 하나님의 사랑으로 값없이 구원받았고 하나님의 사랑을 행하는 사람으로 살도록 부름받았다.

버리지 않으면 줄 수 없다

우리가 본받아야 할 사랑의 모범은 주님이시다. 주님은 자신을 버리사 자기 목숨까지 향기로운 제물로 하나님께 드리셨다. 우리도 다른 사람을 사랑하는 성육신의 삶을 살고자 한다면 자기 소유와 목숨까지도 향기로운 제물로 하나님께 드릴 수 있어야 한다 요일 3:16.

주님이 보여 주신 사랑에는 중요한 원칙, 곧 '버리고 드리라'는 두 단계의 원칙이 담겨 있다. 탐욕, 연민, 교만, 자존심, 야망을 버리지 않고는 사랑으로 행할 수 없다. 버리지 않으면 드릴 수 없다.

고난 주간 목요일 밤, 주님은 허리에 수건을 두르고 제자들의 발을 씻기시며 섬기는 삶을 명하셨다. "너희도 서로 발을 씻겨라." 언제 이 명령을 주셨는가? "유월절 전에 예수께서 자기가 세상을 떠나 아버지께로 돌아가실 때가 이른 줄 아시고 세상에 있는 자기 사람들을 사랑하시되 끝까지 사랑하시니라" 요 13:1. 주님은 사랑의 표현으로 제자들의 발을 씻어 주시면서 본을 보이신 것이다. 다른 사람의 발을 씻어 주는 손이 되려면 먼저 빈손이어야 한다. 무언가를 움켜쥐고는 다른 사람의 발을 씻어 줄 수 없다.

자신의 삶에 쫓겨 늘 시간이 없다고 말하는 사람은 다른 사람을 사랑할 여유가 없다. 열등감 때문에 대인기피증이 있는 사람도 다른 사람을 섬길 빈손이 없다. 비교의식과 질투심이 강한 사람도 다른 사람을 씻어 줄 손이 없다. 세상에서 성공한 사람이 되려는 강한 야망에 사로잡힌 사람도 손 없는 사람이다. 자신밖에 모르는 이기심도 빈손이 되기를 거부한다. 버리지 않으면 드릴 수 없다.

영국의 성서학자 조지 스미스 박사가 여행을 가는 길에 기차 안에서 젊은 신부를 만났다. 신부는 아프리카 콩고로 선교를 떠나기 전에 가족들과 작별인사를 하러 가는 중이었다.

"이번이 어머니와의 마지막 만남입니다."

"무슨 뜻인가?"

"콩고로 파송된 선교사의 평균 수명은 2년 반입니다. 살아서 돌아온다고 약속할 수 없습니다."

"그러면 다른 곳으로 가면 되지 않겠나?"

젊은 신부는 가슴에 손을 얹고 차분한 목소리로 말했다. "그래도 가야 합니다. 제가 살아 있는 것은 주님의 은혜입니다. 주님의 사랑이 오늘의 저를 만들었습니다. 제가 받은 사랑을 그 나라에 전해야 합니다."

우리는 주님이 우리에게 어떠한 사랑을 주셨는지 종종 망각한다.

구원받은 모든 신자는 주님의 부르심을 받았다. "나를 따라오너라!" 주님을 따르는 것이 우리에게 주어진 부르심이다. 다른 것은 필요 없다. 주님만 따라가면 된다. 대학 진학도, 인생 진로도, 결혼도, 모든 선택에서 우리는 앞서가신 주님만 따라가면 된다.

또한 주님은 우리를 보내셨다. 부활 후 승천하셔서 하나님 보좌 우편에 앉으신 주님은 그분 대신 우리를 보내기 원하셨다. 다른 대안은 아예 세우지 않으셨다. 우리가 그분의 유일한 소망이다. 우리는 주님을 대신해서 보내심받은 그분의 사신이다. 그분의 일부다. 주님이 보여 주신 성육신의 삶을 살도록 이 세상에 파송된 주님의 제자다.

2. 옛사람을 벗고 새사람을 입으라

일본의 대학들이 변하고 있다. 기업의 요구에 적합한 인재를 키워 내기 위해 교과 과정마저 바꾸고 있다. 기업은 도전정신을 갖춘 주도적이고 적극적인 기업 적합형 인재를 찾고 있다. 적극성과 책임감, 커뮤니케이션 능력, 논리 구성력, 어학 능력을 구비한 인성을 지닌 인성형 인간 또한 주목받고 있다.

그리스도의 몸의 일부로서 세상 속에서 성육신의 삶을 살아야 하는 그리스도인은 과연 어떤 인격을 지녀야 할까? 성경은 "성육신 닮음형" 제자도를 가르친다. 바울은 먼저 "옛사람을 벗어 버리고 새사람을 입으라"고 요청한다. 영적 삶의 목표는 변화다.

새롭게 변화하라

거듭난 그리스도인은 이중 자아를 지닌 채 세상과 하나님 나라 사이에서 방황할 수밖에 없다. 바울은 에베소서 2장에서 구원에 따르는 변화를 설명하면서 구원받기 전과 구원받은 후의 사람을 대조했다. 바울은 에베소서 3장에서도 겉사람과 대조되는 속사람이 능력으로 강건해지기를 기도했다 엡 3:16-19. 4장에서는 옛사람과 새사람이 대조되며, 5장에서는 어둠과 빛의 자녀가 서로 마주보고 있다. 믿는 자는 두 개의 자아를 가지고 살아간다. 우리는 한쪽은 거절하고 한쪽은 선택해야 한다. 바울은 옛사람을 버리고 새사람으로 사는 법을 가르친다. 또한 어둠에서 벗어나 빛의 자녀답게 사는 거룩한 삶을 가르친다.

옛사람 vs 새사람

바울은 우리를 지배하는 두 자아의 속성을 공개한다. 먼저 옛사람의 본성과 행동양식을 보여 줌으로써 우리 안에 감추어진 옛사람의 모습을 우리 스스로 확인하게 한다.

> 그러므로 내가 이것을 말하며 주 안에서 증거하노니 이제부터는 이방인이 그 마음의 허망한 것으로 행함같이 너희는 행하지 말라 저희 총명이 어두워지고 저희 가운데 있는 무지함과 저희 마음이 굳어짐으로 말미암아 하나님의 생명에서 떠나 있도다 저희가 감각 없는 자 되어 자신을 방탕에 방임하여 모든 더러운 것을 욕심으로 행하되 오직 너희는 그리스도를 이같이 배우지 아니하였느니라 진리가 예수 안에 있는 것같이 너희가 과연 그에게서 듣고 또한 그 안에서 가르침을 받았을진대 너희는 유혹의 욕심을 따라 썩어져 가는 구습을 좇는 옛사람을 벗어버리고 오직 심령으로 새롭게 되어 하나님을 따라 의와 진리의 거룩함으로 지으심을 받은 새사람을 입으라 엡 4:17-24

바울은 옛사람과 새사람을 해부한다. 두 인격의 본성과 특징, 그리고 그 인격이 형성되는 과정을 상세하게 설명한다. 옛사람과 새사람에 대한 바른 이해가 선행될 때 우리는 "벗고", "입는" 변화를 성령 안에서 연출할 수 있게 된다. 우리의 패션 감각이 달라지게 된다.

옛사람의 본성	새사람의 본성
유혹의 욕심	하나님
하나님의 생명에서 떠났다	그리스도를 배웠다
썩어져 가는 구습	의와 진리의 거룩함

옛사람의 본성

옛사람은 하나님의 생명에서 떠나 있는 사람이다. 그 결과 인간의 내부에 타락과 부패가 일어났다. 바울은 이방인이 허망함 목적 없는 허무한 인생을 추구하며 살게 된 타락의 과정을 단계적으로 설명한다.

첫째, 지각의 삭제다. "저희 총명이 어두워지고 저희 가운데 있는 무지함과 저희 마음이 굳어짐으로 말미암아 하나님의 생명에서 떠나 있도다" 엡 4:18. 하나님 없는 인간의 본성은 지성이 어두워지고 의지는 완고해져 하나님에게서 더 멀어진다. 어둠이 지성을 대신해 버렸다. 하나님을 배신한 인간의 지성은 참된 삶의 가치를 좇기보다 자신의 쾌락과 탐욕과 이기심의 노예로 부패해 버렸다.

둘째, 감각의 삭제다. "저희가 감각 없는 자 되어 자신을 방탕에 방임하여 모든 더러운 것을 욕심으로 행하되" 엡 4:19. 어두워진 지성은 어둠의 윤리를 추구한다. "감각 없는 자 아팔게오"란 '고통이 그치다', '고통에 무뎌지다'는 뜻이다. 죄로 인한 고통이 멈춰 버렸다. 죄에 대한 수치심을 상실했다. "자신을 방탕에 방임하여 파라디도미"는 '자신을 제물로 내주다'는 뜻이다. 하나님 없는 삶은 결국 자신을 방탕의 제물로 바치게 된다. 방탕을 종교로 삼고 탐욕을 숭배하는 자로 살게 된다.

이는 하나님을 배신한 인간이 어떻게 부패하며 그 결과가 무엇인지를 어둠의 논리로 간결하게 설명한 것이다. 다른 성경 번역은 같은 본문 엡 4:17-19을 다음과 같이 번역하고 있다.

> 그러므로 나는 주님 안에서 간곡히 권고합니다. 이제부터 여러분은 이방 사람들이 허망한 생각으로 살아가는 것과 같이 살아가지 마십시오. 그들은 자기들 속에 있는 무지와 자기들의 마음의 완고함 때문에 지각이 어두워지고, 하나님의 생명에서 떠나 있습니다. 그들은 수치의 감각을 잃고, 자기들의 몸을 방탕에 내맡기고, 탐욕을 부리며, 모든 더러운 일을 합니다. 새번역

옛사람의 행동방식에 대해 바울은 에베소서 4:22에 설명을 덧붙인다. "너희는 유혹의 욕심을 따라 썩어져 가는 구습을 좇는 옛사람을 벗어 버리고." 다른 번역은 같은 구절을 이렇게 옮긴다. "옛 생활을 청산하고, 정욕에 말려들어 썩어져 가는 낡은 인간성을 벗어 버리고" 공동번역. "썩어져 가는 프데이로메논"은 '파괴하다', '썩히다', '망쳐 놓다'는 뜻의 현재분사형으로, 지금도 계속 썩고 있다는 뜻이다. 허망한 정욕으로 계속 썩어 가는 인간 내부의 부패가 옛사람을 이루는 본질이다. 그들은 수치의 감각을 상실했다.

새사람의 본성

새사람은 그리스도와의 인격적 교제를 회복하고 빛의 지식을 소유한 사람이다. 그리스도를 배운다는 것은, 교리나 지식의 습득이 아니라 그

리스도에 대한 체험적이고 전인격적인 앎을 말한다.

옛사람은 하나님을 떠나 어둠 속에서 지각과 감각을 잃은 사람이다. 그는 방탕함과 더러운 탐욕으로 산다. 반면 새사람은 하나님께 돌아와 주님과의 인격적 교제를 통해 지각과 감각이 다시 살아난 사람이다. 그는 죄로 인한 고통을 느끼고 수치심을 알며 거룩한 갈망을 훈련받았다.

그리스도께서 허망한 욕정을 따라 살던 옛사람을 자유케 하여 의와 진리로 지으심받은 거룩한 삶으로 이끄신다. 자유에 이르는 이 변화의 길에서 우리는 '심령으로 새롭게 되는' 단계를 거쳐야 한다.

첫째, 지각의 복구 단계다. "오직 너희는 그리스도를 이같이 배우지 아니하였느니라"엡 4:20. "너희"는 "저희"와 분명한 대조를 이루는 말이다. 그리스도를 배우는 것은 사람이 가질 수 있는 가장 고귀한 지식이다. 이방인과 뚜렷한 차이를 드러내는 지식이다. 그 지식은 진리다.

둘째, 감각의 복구 단계다. "너희가 과연 그에게서 듣고 또한 그 안에서 가르침을 받았을진대"엡 4:21. "그에게서 듣고"는 문자적으로는 '그를 듣고'라는 뜻이다. 주님을 보고 듣고 만진 인격적 체험을 의미한다. 주님을 인격적으로 만난 사람은 진리에 대한 감각이 되살아난다. 거룩한 삶을 열망하게 된다.

새사람을 입으라

구원받은 사람들은 이미 유혹의 욕심을 따라 사는 옛사람을 벗어 버렸다. 이제 매일의 삶에서 계속 옛사람을 벗고, "하나님을 따라 의와 진리의 거룩함으로 지으심을 받은 새사람"을 입어야 한다엡 4:24.

"너희는 유혹의 욕심을 따라 썩어져 가는 구습을 좇는 옛사람을 벗어 버리고"엡 4:22. "벗어 버리고"라는 동사는 부정과거시제로 확정적 행동을 가리킨다. 옛사람을 벗어 버리는 것은 회심할 때 단번에 일어난 사건이지만, 우리는 옛사람의 잔재들을 매일 몰아내고 제거해야 한다. '입다'라는 동사도 확정적 행동을 가리킨다. '벗음'이 없다면 '입음'이 있을 수 없다. 우리는 이미 낡은 옷을 벗어 버렸다. 다시 낡은 옷을 입을 수는 없다.

"새롭게 되어네오스"는 이중적 현상이다. 한쪽은 쓸모없게 되고 다른 한쪽은 유익하게 되는, 한쪽은 소멸되고 한쪽은 새로워지는 과정이다. 성령께서는 훈련과 연단을 통해 우리의 옛사람은 소멸시키시고 새사람은 더욱 강하게 만드신다. 존 스토트는 새롭게 되는 과정에 대해 이렇게 말한다. "어떤 그리스도인이 아무리 거룩하거나 그리스도를 닮는다 할지라도, 그는 여전히 '변화하고 있는' 중이다."

공동체(세상)를 변화시키는 행위

에베소서 4:25-32에서 유혹의 욕심을 따라 사는 옛사람의 삶과 하나님을 따라 사는 새사람의 삶이 대조된다. 본문은 하나님을 본받고 닮아가는 새로운 삶의 방향과 태도, 사고방식, 가치관을 설명한다.

> 그런즉 거짓을 버리고 각각 그 이웃으로 더불어 참된 것을 말하라 이는 우리가 서로 지체가 됨이니라 분을 내어도 죄를 짓지 말며 해가 지도록 분을 품지 말고

마귀로 틈을 타지 못하게 하라 도적질하는 자는 다시 도적질하지 말고 돌이켜 빈궁한 자에게 구제할 것이 있기 위하여 제 손으로 수고하여 선한 일을 하라 무릇 더러운 말은 너희 입 밖에도 내지 말고 오직 덕을 세우는 데 소용되는 대로 선한 말을 하여 듣는 자들에게 은혜를 끼치게 하라 하나님의 성령을 근심하게 하지 말라 그 안에서 너희가 구속의 날까지 인치심을 받았느니라 너희는 모든 악독과 노함과 분냄과 떠드는 것과 훼방하는 것을 모든 악의와 함께 버리고 서로 인자하게 하며 불쌍히 여기며 서로 용서하기를 하나님이 그리스도 안에서 너희를 용서하심과 같이 하라 엡 4:25-32

우리는 교회 곧 그리스도의 몸 안에서 맺는 인간관계를 통해 공동체의 거룩함을 추구해야 한다. 교회의 거룩함은 저절로 만들어지지 않는다. 서로 연결된 그리스도의 몸은, 모든 지체가 거룩한 행위를 실천할 때 비로소 그리스도를 세상에 보여 주는 연합의 공동체가 될 수 있다. 그분의 교회가 될 수 있다. 교회의 연합과 세상의 변화를 가져오는 거룩한 행위는 다섯 가지가 있다.

참된 말을 하라

교회의 연합은 진실한 대화를 통해 이루어진다. 사탄은 거짓의 아비다 요 8:44. 거짓말과 거짓된 행동은 교회의 연합을 파괴한다. "그런즉 거짓을 버리고 각각 그 이웃으로 더불어 참된 것을 말하라 이는 우리가 서로 지체가 됨이니라" 엡 4:25. 바울은 우리가 서로 진실을 말해야 하는 이유를 강조한다. 우리 모두가 그리스도의 몸의 지체이기에, 우리의 말과 행동으로 그 몸을 파괴해서는 안 된다. 거짓말은 갈등을 조장하고 신뢰를 무너뜨리며 연합을 파괴한다.

초대교회 당시 하나님은 아나니아와 삽비라를 즉시 심판하셨다. 그들 부부는 인색하지 않았다. 재산의 절반이나 주님께 드린 사람들이었다. 그러나 하나님은 절반만 드리고 다 드린 척한 두 사람의 거짓을 용서하지 않으셨다. 거짓은 교회를 파괴하는 가장 큰 위협이기 때문이다.

거짓이 제거된 초대교회에는 실로 놀라운 부흥이 있었다. "온 교회와 이 일을 듣는 사람들이 다 크게 두려워하니라 사도들의 손으로 민간에 표적과 기사가 많이 되매……믿고 주께로 나오는 자가 더 많으니 남녀의 큰 무리더라" 행 5:11-12, 14. 참된 거룩은 모든 거짓을 버릴 뿐 아니라 참된 것을 말하는 것이다.

분노를 다스리라

"분을 내어도 죄를 짓지 말며 해가 지도록 분을 품지 말고 마귀로 틈을 타지 못하게 하라" 엡 4:26-27. 분노는 마귀의 출입문이다. "틈"은 '발판', '출입구' 라는 뜻이다. 경솔한 분노는 다른 사람에게 상처를 입히고 인간관계를 파괴한다. 분노는 복수심과 증오심을 불러오고 공동체 전체를 약화시킨다. 여기서 바울은 "분노하지 말라"고 명령하는 것이 아니다. 오히려 그는 분노를 다스리는 거룩한 지혜를 가르치고 있다.

분노를 전혀 느끼지 않는 것이 거룩이 아니다. 종종 우리는 분노 자체에 죄의식을 갖는데, 분노 자체가 죄는 아니다. 하지만 확실히 죄에 가까이 있다. 자기 감정을 통제하지 못하는 분노는 죄에 빠지기 쉽다.

따라서 바울은 분노를 다룰 줄 아는 사람이 되라고 말한다.

분노에는 두 종류가 있다. 개인적 분노와 거룩한 분노다. 주님이 경계하신 분노는 개인적인 감정이다. 우리는 다른 사람이 우리를 무시하거나 공개적으로 비판하거나 우리에게 손해나 상처를 입혔을 때 분노한다. 우리는 자기중심적 분노에 충실하다. 경계를 소홀히 하지 않는다. 분노해야 할 때를 너무 잘 알고 있으며 그때가 오면 때를 놓치지 않고 노련하게 분노를 드러낸다.

그러나 우리는 거룩한 분노에 대해서는 무감각하다. 주님은 채찍까지 휘두르며 성전에서 매매하는 자들을 내쫓으셨다. 거룩한 분노가 주님을 사로잡았던 것이다.

이방인과 교제하던 베드로가 유대인의 눈치를 보며 위선적으로 행동했을 때 바울은 거룩한 분노로 베드로를 책망했다. 다윗도 골리앗 앞에서 두려워하는 이스라엘 군대에 분노했다. 그러나 오늘날 교회의 부끄러운 모습에 분노하는 사람이 없다. 세상은 분노하는데 교회는 오히려 잠잠하다. 거룩한 분노를 잃어버린 교회는 더 이상 주님의 도구로 쓰임받을 수 없다.

분노를 다스리는 지혜는 "해가 지도록 분을 품지" 않는 것이다. 신명기에도 일몰 전에 하나님과 다른 사람에 대한 잘못을 시정하라고 명령하고 있다 신 24:13, 15. 분노는 시간이 지남에 따라 증오와 복수심으로 발전하게 되고 결국은 공동체의 연합을 깨뜨리게 된다. 분노는 하루 안에 화해와 용서로 해소되어야 한다. 우리는 하루가 저물기 전에 인간관계를 다시 회복해야 한다.

선한 일을 하라

"도적질하는 자는 다시 도적질하지 말고 돌이켜 빈궁한 자에게 구제할 것이 있기 위하여 제 손으로 수고하여 선한 일을 하라" 엡 4:28. 고대 사회에서 도적질은 버림받은 노예들의 마지막 생계 수단이거나, 부와 재산을 증식시키기 위해 보통 사람들이 선택하는 일반적인 방식이었다.

세상 사람과 그리스도인은 사는 목적과 방식이 다르다. 그리스도인은 재산을 모으기 위해 살지 않는다. 그리스도인은 가난한 사람들에게 나눠 줄 것이 있게 하기 위해 일하는 사람이다. 같은 노동을 하지만 그 목적이 다르다. 그리고 재산을 쌓는 장소도 다르다. 그리스도인은 이 땅이 아니라 하늘에 재물을 쌓는다. "너희를 위하여 보물을 땅에 쌓아 두지 말라 거기는 좀과 동록이 해하며 도적이 구멍을 뚫고 도적질하느니라 오직 너희를 위하여 보물을 하늘에 쌓아 두라" 마 6:19-20.

선한 말을 하라

"무릇 더러운 말은 너희 입 밖에도 내지 말고 오직 덕을 세우는 데 소용되는 대로 선한 말을 하여 듣는 자들에게 은혜를 끼치게 하라" 엡 4:29. 주님의 몸된 교회는 연합으로 유지되는 하나님의 성전이다. 연합이 깨지면 교회는 더 이상 쓸모가 없다. 맛을 잃은 소금처럼 밖에 버리워 사람들에게 밟힐 뿐이다. 영광스러운 교회의 연합을 파괴하는 것은 거대한 죄가 아니다. 사사로운 말 한마디가 교회를 무기력하게 만들고, 머리카락이 잘린 삼손처럼 비참한 종말을 맞게 만든다.

공군부대 활주로에서 작은 새는 '살아 있는 미사일'이다. 시속 960킬로미터로 비행하는 전투기에 무게 1.8킬로그램 정도의 새 한 마리가 부딪치면 전투기는 순간 64톤의 충격을 받는다.

실제로 1996년 미국 알래스카 엘먼도프 기지에서는 조기경보기가 조류 충돌로 추락해 승무원 24명 전원이 순직하는 참사가 있었다. 우리나라에서도 2003년 5월 예천공항에서 조류 충돌로 공군 전투기가 추락하는 일이 벌어졌다. 더러운 말은 조류 충돌과 같은 큰 충격을 가져온다. 사사로운 말 한마디가 공동체를 파괴하고 교회를 매장해 버릴 수 있다.

"더러운사프로스"은 '썩은', '무가치한'이란 의미다. 생선 썩는 냄새 같은 말은 입 밖에도 내지 말라는 것이다. 쓸데없는 비방과 뜬소문과 상처 주는 말이 더러운 말이다. 험담과 비난의 말은 파괴적이다. 그 더러운 말이 교회의 연합을 무너뜨린다.

직장인들이 회사를 떠나는 가장 큰 이유는, 연봉이나 근무 여건 같은 표면적 이유보다 인간관계의 실패 때문이라고 한다. 인간관계는 모든 분야에서 인생의 성패를 결정 짓는다. 사람의 마음을 열고 사람을 따르게 하는 인간관계를 맺기 위해 가장 중요한 것은 비난, 비판, 불평 세 가지를 절대 금해야 한다.

"딕오이코도메"은 '집을 짓다', '세우다'라는 뜻의 건축 용어였다. 믿는 이들의 대화는 사랑과 은혜와 축복이 넘쳐나고, 교회를 세우는 선한 말이어야 한다. 하나님의 집은 선한 말로 지어지고 세워진다. 그리스도인은 자신을 잘 관리할 뿐 아니라 다른 사람의 필요를 채워 주고 배려하는 사람이 되어야 한다.

모든 관계에 성령님이 있게 하라

인간관계가 성령의 능력과 활동을 제한한다. 부정적 관계와 긍정적 관계가 성령의 내적 활동에 어떤 영향력을 미치는지 알아보자.

부정적 인간관계. "하나님의 성령을 근심하게 하지 말라 그 안에서 너희가 구속의 날까지 인치심을 받았느니라" 엡 4:30. "근심뤼페오"이란 단어는 고통, 슬픔, 비관을 뜻한다. 바울은 교회의 주체이신 성령을 질식시키는 인간관계의 모든 악한 감정들을 지적하고 있다. "너희가 구속의 날까지 인치심을 받았느니라." 성령께서는 그리스도의 재림의 날까지 믿는 자들의 구원을 완성해 가는 분이시다. 그분이 우리 구원의 보증이 되셨다. 그러나 인간관계를 깨뜨리는 모든 언행은 성령을 질식하게 만든다.

"너희는 모든 악독과 노함과 분냄과 떠드는 것과 훼방하는 것을 모든 악의와 함께 버리고" 엡 4:31. "악독페크리아"은 날카롭고 독기를 품은 마음이며, "노함뒤모스"은 일시적 분노를 가리킨다. "분냄"은 오랫동안 쌓인 분노이며, "떠드는 것"은 분노를 참지 못하고 소리 지르는 행위를 말한다. "훼방하는 것"은 비방과 험담, 중상모략, 뜬소문을 말하고 다니는 행위다. 이러한 것들이 모든 악을 가져오는 옛사람의 썩어져 가는 구습들이다. 인간관계의 모든 악이 공동체의 연합을 파괴한다.

긍정적 인간관계. "서로 인자하게 하며 불쌍히 여기며 서로 용서하기를 하나님이 그리스도 안에서 너희를 용서하심과 같이 하라" 엡 4:32. "인자크레스토스"는 하나님의 속성을 나타내는 표현으로엡 2:7 친절을 강조하는 말이다. "불쌍히 여기는 것"은 동정심이 가득한 부드러운 행동을 뜻한다. 하나님이 우리를 용서하신 것처럼 우리도 서로를 용서하며 사랑해야 한다.

새사람은 하나님을 닮은 사람이다. 십자가의 대속을 통해 죄인들에게 보여 주신 주님의 동정심과 친절과 용서가 공동체 안에서 성령의 능력을 드러내며, 성령께서 친히 공동체를 이끄시는 사도행전적 역사를 경험하게 한다.

그러므로 옛사람을 벗어 버리고 새사람을 입어야 한다. 그리스도의 몸은 새사람으로 연결된 지체들의 연합이다. 옛사람은 그 몸의 지체가 될 수 없다. 그리하면 몸의 면역 체계가 무너지고 만다. 거부 반응이 일어날 수밖에 없다. 교회는 새사람의 공동체로 세워져야 한다.

달라스 윌라드는 죄의 본성을 십자가에 못 박지 않은 사람의 특징에 대해 다음과 같이 지적했다.

"얼마나 많은 사람들이 그리스도인들의 무감각하고, 거만하고, 다가서기 어렵고, 지루하고, 활기 없고, 강박관념에 사로잡혀 있고, 만족하지 못하는 모습 때문에 참된 길을 영원히 외면하는가?" 이들이 십자가에 못 박은 것은 진리의 말씀이다. 자신을 못 박아야 할 십자가에 겸손을 못 박고 그 대신 교만으로 행하고 있다. 신앙의 겉모습은 있지만 십자가는 창고에 넣어 버렸다. 우리는 매일 옛사람을 벗어 버리고 새사람을 입어야 한다. 교회는 새사람의 거룩한 행위로 몸의 연합을 성취할 수 있다.

3. 어둠의 나라에 빛을 드러내라

주님은 교회의 머리이실 뿐 아니라 신자들의 모든 생활 영역에서도 머리가 되신다. "어둠"과 "빛"의 교리는 그리스도 안에 있는 자와 그리스도 밖에 있는 자가 대조되는 두 세계를 보여 준다.엡 5:3-10.

스펄전은 "하나님의 자녀들이 어느 분야에서 일하든지 그들의 믿음이 최선을 다해 올바른 길을 걸어 빛을 발한다면 그것이 곧 하나님께 충성하는 길이다."라고 설교했다. 믿는 자들은 교회 안에서뿐 아니라 교회 밖에서도 하나님의 구원 목적에 합한 삶을 살아야 한다. 바울은 삶의 전 영역에 걸쳐 '그리스도의 머리되심'을 구하는 '성육신적 삶의 윤리'를 가르친다.

온 세상을 구원하시려는 하나님의 사랑은 인류 역사와 함께 전개되어 왔다. 하나님의 거대한 구속사에서 구원받은 그리스도인 한 사람 한 사람의 삶은 구속사 전 과정에 비한다면 작은 점에 불과하다. 하지만 그 짧은 순간 우리에게 맡겨진 구속의 사명은 우리 인생에 단 한 번 주어지는 소중한 기회다. 낭비할 시간이 없다. 우리는 주어진 현실 속에서 하나님의 구원을 성취해 가는 빛의 자녀가 되어야 한다. 그리스도를 대신한 성육신적 삶을 세상에서 살아야 한다.

어둠의 나라 VS 빛의 나라

바울은 어둠의 나라와 빛의 나라의 속성을 각각 세 가지로 정의한다.

하나님을 떠난 인간이 갇혀 있는 죄의 수용소는 쾌락을 추구하는 세상이다. 바울 당시 에베소에는 풍요의 여신 아데미Diana를 숭배하는 신전이 있었는데, 성적 향연은 제사의식에서 중요한 요소였다.

"음행과 온갖 더러운 것과 탐욕은 너희 중에서 그 이름이라도 부르지 말라 이는 성도의 마땅한 바니라" 엡 5:3. 어둠의 세 가지 속성은 모두 성적 쾌락을 추구하는 단어들이다.

"음행모르네이아"은 불법적인 성관계를 뜻하고, "더러운 것아카사르디아"은 성적 방종을 의미하며, "탐욕플레오넥시아"은 성적 쾌락을 추구하는 강한 욕망이라는 뜻을 담고 있다. 이러한 죄는 빠르게 자란다. 그리고 쉽게 인간을 지배한다.

"음행", "더러운 것", "탐욕"은 빠르게 자라 "음행하는 자", "더러운 자", "탐하는 자"엡 5:5가 된다. 이러한 자들은 하나님 나라를 기업으로 받지 못한다.

토마스 아 캠피스는 "죽어 없어질 부를 추구하고 그 안에 소망을 두는 것은 허영이다. 명예를 열망하고 높은 지위에 오르려 하는 것 또한 허영이다. 육신의 정욕을 좇는 것도 허영이다."라고 했다.

"오늘 우리에게 긴급한 일은 신앙인들이 신실하게 사는 것이다. ……특히 돈과 섹스와 권력과 관련해 더욱 긴요하다. 인간의 현실 가운데 이것들만큼 커다란 축복을 가져다주거나 저주를 가져다주는 힘을 가진 것은 별로 없기 때문이다."라고 리처드 포스터는 『돈, 섹스, 권력』두란노에서 말하고 있다. 그는 이것들이 세속적이라는 이유로 오랫동안 기독교적 관점에서 성스럽게 다루어지지 않았으며 그 결과 오용되고 더럽혀

졌지만, 그 안에 담긴 윤리적 효능은 현대적으로 갱신할 필요가 있다고 밝혔다.

빛을 드러내라

어둠과 빛의 비유는 옛사람과 새사람의 비유보다 더 확연하다. 어둠과 빛은 결코 공존할 수 없기 때문이다. 예수 그리스도의 피로 구속받아 진리의 빛에 들어온 사람은 과거의 생활방식에 계속 거할 수 없다.

불신자는 "총명이 어두워진" 상태에 있다엡 4:18. "너희가 전에는 어두움이더니 이제는 주 안에서 빛이라 빛의 자녀들처럼 행하라"엡 5:8. "전에는"과 "이제는"이 서로 대조되어 그리스도인의 변화된 신분을 강조한다. "빛"은 어둠과 세상에 대조되는 하나님 나라를 의미한다. "하나님은 빛이시라"요일 1:5.

구원받기 전에 우리는 흑암의 권세를 가진 사탄의 추종자였고 그에게 종노릇하던 사람이었다엡 2:1-2. 그러나 이제 그리스도로 말미암아 어둠에서 빛의 자녀가 되었다골 1:13. 그러므로 빛의 자녀처럼 행해야 한다엡 5:8. 빛의 자녀다운 삶을 살아야 한다.

"빛의 열매는 모든 착함과 의로움과 진실함에 있느니라"엡 5:9. "빛의 열매"로 세 가지가 제시된다(후기 사본에는 "빛" 대신 "성령"으로 기록되어 있다). "착함"은 인간 내면에 간직된 도덕적 선을 가리킨다. "의로움"은 하나님과 사람과의 바른 관계, 정직, 성실함을 뜻한다. "진실함"은 위선과 허영에 반대되는 도덕적 행위다. 이 세 가지 속성은 하나님과 발맞추어 걷는 사람이 일상생활에서 하나님께 드려야 할 영적 예배이며 하나님이 기뻐하시는 삶의 열매다.

헨리 나웬은 "진정한 구원은 작은 예수가 되는 것"이라고 했다. "구원은 천국에 가는 것뿐 아니라, 예수를 따르고 예수를 닮고 예수와 똑같은 사람이 되는 것을 의미한다." 빛의 열매는 우리를 작은 예수가 되게 하는 주님의 거룩한 성품이다.

『날마다 1mm씩 자라는 믿음』이레서원의 저자 제리 브리지스는 이렇게 쓰고 있다. "밝기 조절 스위치가 있는 방에 있다고 생각해 보라. 처음 들어갈 때는 조명이 어두워 가구들만 보이고 바닥에 널린 신문지나 테이블 위의 더러운 컵은 보이지 않는다. 방은 깔끔하고 깨끗해 보인다. 그러나 조명이 밝아질수록 가구의 먼지, 벽의 얼룩, 벗겨진 페인트, 올이 빠진 카펫이 보이기 시작한다. 어두울 때는 모두 괜찮아 보였던 방이 조명이 밝아지자 갑자기 더럽고 지저분해 보인다.

영적으로 성장할 때 당신의 삶에서도 똑같은 일이 일어난다. 처음에 당신은 예의 바르게 살아 왔고 큰 죄도 보이지 않기 때문에 자신의 삶이 꽤 괜찮아 보일 수 있다. 그때 성령이 '말씀의 조명을 밝게 하시고' 당신이 알지도 못했던 '미묘하고 세련된 죄'를 드러내기 시작하신다.

성령은 죄를 깨닫게 하는 빛을 우리 마음의 으슥한 곳에 계속 비추시면서 우리가 알지 못했던 죄악된 태도와 행동을 드러내신다. 이는 최종적으로 우리를 변화시키시는 분은 하나님의 성령이시라는 뜻이다. 우리를 변화시키시기 위해 우리의 인격 깊은 곳에서 일하시는 분은 바로 성령이시다."

성령께서 우리의 인격 깊은 곳에서 일하실 때 우리는 빛의 열매를 맺을 수 있다. 어둠을 몰아내는 것은 빛뿐이다. 다른 방법은 없다. 하나님은 빛의 자녀를 통해 세상을 변화시키려는 계획을 가지고 계신다.

세상의 어둠을 책망하라

2006년 통계청 발표에 의하면, 한국 사회에서 종교가 있는 사람은 전체 인구의 53.1%로 집계되었다. 불교가 22.8%, 기독교가 18.3%, 천주교가 10.9%로 나타났다.

10년 전과 비교할 때 불교는 3.9% 증가했으며 천주교는 무려 74.4% 증가했다. 하지만 기독교는 10%, 약 14만4천여 명이 감소한 수치였다(아이러니하게도 2006년 한국 교회의 핵심 키워드는 '부흥' 이었다!).

이처럼 기독교인의 숫자가 줄어든 것은 기독교인의 신앙과 삶이 일치하지 않는 모순 때문이며, 기독교인의 윤리가 세상 사람들의 윤리보다 높지 않기 때문인 것으로 평가되었다. 그렇다면 교회는 실패한 것일까?

하나님이 교회와 그리스도인에게 원하시는 삶은 세상의 어둠을 책망할 수 있을 정도의 도덕적인 삶이다. "너희는 열매 없는 어두움의 일에 참예하지 말고 도리어 책망하라 저희의 은밀히 행하는 것들은 말하기도 부끄러움이라" 엡 5:11-12.

세상을 구원하고 변화시키는 하나님의 방법은 열매 없는 어둠의 일을 책망하는 것이다. '책망하라 엘렝코'는 '망신시키다', '부끄럽게 만들다' 는 뜻이다. 교회의 사명은 어둠의 일을 책망하는 것이다. 예수께서도 "이같이 너희 빛을 사람 앞에 비춰게 하여 저희로 너희 착한 행실을 보고 하늘에 계신 너희 아버지께 영광을 돌리게 하라"고 말씀하셨다 마 5:16.

책망이 변화를 가져온다. "그러나 책망을 받는 모든 것이 빛으로 나타나니 나타나지는 것마다 빛이니라" 엡 5:13. 어둠은 빛의 책망을 통해 빛으로 바뀐다. 빛이 비추이면 어둠은 물러간다. 숨겨졌던 일들이 밝히 드러난다. 누구에게나 하나님과 사람에게 드러내 보이고 싶지 않은 어두운 구석이 있다. 따라서 책망의 첫 대상은 우리 자신이어야 한다. 자신의 은밀한 어둠을 십자가 앞에 가지고 나아가 제거하는 단계를 밟아야 한다. 성령께서 모든 어둠을 주님의 십자가로 덮어 주실 것이다.

"나타나지는 것마다 빛이니라." 하나님은 세상과 구별된 성도들의 거룩한 삶을 통해 어둠에 빛을 비추기 원하셨다. 빛을 받은 사람들이 회개하여 어둠에서 빛으로 나오게 하는 것이 하나님의 계획이시다. 성도들의 빛된 삶을 통해 어둠의 일을 드러낼 뿐 아니라, 다른 사람을 빛으로 인도하는 것이 하나님의 구원 방법이시다.

탈무드는 이렇게 가르친다. "비싼 진주를 잃어버렸을 때 그것을 찾기 위해 필요한 것은 뜻밖에도 하찮은 양초 한 자루였다." 빛이 없으면 아무리 비싼 진주라도 찾아낼 수 없다.

잠에서 깨어나라

"잠자는 자여 깨어서 죽은 자들 가운데서 일어나라 그리스도께서 네게 비춰시리라"엡 5:14. 이 구절은 에베소 교회가 불렀던 찬송의 일부인 것으로 추정된다. 새로운 회심자가 세례를 받고 물에서 올라올 때 회중이 불렀던 세례송의 일부였다. 새신자가 영적 죽음에서 빠져나오는 광경이 마치 잠에서 깨어나는 것과 같고, 영적 생명으로 들어가는 것이 햇빛그리스도을 맞이하는 듯 보였기 때문이다.

우리는 빛으로 오신 주님을 세상에 보여 주는 그리스도인이 되어야 한다. 주님은 오늘도 교회에 명령하신다. "잠자는 자여, 깨어나라." "깨어나라에게이레"는 '영적 부활', '회심'을 뜻한다. 교회와 성도들이 빛을 잃으면 하나님이 세상을 구원하실 다른 대안이 없다. 빛이 꺼지면 세상은 어둠뿐이다.

지미 카터 전 대통령은 이렇게 말했다. "하나님이 나를 미국의 대통령으로 세우신 것은, 대통령직을 마친 뒤 내게 시키시고 싶은 일이 있으셨기 때문이라고 믿는다. 바로 봉사이다.

우리는 하나님의 은혜로 구원받았다. 그 은혜는 우리에게 이웃을 향한 사랑과 봉사를 명령하고 있다." 그는 75세의 노구를 이끌고 '사랑의 집짓기 운동'에 동참해 벽돌을 쌓고 창문을 달고 페인트를 칠하며 사랑을 실천했다. 그 한 사람의 빛된 삶에 영향을 받은 사람들이 그가 섬기는 예수님에게 관심을 갖게 되었다.

스티븐 코비는 인간의 위대함을 '본질적 위대함'과 '부수적 위대함'으로 나눴다. 부수적 위대함은 학벌, 지위, 재산, 외모 등이며, 본질적 위대함은 인격의 투명성, 정직, 성실, 자기절제, 동정심, 이해심 등이다. 그는 사람들이 부수적 위대함을 보고 리더를 선택하기 때문에 기업 경영에 어려움을 겪게 된다고 보았다.

교회도 건물 확장과 화려한 예배, 최고급 시설, 다양한 프로그램으로 부수적 위대함을 드러내려고 한다. 그러나 세상이 기대하는 교회는 본질적 위대함이 뛰어난 교회다. 하나님도 그러한 교회를 산 위에 세우고 세상에 보여 주고 싶어하신다. 이제 교회와 성도들은 하나님이 주신 시대적 소명에 집중해야 한다. 그리스도를 세상에 비추는 교회가 되어야 한다.

한 유명한 기독교 지도자가 솔직한 심정을 고백했다. "지난 40년간 나의 믿음은 진정 패배였다. 회심한 뒤 나는 사람들이 내 삶에서 분명한 차이를 보게 될 것이라고 기대했다. 그러나 사람들은 내게서 변화를 보지 못했다. 나는 실족하고 넘어졌으며 거짓된 인생을 살았다. 그리하여 복음의 진리를 손상시켰다."

우리 중에 비슷한 패배감을 느끼는 사람이 있을지 모른다. 교회는 너무 약하다. 등록교인의 수는 늘었지만 세상에 미치는 영향력은 갈수록 약해진다. 그리스도인은 더 이상 세상과 구별된 삶을 살려고 하지 않는다. 세상과 적당히 타협하며 세상의 친구로 남으려 한다.

하지만 빛은 어둠을 몰아낸다. 빛은 성장을 촉진한다. 빛은 사물의 형체를 드러낸다. 우리의 삶이 하나님의 진리와 거룩한 빛에 노출된다면 다른 사람들을 빛으로 이끌고 그들에게 생명을 가져다 줄 수 있을 것이다.

바울은 가정과 사회라는 구체적인 사례를 들어 삶의 전 영역에서 어떻게 성육신적 삶을 살 수 있는지 가르치고 있다. 스티븐 닐은 "그리스도인이 된다는 것은 예수님처럼 되는 것이다. 예수 그리스도와의 관계로 인해 내가 맺고 있는 모든 관계가 변화된다."고 했다. 예수 그리스도 안에서 부부 관계, 부모 자녀 관계, 직장 생활, 영적 생활에 어떤 변화가 일어나는지 배우고 실천해야 한다.

세월을 아끼라

아브라함 카이퍼는 그리스도인이 세상과 어떤 관계를 맺어야 하는지 가르쳐 주었다. "자신을 교회 안에 가두고 세상은 제멋대로 되도록 내버려 두어서는 안 된다. 그리스도인은 이 세상을 믿음의 장으로 보고 하나님의 영광을 드러내는 거룩한 소명 의식을 가져야 한다. 기독교 신앙은 삶의 모든 영역에서 하나님의 절대 주권을 인정하고 선포하며 하나님의 영광을 위해 살아가는 것이다. 그리스도인은 노동, 경제, 정치 등을 하나님의 주권과 결부해서 보고 그 삶의 현장에서 하나님의 뜻을 성취해야 할 책임이 있다."

세상은 우리의 믿음을 실천해야 할 장이다. 하나님의 영광을 드러내야 할 전시장이다. 승리를 얻어내야 할 경기장이다. 세상에서 하나님의 영광을 드러내려면 뛰어난 시간 관리자가 되어야 한다.

물건은 잃어버려도 다시 구할 수 있다. 돈, 직업, 재산, 집은 없어져도 다시 구할 수 있다. 하지만 시간은 다시 얻을 수 없다. 시간은 일회적이다. 잃어버린 시간, 낭비한 시간을 다시 회복할 방법은 없다. 시간은 한 번 지나면 다시 돌이킬 수 없다. "세월을 아끼라 때가 악하니라"엡 5:16.

빛의 자녀는 하나님이 주신 시간을 내 것으로 만드는 법을 배워야 한다. 세월이 악하기 때문이다. 악한 세대 속에서도 시간을 활용해 어둠을 책망하고 빛으로 인도하는 전도자의 삶을 살아야 한다. 세상 속에서 세상을 위한 제사장으로 살아야 한다. 빛의 열매를 통해 하나님이 어떤 분이신지 보여 주는 증인의 삶을 살아야 한다.

"세월카이로스"은 일반적으로 시간을 의미하지만 여기서는 '기회', '적절한 때'를 말한다. "아끼다엑사고라조"는 '사들이다', '구속하다', '다 사버리다'는 의미다. 우리는 기회를 최대한 이용해야 한다. 시간을 내 것으로 만들어야 한다. 최대한 기회를 활용해 복음의 제사장으로 사는 그리스도인이 되려면 몇 가지 중요한 삶의 원리를 익혀야 한다. 시간을 소유하기 위해서는 몇 가지 특별한 기술이 필요하다.

지혜로운 자가 되라

"그런즉 너희가 어떻게 행할 것을 자세히 주의하여 지혜 없는 자같이 말고 오직 지혜 있는 자같이 하여" 엡 5:15. "주의하라블레포"는 '주의 깊게 살핀다'는 뜻이다. 즉 "인생길을 어떻게 걸어가야 하는지 주의 깊게 살피라."고 가르치고 있는 것이다. 바울은 "지혜 있는 자"와 "지혜 없는 자"를 대조시켜 "어둠"과 "빛"의 대결 구도를 이어가고 있다.

하나님이 모두에게 공평하게 나눠 주신 시간을 어떻게 사용하느냐에 따라 인생의 무게와 밀도가 달라진다.

사탄은 매일의 삶 속에서 시간을 빼앗는 절도범이다. 인생을 허비하게 만든다. 사탄은 어디서 우리를 막아야 하는지 잘 알고 있다. 하나님께 온전히 헌신하고자 한다면 시간을 버는 지혜로운 자가 되어야 한다. 지혜 없는 자, 곧 어리석은 자는 마지막 날 주님께 "악하고 게으른 종"이라는 책망을 받게 될 것이다.

주의 뜻을 이해하라

"그러므로 어리석은 자가 되지 말고 오직 주의 뜻이 무엇인가 이해하라" 엡 5:17. "이해하다"는 '곁에 놓다', '깨닫다'는 뜻이다. 지혜로운 사람은 하나님의 뜻을 곁에 놓고 자신의 삶을 주님께 헌신한다.

바울은 진정한 지혜는 하나님의 뜻 안에서 발견할 수 있다고 말한다. 하나님의 뜻에 인생을 맞춰 가는 사람이 지혜로운 사람이며, 시간을 아끼는 사람임을 설명한다. 하나님의 뜻에는 보편적인 뜻과 개인적인 뜻이 있다. 바울이 사도가 된 것은 개인을 향한 하나님의 뜻이지만, 거룩하게 사는 것은 보편적인 하나님의 뜻이다.

우리 각 사람을 향한 하나님의 개인적인 뜻은 각각 다르다. 그러나 하나님 나라를 세워야 한다는 보편적인 하나님의 뜻은 같다.

모든 그리스도인은 어두운 세상을 책망하는 빛의 자녀로 살아야 한다. 주님은 이 땅에 하나님의 뜻을 행하러 오셨다. 우리도 매일의 삶에서 하나님의 뜻을 실천하기 위해 완벽한 시간 관리자가 되어야 한다.

빛 – 시간 – 하나님의 뜻 – 성령 충만

성령 충만을 유지하라

"술 취하지 말라 이는 방탕한 것이니 오직 성령의 충만을 받으라"엡 5:18. "방탕아소티아"은 '낭비', '부도덕한 행동'을 뜻하는 말로 이교도들의 윤리 상태를 묘사한 말이다. 에베소는 도시의 수호신 아데미 숭배를 통해 성적 향연에 몰두한 도시였다. 또한 술과 혼음과 축제의 신 디오니소스를 섬겼는데, 술의 신 디오니소스와 교제하기 위해 술에 취해야만 했다. 바울은 이교도와 같이 행동하지 말 것을 요청했다. 존 스토트는 "술 취한 사람은 짐승처럼, 성령 충만한 사람은 그리스도처럼 산다."고 말했다.

"성령 충만을 받으라"는 일회적 권면이 아니라, 늘 성령 충만을 유지하라는 뜻이다. 우리는 성령 충만을 갈망하고 유지하는 거룩한 삶의 비결을 배우고 실천해야 한다. 그리하여 성령 충만함으로 하나님의 뜻을 발견하고 자신의 삶을 하나님께 거룩한 제물로 드려야 한다롬 12:1.

아놀드 토인비는 "역사는 평범한 대중이 아니라 헌신된 소수에 의해 발전한다."고 평했다. 하나님은 끊임없이 성령 충만을 받는 헌신된 사람을 사용하셔서 삶의 의미를 잃고 죄 가운데 인생을 낭비하는 사람들을 구원하실 것이다. 하나님의 구속사는 헌신된 소수의 그리스도인들을 통해 계속 전개되어야 한다.

주님이 십자가에서 죽으신 지 2천 년이 지났지만 아직도 세계 인구의 절반이 넘는 사람들이 복음을 듣지 못한 채 영원한 저주의 불못으로 버려지고 있다. 지옥으로 던져지는 수많은 영혼을 구하기 위해 교회는 하나님의 빛을 드러내야 한다.

그러기 위해서는 항상 성령 충만을 유지하는 그리스도인이 필요하다. 성령 충만은 하나님께 쓰임받는 중요한 영적 자질이다. 하나님께 쓰임받은 하나님의 사람은 하나같이 하나님의 신에 감동한 사람이었다.

"바로가 그 신하들에게 이르되 이와 같이 하나님의 신이 감동한 사람을 우리가 어찌 얻을 수 있으리요 하고" 창 41:38.

"여호와께서 모세에게 이르시되 눈의 아들 여호수아는 신에 감동된 자니 너는 데려다가 그에게 안수하고" 민 27:18.

하나님께 쓰임받으려는 사람은 계속해서 성령 충만을 받고 유지하는 자기 관리가 필요하다. 바울은 언제나 하나님과의 관계, 자기 자신과의 관계, 다른 사람과의 관계라는 세 측면에서 영적 삶의 원리를 가르친다. 그는 하나님과의 관계에 예배를, 자신과의 관계에 감사를, 타인과의 관계에 그리스도 중심의 복종하는 자세를 권한다. 그리고 이 모든 관계의 중심에 주님이 계신다.

예배에 전념하라. "시와 찬미와 신령한 노래들로 서로 화답하며 너희의 마음으로 주께 노래하며 찬송하며" 엡 5:19. 바울은 술 취한 자들의 떠들썩한 모습과 성령 충만한 자들의 신령한 노래로 화답하는 온전한 기쁨을 대조한다. 시와 찬미와 신령한 노래로 화답하는 것은 초대교회의 공중예배를 묘사한 것이다. 그리스도인은 함께 드리는 예배를 통해 지속적으로 성령 충만을 받을 수 있다.

더글라스 웹스터 교수는 "초대교회의 가장 큰 관심사 두 가지는 하나님과 이방인, 곧 예배와 증거였다."고 정의했다. 예배와 증거는 하나다.

교회는 이 두 가지를 제일가는 의무로 여겨야 한다.

예배와 증거를 하나로 묶어 주는 것은 하나님의 이름이다. 예배는 하나님의 이름을 찬양하고 송축하고 경외하는 것이며시 105:3, 증거는 하나님의 이름을 전파하는 것이다.

사도행전의 첫 번째 선교도 예배에서 시작되었다. "주를 섬겨 금식할 때에……바나바와 사울을 따로 세우라 하시니"행 13:2. "섬김"은 곧 예배이며, 이 섬김이 선교로 이어졌다. 선교로 이어지지 않는 예배는 죽은 예배다. 예배는 세상을 향해 나아가는 출발점이다. "세상에서 그들 가운데 빛들로 나타내며"빌 2:15. 복음전도는 하나님께 드리는 예배의 제물이었다. 둘 중 어느 한쪽이 없으면 불구가 되고 만다.

범사에 감사하라. "범사에 우리 주 예수 그리스도의 이름으로 항상 아버지 하나님께 감사하며"엡 5:20. "감사하라"는 권고는 바울 서신에서 자주 나타난다골 3:15-17; 살전 5:18. 모든 일에 감사하는 사람이 성령 안에서 행하는 사람이다. 원망과 불평과 염려는 성령을 근심시킨다. 성령을 소멸시킨다. 감사는 하나님과 동행하는 사람이 보여 주는 거룩한 성품이다. "감사로 제사를 드리는 자가 나를 영화롭게 하나니 그 행위를 옳게 하는 자에게 내가 하나님의 구원을 보이리라"시 50:23.

미국 작가 헨리 데이빗 소로우는 아침마다 스스로에게 세 가지 질문을 던졌다고 한다. "내가 즐거워하는 일은 무엇인가? 내가 행복해하는 일은 무엇인가? 내가 감사하는 일은 무엇인가?"

즐거움과 행복과 감사를 찾는 사람은 매일 새로운 인생을 경험할 수 있다. 감사할 때 원망과 불평이 사라진다. 감사는 하나님께 드리는 최고의 예배다.

또한 감사는 하나님의 주권을 인정하는 믿음이다. 하나님이 허락하시지 않으면 참새 두 마리가 한 앗사리온에 팔리는 것도 이루어질 수 없음을 아는 것이다 마 10:29. 감사는 하나님이 모든 것을 합력하여 선을 이루게 하실 것을 믿는 믿음이다 롬 8:28.

살아가면서 실패도 있고 실수도 있지만, 하나님은 그것들을 통해 또 다른 기회를 주시는 분이다. 감사는 구원받은 것만으로도 기뻐할 수 있는, 하나님의 은혜를 기억하는 삶의 태도다. 때로 고통을 당하고 손해를 보고 아픔을 겪지만, 구원해 주신 주님을 바라보며 기뻐하는 것이다.

2005년 5월부터 3개월 동안, 영국 소도시 슬라우에서 행복에 대한 실험이 시행되었다. 슬라우 프로젝트에 참가한 사람들은 이전에 어떻게 살았나 싶을 정도로 만족스러운 삶을 경험했다고 한다. 실험 결과, 권력과 부를 얻어야 행복한 것이 아니라 기본적인 욕구만 충족돼도 행복해진다는 사실이 밝혀졌다.

단순한 삶의 습관을 연습하는 것만으로도 행복이 가능했다. 이 프로젝트가 제시한 '행복헌장 10계명' 중에는, 하루를 마무리하면서 "감사한 것 다섯 가지 생각해 내기"가 있다. 하루 한 번 유쾌하게 웃고 매일 누군가에게 친절을 베풀고 가까운 친구들과 대화하고 감사로 하루를 마무리하는 것만으로도 행복은 찾아왔다.

서로 복종하라. "그리스도를 경외함으로 피차 복종하라" 엡 5:21. "복종하라휘포탓소메노이"는 앞절에 언급된 "화답하며", "노래하며", "찬송하며", "감사하며"와 같은 분사 형태를 취하고 있다. 성령 충만을 유지하는 삶의 원리를 계속해서 보여 주는 것이다.

성령 충만한 사람은 그리스도를 경외함에서 우러나는 자발적인 복종을 통해 계속해서 성령 충만을 받는다. 우리는 종종 복종에 대해 오해한다. 복종은 주님이 이 땅에서 하나님 아버지를 섬기신 삶의 태도였다. 주님은 십자가에까지 복종하심으로 하나님을 영화롭게 하셨다. 그러므로 주님을 본받는 사람은 주님의 복종을 따라 사는 것을 즐거워한다.

복종은 "자신을 기쁘게 하지 않는 것"이다 롬 15:3. 그것은 자신의 이기적 관심과 욕구보다 다른 사람의 관심과 필요를 앞에 두는 사랑의 실천이자 거룩한 삶의 태도다. "우리 각 사람이 이웃을 기쁘게 하되 선을 이루고 덕을 세우도록 할지니라" 롬 15:2.

제임스 맥그리거 번즈 박사는 리더십을 '상호 교환적 관계'의 리더십과 '상호 변화적 관계'의 리더십으로 구분했다. "왜 종업원이 사장을 따르는가?"라는 질문에, 상호 교환적 관계의 리더십은 사장을 존경하지는 않지만 사장이 월급을 주기 때문에 따른다고 답한다. 반면 상호 변화적 관계의 리더십은 서로에게 만족을 주는 관계로, 비록 월급이 적고 근무 환경이 나빠도 리더를 따르는 데서 비전과 자기성숙과 성취감을 얻는다.

그리스도인이 맺는 인간관계는 상호 변화적 관계의 리더십이어야 한다. 모든 인간관계의 중심에 그리스도가 계시기 때문이다. 그리스도를 사랑하고 두려워하고 기쁨으로 섬기는 사람은 복종하는 인간관계를 통해 사회관계를 유지한다. 하나님은 우리로 하여금 인간관계의 복종을 통해 진정한 자기성숙과 성취감을 얻게 하신다.

"그리스도를 경외함으로 피차 복종하라"는 명령 배후에는 주님의 세 번째 성육신의 원리가 적용되어 있다. 그리스도인이 가정과 사회에서 맺는 모든 인간관계는 주님의 세 번째 성육신의 비밀의 지배를 받는다. 성육신의 통치가 인간관계를 형성하는 것이다.

첫 번째 성육신 : 메시아의 성육신, 인간의 몸으로 오신 예수님
두 번째 성육신 : 공동체의 성육신, 그리스도의 몸으로서의 교회
세 번째 성육신 : 인간관계의 성육신, 인간관계 속에 계신 예수님

주님은 인간의 몸으로 이 땅에 오셔서 십자가에서 죽으시고 부활하심으로 죄인들이 하나님께 나아가는 새롭고 산 길을 열어 놓으셨다. 이는 메시아의 성육신, 이것이 첫 번째 성육신이다. 또한 주님은 구원받은 신자들을 자신의 몸의 일부가 되게 하심으로써 그리스도의 몸인 교회를 세우셨다.

구원받은 그리스도인은 주님 안에 거할 뿐 아니라 그분 몸의 일부(지체)로 초대받았다. 주님과 우리의 관계는 '성육신'이라는 놀라운 비밀 속에서 새로워지고 깊어진다.

그리스도의 몸으로서의 교회, 즉 공동체의 성육신이 두 번째 성육신이다. 주님의 성육신의 비밀은 이제 모든 인간관계 속에서 그 영광을 드러낸다. 인간관계 배후에 계신 그리스도를 보는 사람이 진실로 그리스

도를 경외하는 사람이다. 인간관계 속에 계신 예수님, 즉 인간관계의 성육신이 세 번째 성육신이다.

다메섹 도상에서 사울에게 나타나신 주님은 "사울아, 네가 어찌하여 나를 핍박하느냐" 하고 물으셨다 행 9:4. 주님은 핍박받는 성도들과 자신을 동일시하셨다. 주님은 제자들에게 섬기는 리더십을 가르치시면서도 같은 말씀을 하셨다. "어린아이 하나를 영접하면 곧 나를 영접함이요……나를 영접하면……나를 보내신 이를 영접함이니라" 막 9:37. 어린아이, 예수님, 하나님으로 이어지는 관계를 선포하신 것이다.

마지막 심판 때에 양과 염소를 나누는 기준도 같다. "내가 진실로 너희에게 이르노니 너희가 여기 내 형제 중에 지극히 작은 자 하나에게 한 것이 곧 내게 한 것이니라" 마 25:40.

그리스도를 경외한다는 것은 모든 인간관계에 주님이 계시다는 사실을 인정하는 것이다. "피차 복종하라"는 명령은 모든 사람을 주님 대하듯 섬기며 살라는 뜻이다. "주님을 대하듯 모든 사람을 대하라. 모든 일을 주께 하듯 하라. 모든 일에 주님의 이름으로 감사하라."는 거룩한 삶의 태도를 가르치는 것이다. 거룩한 존중심을 가지고 주변 사람을 대하는 사람이 곧 자신의 생활에서 그리스도를 높이는 사람이다.

그리스도인이 그리스도의 몸의 지체가 되었다는 것은 그 몸의 주인이신 주님과 동일한 가치를 갖게 되었다는 뜻이다. 주님은 그 몸의 일부가 된 사람의 인격적 가치가 주님과 같아지도록 섭리하셨다. 그러므로 주님의 몸의 지체가 된 우리는 서로를 주님의 몸으로 대해야 한다.

모든 관계를 회복하라

부부 관계

에베소서 5:22-33은 흔히 '가정의 대헌장'이라고 한다. 가정의 출발점인 부부 관계는 그리스도 중심의 관계여야 한다. 하나님이 다른 어떤 관계보다 부부 관계를 먼저 가르치신 이유는, 남편과 아내의 관계가 그리스도와 교회 관계의 비밀을 밝혀 주는 축소판이기 때문이다. 결혼의 비밀은 곧 교회의 비밀이다 창 2:24. 하나님은 동일한 비밀을 가지고 가정과 교회 공동체를 세우셨다.

> 이러므로 사람이 부모를 떠나 그 아내와 합하여 그 둘이 한 육체가 될지니 이 비밀이 크도다 내가 그리스도와 교회에 대하여 말하노라 그러나 너희도 각각 자기의 아내 사랑하기를 자기같이 하고 아내도 그 남편을 경외하라 엡 5:31-33

"이 비밀이 크도다." 하나님이 사람을 창조하실 때 여성은 남성으로부터 지음받았고, 남성을 위해 지음받았다 창 2:18, 22-23. 하나님은 남자가 부모를 떠나 여자와 연합하여 "한 몸"을 이루는 결혼제도를 만드셨다 창 2:24. 그리고 교회에도 동일한 "한 몸" 방식이 적용되었다.

하나님은 구원받은 그리스도인들을 그리스도의 몸의 지체가 되게 하셨고, 주님은 그 몸의 머리가 되셨다 엡 1:22-23. 둘이 한 육체가 되는 교회의 비밀이 이미 결혼제도를 통해 계시된 것이다.

남편과 아내의 연합 관계는 그리스도와 교회의 연합이 어떤 것인지 보여 준다. "합하여프로스콜라오"라는 말은 '……을 향하여', '……으로부터'를 의미하는 '프로스'와 '합치다'는 뜻의 '콜라오'의 합성어로 '꼭 붙이다', '떨어지지 않는다'는 뜻이다. 남편과 아내, 그리스도와 교회가 한 몸이 되었다는 것은 꼭 붙어 떨어지지 않는다는 의미다.

가정 상담가 딘 마틴 박사가 주부들을 대상으로 "좋은 남편을 만났다고 생각하는가?"라는 질문을 던졌다. 결혼 1년차 아내들은 98%가 "예"라고 답했다. 결혼 2년차 아내들은 56%가 "예"라고 답했다. 10년이 지난 아내들은 겨우 6%만이 "예"라고 응답했다.

그런데 결혼 20년이 지난 아내들은 다시 95%가 "예"라고 대답했다고 한다. 마틴 박사는 부부가 서로 이해하고 하나가 되려면 적어도 20년은 걸리니 그 전에는 헤어지지 말라고 충고한다. 부부의 사랑은 20년은 되어야 온전해진다.

부부 간의 가장 바람직한 사랑의 관계는 그리스도와 교회의 관계에서 배우고 실천해야 한다. 남편과 아내의 관계는 그리스도와 교회의 관계와 같기 때문이다. 하나님은 구약에서 이미 하나님과 이스라엘의 관계를 남편과 아내로 비유하셨고 사 54:5; 렘 3:14, 20; 호 2:16, 예수께서도 성도를 신부로, 자신을 신랑으로 비유하셨다 마 25:1; 막 2:19-20.

아내와 교회의 사랑. 하나님은 교회에서 결혼의 모델을 찾으셨고 결혼의 방식 또한 교회에서 끌어 내셨다. 그러므로 교회와 그리스도의 비밀을 깨닫지 못한 사람은 남편과 아내가 어떻게 서로 사랑하는 관계인지 알 수 없다. 하나를 깨닫지 못하면 둘을 잃게 되는 것이 결혼과 교회의 비밀이다. 반대로 하나를 깨달으면 둘을 얻게 되는 비밀이기도 하다.

> 아내들이여 자기 남편에게 복종하기를 주께 하듯 하라 이는 남편이 아내의 머리 됨이 그리스도께서 교회의 머리됨과 같음이니 그가 친히 몸의 구주시니라 그러나 교회가 그리스도에게 하듯 아내들도 범사에 그 남편에게 복종할지니라 엡 5:22-24

아내의 남편 사랑은 몸된 교회가 머리되신 주님께 복종한 사랑을 닮아야 한다. 남편의 머리됨은 창조 질서에서 비롯된 것이다 고전 11:3. 아내가 남편을 사랑하는 사랑은 교회가 주님을 사랑하는 사랑과 동일해야 한다. 아내와 교회는 같은 태도, 같은 내용, 같은 무게로 사랑해야 한다.
"주께 하듯 하라" 엡 5:22. 남편을 주님 대하듯 사랑하는 것이 가능할까? 그리스도를 경외할 때 가능하다. 주님을 사랑하는 사람은 감사와 기쁨으로 복종 섬김의 삶을 살 수 있다. 남편에게 복종하지 않으면서 주님을 섬길 수는 없다. 자신을 기쁘게 하지 않으셨던 주님의 사랑을 본받을 때 남편의 기쁨을 먼저 구하는 섬김을 실천하게 된다.
엘리자베스 그렌은 아내의 사랑에 대해 이렇게 말했다. "아내가 남편을 위해 할 수 있는 최선의 일은 남편이 하나님의 뜻을 행할 수 있도록 돕는 것이다." 복종은 노예적 굴종이 아니다. 남편이 하나님의 뜻대로 살도록 돕는 사랑과 섬김의 삶이다.

남편과 주님의 사랑. 최근 가정의 붕괴와 교회의 세속화가 동반 상승세에 있는 것은 결코 우연이 아니다. 교회의 비밀을 깨닫지 못한 사람은 결혼의 신비 또한 알 수 없다. 남편과 아내의 역할과 사랑의 책임에 대해 바로 알지 못한 채 시작한 결혼생활은 서로에게 고통을 주기 쉽다.

머리는 몸 없이는 아무것도 할 수 없다. 따라서 머리는 몸을 양육하고 보호해야 한다. 몸은 머리가 없으면 죽은 존재다. 따라서 몸은 머리에 복종해야 한다. "남편들아 아내 사랑하기를 그리스도께서 교회를 사랑하시고 위하여 자신을 주심같이 하라" 엡 5:25.

남편은 그리스도가 교회를 사랑하신 것같이 아내를 사랑해야 한다. 희생하고 책임지고 지속적인 친절함으로 사랑해야 하는 것이다. 존 스토트는 예수님의 사랑에 대해 이렇게 말했다. "예수님의 머리되심은 지배보다는 돌봄을, 통치보다는 책임을 나타낸다." 돌봄과 책임이 남편의 사랑이다.

> 이와 같이 남편들도 자기 아내 사랑하기를 제 몸같이 할지니 자기 아내를 사랑하는 자는 자기를 사랑하는 것이라 누구든지 언제든지 제 육체를 미워하지 않고 오직 양육하여 보호하기를 그리스도께서 교회를 보양함과 같이 하나니 우리는 그 몸의 지체임이니라 엡 5:28-30

주님의 사랑을 깨닫지 못한다면, 그리스도의 몸인 교회에 대한 계시가 없다면, 그리스도와 교회의 닮은 꼴인 남편과 아내의 사랑은 불가능하다. 복음에 대한 계시, 주님의 사랑을 깨달은 사람만이 교회가 주께 하듯, 주님이 교회에게 하듯 서로 사랑할 수 있다. 그러므로 부부의 사랑은 그 부부가 복음의 비밀을 깨달은 정도와 정비례한다.

하나님의 사랑을 알고 깨닫고 체험한 사람이 진정한 부부의 사랑을 할 수 있다. 오늘날 가정의 위기는 부부가 서로 자신이 원하는 사랑만 고집하고 요구하는 데 있다. 가족 사랑의 중심에 그리스도를 두려워하는 마음이 있어야 한다. 다른 사랑은 안 된다. 오직 주님의 사랑을 닮아야 한다.

교회를 향한 그리스도의 사랑. 주님은 교회를 향한 진정한 사랑을 보여 주셨다. 아내가 남편의 리더십에 복종하는 것이 부담스럽고 어려워 보일 수 있으나, 그리스도가 교회를 사랑하신 것처럼 아내를 사랑하라는 남편에게 주어진 명령이 보다 힘든 것임을 기억해야 한다. 그렇다면 그리스도의 교회를 향한 사랑은 어떤 사랑인가?

첫째, 희생적 사랑이다. "남편들아 아내 사랑하기를 그리스도께서 교회를 사랑하시고 위하여 자신을 주심같이 하라" 엡 5:25. 주님의 사랑은 '아가페'의 사랑이다. 교회를 위해 목숨까지 아낌없이 내주신 희생적인 사랑이다. 대제사장이신 주님이 친히 속죄 제물이 되어 십자가에서 죽으심으로 이루신 사랑이다.

둘째, 준비하는 사랑이다. "이는 곧 물로 씻어 말씀으로 깨끗하게 하사 거룩하게 하시고 자기 앞에 영광스러운 교회로 세우사 티나 주름 잡힌 것이나 이런 것들이 없이 거룩하고 흠이 없게 하려 하심이니라" 엡 5:26-27. 주님의 희생적인 사랑의 목적은 자기 앞에 영광스러운 교회로 세우시기 위함이었다.

"세움presentation"이라는 단어는 결혼식을 의미한다. 유대인에게는 결혼과 마찬가지로 구속력 있는 약혼 기간을 뜻하는 말이다. 교회 시대는 미래에 "그리스도의 신부"로 세워지는 결혼식계 19:7을 기다리는 약혼 기간을 상징적으로 보여 준다. 그 기간은 교회가 신부로서 자신을 단장하는 시간이다. 주님은 "영광스러운 교회", "티나 주름 잡힌 것이나 이런 것들이 없이 거룩하고 흠 없는 교회"로 교회를 준비하고 계신다.

"세우다파라스테미"는 '곁에', '함께'를 뜻하는 '파라'와 '서게 하다', '임명하다'는 뜻의 '히스테미'의 합성어로, '바치다', '준비하다'를 뜻한다. 주님은 오늘도 자신의 교회를 완벽하게 아름답고 거룩한 교회로 준비하고 계신다. 교회는 계속 성장해야 한다. 주님을 닮은 모습으로 자라나야 한다.

셋째, 돌보는 사랑이다. "이와 같이 남편들도 자기 아내 사랑하기를 제 몸같이 할지니 자기 아내를 사랑하는 자는 자기를 사랑하는 것이라 누구든지 언제든지 제 육체를 미워하지 않고 오직 양육하여 보호하기를 그리스도께서 교회를 보양함과 같이 하나니"엡 5:28-29. 사람이 자기 몸을 아끼고 보살피듯, 주님이 그분의 몸인 교회를 사랑하고 돌보시듯이, 남편은 아내를 사랑해야 한다.

그리스도와 교회는 결코 나눌 수 없다. "우리는 그 몸의 지체임이니라"엡 5:30. 현실은 남편과 아내의 하나 됨을 지키기 어렵게 하지만, 성경의 원리에 따르면 남편과 아내는 결코 나눌 수 없다. 둘이 한 몸이기 때문이다.

"이러한즉 이제 둘이 아니요 한 몸이니 그러므로 하나님이 짝지어 주신 것을 사람이 나누지 못할지니라"마 19:6. 몸을 나눌 수는 없다. 나누는 순간 이미 죽은 것이다. 그리스도께서 가정과 교회의 비밀이 되셨다. 그리스도께서 교회의 머리이시듯, 남편이 아내의 머리이다. 머리와 몸은 분리될 수 없으며, 서로 사랑과 복종으로 "한 몸"의 비밀을 성취해 가야 한다.

부모 자녀 관계

부모가 이혼했거나 사이가 좋지 않은 경우는 딸의 외모와 여성적 매력이 저하된다는 연구 결과가 나왔다. 영국 세인트 앤드류스 대학교의 린다 부스로이드 박사 연구팀이 그 대학의 여학생 229명을 부모와의 친밀도에 따라 세 부류로 나눴다.

어린 시절 부모가 이혼 혹은 별거 해 아버지가 따로 산 경우, 부모가 이혼하지는 않았지만 어린 시절 부모의 사이가 좋지 않았던 경우, 부모의 결혼생활이 행복한 경우였다.

연구팀은 매력, 여성다움, 건강의 세 가지 기준을 놓고 평가했는데, 행복한 가정에서 자란 학생이 이혼 가정에서 자란 학생보다 매력도와 건강도가 훨씬 높게 나타났다. 부모가 이혼하지 않았으나 불화가 있는 가정의 학생은 매력도와 건강도가 세 집단 중 가장 낮았다. 몸매 측정에서도 유사한 결과가 나왔다. 부모의 사이가 나쁘면서도 동거하는 가정에서 자란 여학생은 허리 부위에 살이 찌고 남성적인 특징을 보였으며 비만도도 높은 것으로 나타났다.

부모 자녀 관계는 생명의 관계다. 자녀는 부모로부터 생명을 부여받았으며, 부모와의 관계에서 가장 큰 영향을 받는다. 따라서 부모와 자녀의 관계도 성육신적이어야 한다.

부부 관계가 그리스도와 교회와의 관계와 동일한 비밀을 드러냈다면, 부모 자녀 관계는 성부 하나님과 하나님 백성과의 관계를 보여 준다. 부모는 우리를 자녀 삼으신 하나님을 본받아야 한다. 아버지 하나님의 사랑이 자녀를 향한 부모의 사랑에 드러나야 한다.

부모는 하나님의 대리자다. 예수님의 머리되심이 부부 관계에서 남편에게 제시되었듯이, 가정에서는 부모에게 위임되었다. 부모는 주님의 머리되심을 보여 주며 자녀에게 공경받는 부모가 되어야 한다. 자녀는 주님께 복종하듯 부모에게 순종해야 한다.

부모를 향한 자녀의 사랑. 성공적인 가정의 비결로 흔히 3B를 꼽는다.

첫째, 하나님 말씀 위에 세워진 가정 Built on the word of God

둘째, 경건한 부모에게 양육된 가정 Brought up by the godly parents

셋째, 교회생활에 익숙한 가정 Bound with church

성공적인 가정에는 하나님 말씀과 경건한 부모와 친숙한 교회생활이 필요하다는 의미다. 경건한 부모가 부모를 사랑하는 자녀를 만든다. 바울은 자녀가 부모를 어떻게 사랑하고 섬겨야 하는지를 설명하는 모델로 주님의 성육신적 태도를 권한다.

자녀들아 너희 부모를 주 안에서 순종하라 이것이 옳으니라 네 아버지와 어머니

를 공경하라 이것이 약속 있는 첫 계명이니 이는 네가 잘되고 땅에서 장수하리라

엡 6:1-3

본문에서 우리는 주님이 아버지 하나님께 보이신 두 가지 성육신의 모습을 찾아볼 수 있다.

첫째, "주 안에서 순종하라." "순종하다 휘파쿠오"는 '……의 아래'를 의미하는 '휘포'와 '듣다'를 의미하는 '아쿠오'의 합성어로 '귀를 기울이다', '따르다'는 뜻이다. 즉 언제나 부모의 말을 들을 준비가 되어 있는 상태를 말한다.

"주 안에서"란 말은 부모에 대한 순종이 그리스도께 순종하는 것과 같아야 한다는 표현이다. 예수님의 머리되심이 가정에서는 부모의 권위로 인정되기 때문이다. 또한 주께서 아버지 하나님께 순종하신 것처럼 주님의 순종을 본받으라는 뜻이기도 하다.

예수님은 이 땅에 사시는 동안 철저하게 순종하셨다. "내가 하늘로서 내려온 것은 내 뜻을 행하려 함이 아니요 나를 보내신 이의 뜻을 행하려 함이니라" 요 6:38-39. 우리도 주님을 본받아 부모님께 순종해야 한다.

존 스토트는 "너희 부모를 주 안에서 순종하라"는 말씀을 다음과 같이 해석했다. "만일 부모가 세례를 받지 못하게 한다면 순종하라. 세례는 구원과 상관없기 때문이다. 그러나 예수 믿는 것을 반대한다면 거역해도 좋다." "주 안에서"란 말은 이처럼 지혜로운 분별을 요구하는 말이다.

"이것이 옳으니라 비타이오스"는 '이것이 하나님 앞에 바른 것이다'라는 뜻이다. 하나님은 부모의 권위에 순종할 것을 명령하셨다. 부모는 주님

의 권위머리되심를 대표한다. 부모 공경은 인간의 기본 윤리이며 도덕이다. 부모가 없었다면 우리가 존재할 수 없기 때문이다.

둘째, "네 아버지와 어머니를 공경하라" 엡 6:1. "공경하다카베드"는 '무게를 두다', '중요한 분으로 대하다'는 뜻으로 지속적인 봉양을 의미한다. 연로하신 부모에게 매년 옷과 음식을 제공하되 돌아가실 때까지 계속하는 것을 뜻한다. 이는 정신적 물질적 봉양 둘 다를 포함한다. 부모 공경은 존경하는 마음뿐 아니라 구체적인 돌봄을 실천하는 것이다.

바울은 십계명 중 제5계명을 인용했다. 십계명은 두 부분으로 나뉜다. 1계명부터 4계명까지는 하나님께 대한 의무, 5계명부터 10계명까지는 이웃에 대한 의무다.

유대인들은 모세가 하나님께 받은 십계명이 두 돌판에 각각 다섯 계명씩 기록된 것은, 부모 공경의 계명이 하나님께 대한 의무에 속하기 때문이라고 이해했고 그렇게 가르쳤다. 부모를 하나님의 대리자로 보았기 때문에 부모를 공경하는 것은 곧 하나님을 공경하는 것으로 해석한 것이다. 부모에 대한 계명이 하나님께 대한 의무와 인간에 대한 의무를 연결시키는 고리였다.

"이것이 약속 있는 첫 계명이니" 엡 6:2. "첫째"는 '으뜸'을 뜻한다. 부모를 공경하라는 계명에는 하나님의 축복이 약속되어 있다. "이는 네가 잘되고 땅에서 장수하리라" 출 20:12; 신 5:16.

미국의 시사주간지 『타임』은 최근 급성장하며 큰 영향을 행사하는 초대형 교회를 통해 미국 사회에 "번영신학"이 널리 퍼지고 있다고 보도했다. 1980년대 미국에서 대중의 관심을 끌었던 번영신학이 다시 부활했을 뿐 아니라 날개를 달았다는 것이다. 미국의 4대 초대형 교회 가운데 3개 교회(오스틴 목사의 레이크우드 교회, 제이크 목사의 포터스하우스 교회, 크레플로 달라 목사의 월드체인저스 교회)가 번영신학을 기반으로 목회하고 있다. 『타임』이 실시한 조사에서 17%의 기독교인은 자신이 그 흐름에 속한다고 답했고, 61%는 하나님은 사람이 잘되기를 원하신다고 믿고 있다고 답했다. 특히 응답자의 31%는 하나님께 헌금을 드리면 하나님이 더 많은 돈으로 복을 주신다고 답했다.

인기 있는 텔레비전 설교가이자 작가인 조이스 마이어는 "누가 천국에 갈 때까지 비참하고 가난하고 상처받고 추한 채로 있어야 하는 신앙에 들어가고 싶겠는가?"라고 반문하며, "나는 하나님이 우리에게 좋은 것을 주고 싶어하신다고 믿는다."고 밝혔다.

하나님은 현금인출기가 아니시다. 그러나 부모 공경의 계명에는 물질적인 것이든 영적인 것이든 부요함이 약속되었으며 모든 사람들이 추구하는 건강한 노후가 약속되어 있다. 아름다운 몸과 건강을 위해 열심히 운동하고 영양제를 복용하기 전에 부모를 진심으로 공경하고 있는지 살펴봐야 한다. 부모 공경에는 우리가 세상을 살면서 얻고자 하는 모든 복이 담겨 있다. 신학자 헌터는 "하나님이 그 자녀들에게 주신 축복의 약속은 하나밖에 없다. 바로 부모 공경의 약속이다."라고 했다.

자녀를 향한 부모의 사랑. 미국 캘리포니아 대학교 웨인 브레이크 교수는 부모의 관심을 적게 받고 자란 아이는 뇌의 도파민 시스템 발달에 장애를 겪는다고 보고했다. 신경 전달 물질인 도파민 시스템이 잘못되면

약물 남용이나 우울증, 정신병에 걸릴 확률이 높다는 사실도 밝혀졌다. 부모의 무관심이 자녀의 약물 중독을 부를 수 있다는 말이다!

자녀에 대한 부모의 사랑은 흔히 지나치게 소유적이거나 지나치게 방관적이다. 부모는 청지기다. 하나님은 자녀의 출생과 양육을 부모에게 맡기셨다. 부모는 자녀가 "그 부모를 떠나서" 마 19:5 결혼할 때까지 주님께 자녀 양육을 의탁받았다. 그러므로 하나님의 뜻에 따라 자녀를 사랑하고 양육할 책임이 있다.

자녀는 부모의 전시물이 아니다. 부모의 능력을 보여 주는 성적표도 아니다. 부모에게 대리 만족을 주는 액세서리도 아니다. 부모는 자녀를 통해 자신의 기쁨과 만족을 구하는 것이 아니라 자녀를 향한 하나님의 뜻을 구하고 그들이 삶을 주님께 의탁하고 하나님의 뜻대로 살도록 도와야 한다.

"또 아비들아 너희 자녀를 노엽게 하지 말고 오직 주의 교양과 훈계로 양육하라" 엡 6:4.

바울은 자녀에 대한 부모의 의무도 두 가지를 가르치고 있다.

우선, 소극적인 면에서 "노엽게 하지 말라"고 권한다. 부모의 권위로 자녀를 억압하거나 편애하거나 부모의 뜻을 강요함으로써 자녀를 분노케 하지 말아야 한다. 또한 적극적인 면에서는 "오직 주의 교양과 훈계로 양육하라"고 가르친다. "교양"은 체벌을 통한 교정과 훈련을 뜻한다. 자녀를 분노케 하는 것과 자녀를 체벌로 훈육하는 것은 다르다.

부모가 두 가지를 제대로 구분하지 못하면 자녀의 마음에 돌이킬 수 없는 상처를 남기게 된다. "훈계"는 대화를 통해 자녀의 이성과 생각을 재배치하는 것으로, 자녀의 균형 잡힌 사고와 가치관과 성숙은 부모와의 대화를 통해 형성된다.

자녀의 자아상을 형성하는 것은 부모의 사랑과 태도다. 자녀는 부모 앞에서 배우는 것이 아니라 부모 뒤에서 배운다고 한다. 부모의 책망과 잔소리에서 배우는 것이 아니라 부모의 삶을 보고 배우며 모방한다. 부모는 자녀를 통해서 또 한번의 인생을 사는 것이다.

영국의 센트럴 런던 대학교 심리학과 연구팀이 재미있는 실험 결과를 발표했다. 신생아 때부터 아버지와 함께 목욕한 아들이 성장해서도 친구를 잘 사귀고 사회 적응력도 높다는 것이었다. 1백 쌍의 부모들을 대상으로 14년간 그 자녀들의 성장과정을 추적 조사한 결과, 따뜻한 물 속에서의 신체 접촉이 아이의 체내에 옥시토신 호르몬을 원활하게 분비시켜 사회성 발달에 긍정적 작용을 한다는 사실을 밝혀냈다. 일주일에 한 번 따뜻한 물속에서 자녀와 함께 목욕할 수 있는 아버지가 하나님의 사랑을 실천하는 경건한 부모인 것이다.

상전과 종의 사랑

상전과 종의 관계는 고대 사회에서 가정의 한 구조였다. 고대 가정은 부부 관계와 부모 자녀 관계의 이중 구조이거나, 부자인 경우 상전과 종의 관계까지 포함하는 삼중 구조였다. 초대교회 성도 중 많은 이들이 노예 신분이었다.

바울은 이제 가정의 범위를 확장시켜 사회생활에도 적용되는 그리스도의 머리되심을 가르친다. 주님은 직장생활에서도 성육신의 인간관계가 드러나고 주님의 권위가 인정되기를 원하신다. 그리스도인에게는 직장도 하나님을 섬기는 성소가 된다. 사무실이든 매장이든 창고든, 그리스도인이 일하는 곳이라면 어디든 하나님께 봉사하는 성소라는 인식의 전환을 가르친다.

교회는 '모이는 교회'와 '흩어지는 교회'로 정의된다. 모이는 교회는 특정 시간에 함께 모여 예배와 모임을 갖는 공동체를 말하며, 흩어지는 교회는 세상에 보냄을 받아 성육신적 삶을 사는 흩어진 공동체를 말한다.

그리스도인은 일상생활 속에서 그리스도의 사랑을 실천하고 하나님의 주권을 보여 주는 삶의 예배자로 살도록 부름받았다. 우리는 직장과 세상에서 흩어진 교회로서 주님을 섬겨야 한다. 직장과 길거리에서 하나님을 예배하는 사람이어야 한다.

예배도 '의식적 예배'와 '일상생활로서의 예배'로 구분된다. 모이는 교회에서 매주 드리는 예배가 의식적 예배이며, 흩어지는 교회로서 각자가 일상생활에서 드리는 삶의 예배가 일상생활로서의 예배다. 모이는 교회와 흩어지는 교회, 모이는 예배와 흩어지는 예배 모두를 주님은 원하신다.

바울은 노예들이 어떻게 노예생활을 통해 주를 섬길(예배할) 수 있는지 가르쳤다. 가장 하찮은 일(땀 흘리는 중노동, 주인의 목욕물 데우기, 집안 청소 등)을 주님을 섬기는 마음으로 하라고 권면한다. 섬김은 곧 예배다. 노예는 일상적 일을 주께 하듯, 주님을 섬기는 예배의 마음으로 할 때 주님께 상급을 받을 수 있다.

생존을 위한 모든 직업이 하나님을 예배하는 행위로 인식되어야 한다. 우리는 전도하고 성경 읽고 교회에서 봉사하는 일만 영적인 것으로 이해한다. 그러나 주님은 만물의 주인이시며 우리의 모든 삶의 영역에서 예배받기 원하신다. 그러므로 예배자의 마음으로 직장에 가야 한다. 예배의 열정으로 직업을 사랑해야 한다. 예배의 뜨거움을 가지고 세상에서 섬겨야 한다. "너희는 주 그리스도를 섬기느니라"골 3:24는 말은 "너희는 주 그리스도를 예배하느니라"와 같은 의미다. 우리의 모든 행위의 대상은 주님이시다.

세상과 그리스도인의 관계를 이해하지 못하면 직업이 예배라는 성육신의 비밀을 깨달을 수 없다. 주님은 두 가지 태도를 경계하셨다. 먼저 제자들이 세상을 사랑하는 것을 금하셨다요일 2:15-17. 그러나 세상에서 벗어나 고립되는 것도 바라지 않으셨다.

주님은 우리를 세상 속으로 보내셔서 세상 한가운데서 하나님 나라를 건설하기 원하셨다요 17:14-18. 세상에 대해 전투적인 삶을 살라는 뜻이 아니다. 주님이 세상을 위해 자기 목숨을 주신 것처럼요 3:16, 우리도 목숨을 다해 세상을 사랑하고 세상을 구원하고 변화시키기 위해 종의 마음으로 섬기라는 것이다.

주님은 대제사장의 기도를 통해 그리스도인의 사명을 보여 주셨다. "아버지께서 나를 세상에into the world 보내신 것같이 나도 저희를 세상에 보내었고"요 17:18. 우리는 하나님이 세상 속으로 보내신 소명의 존재임을 기억하고 살아야 한다. 주님이 먼저 아버지의 보내심을 받아 세상에서 선교사의 마음으로 사셨다. 그리고 나서 주님은 그분을 대신해 우리를 세상으로 보내셨다.

그렇다면 세상에 보내심받은 그리스도인은 종과 상전의 관계에서 어떻게 섬겨야 할까? 바울은 가정생활의 연장구조였던 주인과 종의 관계를 통해 직장생활과 소명과 비즈니스 윤리에 대해 가르치고 있다. 주인과 종의 관계는 주님과 우리의 관계를 보여 주는 또 다른 상징이다.

종의 사랑. 한국 사회의 병리현상은 친근한 내집단in-group, 가족, 친척, 친구, 동문, 지연과 배타적인 외집단out-group을 구분하는 데 있다. 내집단에게는 따뜻한 환대가, 외집단에게는 적개심이 조성되어 있다.

고대 사회에서 종과 주인은 철저하게 분리된 집단이었다. 억압과 폭력과 인간 이하 취급을 받았던 종들에게 바울은 오직 주께 하듯 순종할 것을 명령하고 있다. 부부 관계, 부모 자녀 관계, 종과 주인의 관계에서 신앙인은 그리스도의 주권을 인정하고 "피차 복종하라"엡 5:21는 명령에 순종해야 한다.

첫째, 그리스도께 하듯 하라. "종들아 두려워하고 떨며 성실한 마음으로 육체의 상전에게 순종하기를 그리스도께 하듯 하여"엡 6:5. "두려워하고 떨며"는 의무를 수행하려는 진실한 태도를 의미한다. "성실한 마음"은 위선이나 어떤 다른 의도 없이 마음을 다해 섬기는 것을 뜻한다.

우리는 육체의 상전에게 진실하게 마음을 다해 주께 하듯 순종해야 한다. 신앙인의 삶의 원리는 인간관계 배후에 계신 주님을 섬기는 간접적 성육신 정신이다. 구원받은 그리스도인은 모든 인간관계에서 주님의 주권을 인정해야 한다.

헨리 나웬은 그리스도인의 영성에 대해 이렇게 정의했다. "낯선 사람에게 다가가서 그를 우리의 삶 속으로 맞아들이는 것이 기독교 영성의 핵심이다." 모든 사람을 주님 대하듯 하는 사람이 성육신의 영성을 소유한 사람이다.

둘째, 주께 하듯 섬기라. "눈가림만 하여 사람을 기쁘게 하는 자처럼 하지 말고 그리스도의 종들처럼 마음으로 하나님의 뜻을 행하여 단 마음으로 섬기기를 주께 하듯 하고 사람들에게 하듯 하지 말라"엡 6:6-7. "눈가림오프달로둘레이아"은 '눈오프달모스'과 '노예의 의무를 수행하다둘류오'는 말의 합성어로 '눈가림하는 봉사'라는 뜻이다. 사람이 볼 때만 열심히 일하는 사람은 사람만 기쁘게 할 수 있다. 그는 기회주의적이고 출세 지향적이며 이기적이다. 그러나 그리스도인은 그리스도의 종으로서 하나님의 뜻을 행하는 마음으로 일해야 한다. 사람의 종과 그리스도의 종의 차이는 "눈가림"에 있다.

"단 마음유노니아"은 '열정', '호의'를 뜻한다. 억지로 일하는 것이 아니라 하나님을 섬기는 것처럼 기쁨과 즐거움으로 하는 것이다. 정직, 근면, 개방성 등 자본주의 활동에 필요한 개인 성품이 여기서 만들어진다. 이 시대가 필요로 하는 진정한 인재는, 사람을 만족시키려는 기회주의자가 아니라 주님을 사랑하는 마음으로 일하는 사람이다.

셋째, 주님께 그대로 받는다. "이는 각 사람이 무슨 선을 행하든지 종이나 자유하는 자나 주에게 그대로 받을 줄을 앎이니라"엡 6:8. 주님은 신분을 보지 않으신다. 자신의 위치에서 어떻게 주님을 섬기고 하나님을 기쁘시게 했는지를 보고 평가하신다. 평가와 상급이 마지막 날에 주어진다.

그러므로 때로 세상에서 인정받지 못한다 할지라도 모든 일을 주께 하듯 성실함으로 해야 한다. 그렇게 사는 사람이 바로 직장에서 하나님을 예배하는 흩어진 교회, 흩어진 예배자, 세상 속에 거하는 성육신의 지체들이다.

상전의 사랑. 흔히 현대인의 성공 비결 세 가지를 3P로 정의한다. 첫 번째 성공 조건은 능력power 곧 힘이다. 전문적 능력, 업무 수행 능력, 실력을 갖춰야 한다. 둘째는 인내심patience 곧 지구력이다. 지구력 없는 사람은 결코 성공하지 못한다. 셋째는 마음의 평화peace다. 마음이 편해야 능률이 오르고 최대 효과를 얻을 수 있다.

경영자는 직원의 3P를 향상시켜 주는 리더십을 발휘해야 한다. 안타깝게도 한국인의 직장 상사 만족도는 아시아 국가 중 최하위다. 상사가 자신의 능력을 제대로 평가하지 못하고 있다고 보는 것이다.

에베소서는 성경적 리더의 모습을 다음과 같이 가르치고 있다.

"상전들아 너희도 저희에게 이와 같이 하고 공갈을 그치라 이는 저희와 너희의 상전이 하늘에 계시고 그에게는 외모로 사람을 취하는 일이 없는 줄 너희가 앎이니라" 엡 6:9.

"이와 같이"라는 말은 종들에게 요구되었던 "주께 하듯 하라", "주님을 섬기듯이 하라", "주님께 그대로 보상받는다"는 권면이 상전과 리더들에게도 동일하게 요구된다는 뜻이다.

"공갈을 그치라"는 직위를 들어 위협하는 일을 중지하라는 뜻이다. 공갈위협은 직장 상사가 보여 주는 가장 비열한 행위다. 주님은 종과 상전 모두의 주님이시며 행한 대로 갚아 주시는 분이다. "이는……그에게는 외모로 사람을 취하는 일이 없는 줄 너희가 앎이니라." 비열한 인격을 가진 사람은 윗사람에게는 굽신거리고 아랫사람에게는 위협적이다. 신분에 따라 얼굴 표정이 달라진다. 그러나 주님은 신분에 따라 사람을 차별하지 않으신다. 주님은 각 사람이 행한 대로 판단하실 것이다.

두 가지 부르심, 구원과 직업. 직업은 단순한 생존 수단이 아니다. 하나님을 섬기는 성소이며 제단이다. 직업이 하나님 섬기는 것을 방해하는 것이 아니라 직업이 곧 하나님을 섬기는 성직이다.

로마 제국에는 6천만 명의 노예가 있었다. 지금이 기계 문명의 시대라면, 당시는 노예 문명의 시대였다. 노예살이는 천한 직업이었지만 하나님을 섬기는 제단이 되었다. 하나님은 구원과 직업, 두 가지 부르심으로 우리를 세상에 보내신다. 우리는 삶의 모든 영역에서 주님을 섬기는 종이 되어야 한다.

테레사 수녀는 이렇게 말했다. "당신을 만나는 사람이 즐거운 마음을 가질 수 있어야 한다. 하나님의 은혜를 당신의 행동으로 보여 주라. 친절한 얼굴, 친절한 눈, 친절한 미소로 사람을 대하라." 교회와 가정과 사회에서 맺는 모든 인간관계에서 자신이 만나는 이들에게 즐거운 마음을 갖게 하는 사람이 그리스도 중심적 사랑을 실천하는 사람이다.

"우리 중에 누구든지 자기를 위하여 사는 자가 없고 자기를 위하여 죽는 자도 없도다 우리가 살아도 주를 위하여 살고 죽어도 주를 위하여 죽나니 그러므로 사나 죽으나 우리가 주의 것이로라 이를 위하여 그리스도께서 죽었다가 다시 살으셨으니 곧 죽은 자와 산 자의 주가 되려 하심이니라" 롬 14:7-9.

하나님과 우리의 관계가 인간 사회의 모든 관계의 근본을 형성할 뿐 아니라, 인간 사회의 모든 관계를 푸는 열쇠이기도 하다. 우리는 주님과의 연합의 관계가 인간 사회가정, 직장에서 어떻게 나타나야 하는지 배우고 깨달음으로써, 그 속에서 그리스도 중심의 관계를 맺고 실천해야 한다.

영적 전쟁을 수행하라

교회에 주어진 의무 가운데 하나는 하나님 나라를 훼방하거나 더럽히는 모든 어둠의 세력을 격파하고 몰아내는 것이다. 우리는 하나님 나라의 군사로 부름받았다. 교회가 주님의 지상명령에 복종하여 세상을 복음화하기 위해서는 영적 전쟁을 수행해야 한다.

예수 그리스도를 믿고 구원받을 때 우리는 이미 영적 전쟁에 징집된 것이다. 우리는 뛰어난 군사가 되든지 아니면 어둠의 세력의 포로가 되든지 선택해야 한다.

성경은 영성의 세 측면을 언급한다. "마음을 다하고 성품을 다하고 힘을 다해 주 너의 하나님을 사랑하라 Love the Lord Your God with all your heart, mind, and strength."

영성의 첫 번째 요소는 지성 mind이다. 거룩한 지성이 영성이다. 성경적 관점에서 모든 사물을 분석하고 이해하는 힘을 길러야 한다.

두 번째 요소는 마음 heart 곧 감성이다. 하버드 대학교 대니얼 골먼 교수는 『감성 지능 EQ』 비전코리아라는 책에서, 감성 지능은 자기를 절제할 수 있는 힘, 자기보다 못한 사람을 품어 주는 동정심, 일에 대한 무서운 열정, 사랑, 인내, 부지런함, 양보, 정직성, 창조력 등이라고 정의한 후, 그 중 가장 중요한 능력은 사랑이라고 했다.

영성의 세 번째 요소는 역경을 이겨 내는 힘strength이다. 폴 스토츠는 인생에서 장애물을 만날 때 사람들이 보이는 반응을 분류했다. 어려움을 만나면 도망가는 사람quitter이 있고, 그 앞에서 기다리는 사람camper이 있다. 그리고 마지막으로 다가오는 역경을 뛰어넘는 사람climber이 있다.

지성, 감성, 역경을 이겨 내는 힘이 영성이다. 사탄은 영성의 파괴자다. 파괴된 영성으로는 하나님께 복종할 수 없다는 것을 아는 사탄은 굶주린 사자처럼 먹잇감을 찾아다닌다.

딘 셔먼은 사탄의 활동에 대해 기록했다. "사탄은 참을성 있게 완벽한 기회를 기다렸다가 비참한 일과 마음의 상처를 통해 우리의 삶에 파멸의 씨를 뿌린다. 마귀의 본성과 활동은 도둑질하고 멸망시키는 것이다. 그는 우리로부터 빼앗을 수 있는 모든 것을 다 빼앗으려고 한다. 우리의 생산력, 기쁨, 평화, 인간관계, 믿음을 빼앗으려고 애쓸 뿐 아니라, 심지어 우리에게 주어진 하루의 삶까지 통째로 빼앗으려 한다."

사탄은 교회의 영성도 파괴한다. 파괴되고 무기력해진 영성은 하나님 나라를 확장하는 하나님의 도구가 아니라 하나님 나라의 문을 막는 내부의 적이 되고 만다. 성도를 파멸로 이끄는 사탄의 전략은 정교하고 치밀하다.

교회는 영적 레이더를 계속 가동해야 한다. 적의 활동에 대해 24시간

감시 체제를 갖추어야 한다. 우리는 하나님의 활동을 주목하는 동시에 적들의 활동에 대한 경계 또한 늦춰서는 안 된다.

바울은 "땅 끝까지 가서 복음을 전하라"는 주님의 명령에 전심으로 복종하는 교회와 성도가 되기 위해 하나님의 전신갑주를 입으라고 명령한다. 교회의 복음 전파 사명은 곧 영적 전쟁이다.

전세계의 복음이 증거되지 않은 땅에서, 미전도 종족의 지경에서 거대한 영적 전쟁이 일어나고 있다. 사탄은 도적질하고 멸망시키려 하지만, 주님은 생명을 주시되 더 풍성히 주고자 하신다요 10:10. 우리는 어둠과 빛의 영적 전쟁에 대해 세 가지 중요한 교훈을 마음에 새기고 전쟁터로 나가야 한다.

영적 전쟁의 성격

이 세상에는 보이지 않는 두 통치 세력이 있다. 하나님 나라와 이에 대항하는 사탄의 세력이다. 존 번연은 사탄이 두 가지 방법으로 하나님의 백성을 괴롭힌다고 했다. "하나는 핍박과 환란을 통해 대적하는 것이고, 또 하나는 유혹하여 죄짓게 하는 것이다."

> 종말로 너희가 주 안에서와 그 힘의 능력으로 강건하여지고 마귀의 궤계를 능히 대적하기 위하여 하나님의 전신갑주를 입으라 우리의 씨름은 혈과 육에 대한 것이 아니요 정사와 권세와 이 어두움의 세상 주관자들과 하늘에 있는 악의 영들에게 대함이라 엡 6:10-12

사탄의 존재는 "정사", "권세와 세상 주관자", "악의 영"으로 묘사된다. 인간의 모든 문화, 정치, 역사, 사회는 사탄의 세력에 갇혀 있다. 사탄은 악의 본부에서 파송된 대리자다. 사회에서 일어나는 모든 악과 범죄, 비참하고 비극적인 일들은 악의 영들이 만들어 낸 죄악들이다.

또한 마귀는 궤계의 존재다. "궤계메도데이아"는 '교활함과 속임수' 라는 뜻으로, 인간과 사회를 파괴하고 무너뜨린다. 사탄은 정당하게 싸울 줄 모른다. 교묘한 속임수로 자신을 의의 천사로 가장하고 공격한다. 교회와 신자의 약점을 찾아내 능숙한 기술로 공격한다. 사탄을 우두머리로 하는 강력한 악의 세력을 이겨 내기 위해 우리는 하나님의 전신갑주로 무장해야 한다.

하나님의 전신갑주

하나님은 거룩한 전쟁에 임할 수 있도록 우리에게 하나님의 전신갑주파노플리아 곧 완전무장을 제공해 주셨다. 하나님의 전신갑주를 입어야 하는 이유가 두 가지 있다. 첫째, "마귀의 궤계를 능히 대적하기" 위해서다엡 6:11. "대적하다스테나이"는 '적군의 공격에도 불구하고 아군의 진지를 지키며 항복하지 않음'을 뜻하는 군사 용어다.

우리는 하나님의 전신갑주로 무장한 다음 아군의 진지를 견고하게 구축해야 한다. 둘째, "모든 일을 행한 후에 서기 위함"이다엡 6:13. 에베소서 6:11-14에 "대적하라"는 단어와 "서라"는 단어가 두 번씩 반복해서 기록되었다.

오직 하나님의 전신갑주로 완전무장한 그리스도의 군사만이 사탄을 대적하고 모든 사명을 마친 후 하나님 앞에 승리자로 설 수 있다. 그러므로 우리는 하나님이 주신 영적 무기에 익숙한 군인이 되어야 한다.

> 그런즉 서서 진리로 너희 허리띠를 띠고 의의 흉배를 붙이고 평안의 복음의 예비한 것으로 신을 신고 모든 것 위에 믿음의 방패를 가지고 이로써 능히 악한 자의 모든 화전을 소멸하고 구원의 투구와 성령의 검 곧 하나님의 말씀을 가지라
>
> 엡 6:14-17

바울은 자신이 갇혀 있던 감옥을 지키는 로마 병사를 스케치하듯 하나님의 군사 장비를 인상적으로 펼쳐 보여 준다.

첫째, 진리의 허리띠다. 띠는 갑옷이 아니라 겉으로 보이지 않는 속옷을 묶는 용도였다. 또는 가죽으로 만들어진 요대를 뜻하기도 했다. 그것은 흉배와 칼집과 다른 장비들이 제자리에 있도록 해주고 옷의 아랫부분을 묶어 주는 기능을 했다. 허리띠가 채워져 있으면 싸울 준비가 된 근무중 표시였고, 허리띠가 풀어져 있으면 휴무를 의미했다. 허리띠는 힘의 상징이다. 영혼의 내면을 묶는 경건이다. 우리는 복음의 핵심 진리를 따라 주를 섬겨야 한다.

둘째, 의의 흉배다. 흉배는 가슴과 등을 보호하는 장비로, 하나님의 의로 제작되었다. 구원받은 그리스도인은 '칭의' 곧 값없이 의로운 자로 인정되었다. 칭의는 법정 용어다. 즉, 사람이 변화된 것이 아니라 신분만 변화된 것이다.

그러나 성령께서는 그 신분에 맞는 사람으로 우리를 계속 변화시켜

가실 것이다. 날마다 의로운 생활에 힘쓰는 사람, 그가 주님을 뜨겁게 사랑하는 사람이다. 그는 주님을 위해 목숨까지 드리기를 두려워하지 않는, 오직 그리스도를 높이는 삶을 추구한다.

셋째, 복음의 신이다. "예비한"은 '견고하다'는 뜻이다. 군인들의 신발은 긴 행군을 감당하도록 견고해야 했다. 하나님이 신자들에게 주신 신발은 "평안의 복음의 예비한 것", 곧 평화를 가져오는 주님의 복음이었다 빌 4:7; 요 14:27.

채프먼 목사는 복음서를 연구하다 흥미로운 통계를 찾아냈다. 비슷한 병으로 고생하던 40여 명이 주님께 고침받았는데, 그중 34명이 주위 사람들의 도움으로 주님께 찾아왔고 혼자 찾아온 사람은 겨우 6명에 불과했다. 복음이 증거되기 위해서는 반드시 중간에 소개하는 사람들이 있어야 한다. 교회는 복음을 전하는 중간 소개자의 사명을 다해야 한다.

넷째, 믿음의 방패다. 로마 병사의 방패는 전신을 가리는 길이 1.2미터, 너비 77센티미터 크기의 방패였다. 로마 시대 가장 위력적인 무기는 불화살이었다. 긴 방패는 불화살을 막는 데 사용되었다. 두 겹의 방패는 가운데가 비어 있어서 불화살의 불을 즉시 꺼트리는 효과가 있었다. 사탄은 비방자다. 죄책감과 상처와 비난과 염려의 불화살을 쏟아 붓는다. 방패는 이 불화살을 막는 믿음이다.

쉘튼 목사는 사랑하는 아내를 갑자기 잃고 친구에게 편지를 썼다. "아내가 몹시 그립네. 하지만 나는 하나님의 팀에 속해 있고 그분이 쿼터백이시네. 지금까지 그분이 작전을 내리시고 나는 그분이 지시하는 방향으로 뛰었지. 이번에도 그분이 작전을 내리셨어. 아내를 일찍 데려

가셨지. 솔직히 이번 작전은 이해하기 힘들지만 그분의 팀에서 계속 경기를 할 걸세."

다섯째, 구원의 투구다. 투구는 머리를 보호할 뿐 아니라 계급을 나타내 군대 내 질서를 유지하는 효과가 있었다. 다른 본문에서 투구는 "구원의 소망의 투구"로 표현되었다 살전 5:8.

구원의 소망은 그리스도의 재림을 갈망하는 신앙이다. 하나님이 장차 주실 상급을 바라보는 신앙이다. 우리의 소망은 이 땅이 아니라 다시 오실 주님과 그 나라의 영광에 있다. "그때에 사람들이 인자가 구름을 타고 능력과 큰 영광으로 오는 것을 보리라 이런 일이 되기를 시작하거든 일어나 머리를 들라 너희 구속이 가까왔느니라" 눅 21:27-28.

구원의 투구가 없는 신자는 땅의 일만 생각하는 세상의 벗이다. 신자는 날마다 그리스도의 재림을 기다리며 하나님을 기쁘시게 하는 섬기는 자가 되어야 한다. 또한 구원의 투구를 쓴 제자에게는 천국에 이를 만큼 성숙해지는 지속적인 변화가 있다.

여섯째, 성령의 검이다. 그리스도인의 유일한 공격 무기는 검이다. 검은 곧 하나님 말씀이다. 예수님도 광야에서 시험받으셨을 때 신명기 말씀으로 마귀의 유혹을 물리치셨다. 그러므로 교회와 그리스도인은 날마다 말씀과 함께 살아가는 '말씀의 아들'이 되어야 한다. 성경을 읽고 묵상하고 연구하고 그 가운데 기록한 대로 다 지켜 행하는 제자가 성령의 검을 가진 능력 있는 하나님의 군사이다.

5만 번 이상 기도 응답을 받았던 조지 뮬러는 100번 이상 성경을 읽은 말씀의 사람이었다. 그는 성경을 한 구절 읽고 기도했고, 기도하고 또 한 구절을 읽었다. "내가 그리스도인이 된 후 처음 3년 동안은 성경을 한번도 읽지 못했다. 그러나 성경을 읽으면서 사명을 깨닫게 되었고, 그리스도의 능력을 체험하게 되었으며, 하나님의 말씀을 따라 순종하는 삶을 살게 되었다." 성경을 펴지 않는 신자는 무기 없이 전쟁터에 나가는 군인과 같다.

어떤 그리스도인들은 하나님의 전신갑주로 완전무장을 하지 못했다. 그로 인해 사탄의 포로로 잡혀 무력한 삶을 살고 있다. 하나님께 헌신된 사람은 완전무장을 할 뿐 아니라 무기를 능숙하게 다룰 실력을 갖추고 있다. 충성된 군인은 전쟁 시 밤에도 완전무장한 채 잠든다. 사탄은 언제든 기회를 찾아내기 때문이다.

날마다 전신갑주를 관리해야 한다. 무기에 익숙해져야 한다. 무기 사용법도 제대로 모르고 전쟁에 나간다면 전사자나 부상자 명단에 이름이 오를지도 모른다. 하나님의 전신갑주의 중요성과 각 무기가 의미하는 삶에 대해 철저히 훈련된 종은 자신의 몸을 쳐서 하나님께 복종한다. 그는 자신이 달려갈 길을 끝까지 달려간다.

기본으로 돌아가라

마지막으로, 바울은 세 가지 헌신을 요구한다. 변함없이 주님을 사랑하는 사람은 세 가지 교제를 나누는 사람이다. 성 아우구스티누스는 "거룩함이란 하나님과의 사귐에서 오는 유쾌한 속성"이라고 했다. 하나님과 유쾌한 교제를 나누는 사람은 사람들과도 깊은 교제를 나눈다.

기도의 교제

"모든 기도와 간구로 하되 무시로 성령 안에서 기도하고 이를 위하여 깨어 구하기를 항상 힘쓰며 여러 성도를 위하여 구하고"엡 6:18. 기도는 영적 전쟁에서 가장 중요한 요소이며 모든 그리스도인이 함께 헌신해야 할 첫 번째 제단이다. 사탄은 쉬지 않고 우리를 공격한다. 그러므로 우리는 무시로, 성령 안에서, 쉬지 않고, 계속 기도해야 한다.

캐서린 마샬은 기도에 대해 이렇게 도전했다. "하나님은 기도라는 무기를 통해 십자가 능력의 온전한 승리를 우리에게 주셨다. 이제 우리가 그 엄청난 무기를 취해 하나님의 영광을 위해 사용하겠다고 서약할 때가 아닌가?" 기도하는 자는 하늘의 능력에 접속되어 있다. 기도를 통해 성령의 능력이 그에게 임한다.

하나님은 기도하는 사람을 통해 그분의 능력을 드러내신다. 스튜어트 케네디는 기도에 대해 이렇게 정의했다. "기도는 우리가 원하는 바를 얻는 쉬운 길이 아니라 하나님이 원하시는 대로 되어 가는 유일한 길이다." 우리는 무시로 하나님께 기도하는 걸어 다니는 기도의 사람이 되어야 한다.

E. M. 바운즈는 중보기도의 중요성을 이렇게 설명했다. "하나님은 기도로 세상을 이끌어 내신다. 세상은 기도로 형성된다. 기도가 많을수록 세상은 더 좋은 세상이 될 것이다. 기도가 많을수록 사탄은 패배할 것이다. 성도들의 기도는 세상에서 일하시는 하나님의 보급 창고다." 하나님은 큰일을 행하시기 전에 먼저 중보 기도자를 세우신다. 기도로 교제하는 기도 그룹을 통해 하나님께서 일하신다.

동역의 교제

"또 나를 위하여 구할 것은 내게 말씀을 주사 나로 입을 벌려 복음의 비밀을 담대히 알리게 하옵소서 할 것이니 이 일을 위하여 내가 쇠사슬에 매인 사신이 된 것은 나로 이 일에 당연히 할 말을 담대히 하게 하려 하심이니라"엡 6:19-20. 바울은 자신의 선교와 설교 사역을 위해 에베소 교회에 기도 동역을 요청한다. 자신의 개인적 안전보다 복음 전파 사역에 관해 동역을 요청하는 것이다.

바울은 두 번이나 "담대히파레시아"라는 말을 사용한다. '파레시아'는 헬라 시대의 언론의 자유를 뜻한다. 19절의 "담대히"는 '의사 전달의 정확성'을, 20절의 "담대히"는 '사람의 눈치를 보지 않는 용기'를 의미한다. 목회자의 설교와 교회의 기도 동역은 오늘도 요구되는 동역이다.

바울은 "쇠사슬에 매인 사신"으로서 왕의 메시지를 받아 파송된 자였다. 교회는 복음의 진리를 자유롭게 전파하고 가르칠 수 있는 유능한 설교자, 사람에게 아첨하지 않고 복음의 진리를 그대로 설교할 수 있는 설교자를 위해 기도해야 한다.

위로의 교제

"나의 사정 곧 내가 무엇을 하는지 너희에게도 알게 하려 하노니 사랑을 받은 형제요 주 안에서 진실한 일꾼인 두기고가 모든 일을 너희에게 알게 하리라 우리 사정을 알게 하고 또 너희 마음을 위로하게 하기 위하여 내가 특별히 저를 너희에게 보내었노라"엡 6:21-22. 바울은 자기 사정을 알게 하기 위하여 편지를 보내고 있다. 이 짧은 구절에 "알게 한다"는 말이 세 번이나 반복된다.

바울은 에베소 교회와의 지속적인 관계를 열망했다. 복음과 사람을 연결하는 것이 그리스도인의 삶에서 주요 목표가 되어야 한다. 기독교 상담학자 래리 크랩의 상담론의 핵심은 '관계'다. 그는 상처 입은 영혼의 근본 문제는 단절된 인간관계에 있다고 본다. 연결자가 필요하다.

"그가 먼저 자기의 형제 시몬을 찾아 말하되 우리가 메시아를 만났다 하고……데리고 예수께로 오니" 요 1:41-42.

인간관계, 사회적 관계는 복음이 흘러가는 연결망이다. 혈관이다. 그러므로 만남의 축복을 기대하라.

프란시스 쉐퍼는 만남에 대해 이렇게 말했다.

"참된 기독교는 진리뿐 아니라 아름다움, 특히 인간관계 영역에서 아름다움을 창조해 낸다."

복음과 하나님 나라를 위해 기도와 동역과 위로의 교제를 창조해 내는 사람들이 마지막 때에 뛰어난 영적 전사들이 될 수 있다.

Chapter 6
교회를 복원하라

결론

하버드 대학교 총장이었던 로렌스 서머스는 이 시대를 이렇게 정의했다. "세계가 르네상스와 산업혁명에 이어 세 번째 큰 경제 혁명기를 맞고 있다. 변화가 빠르고 광범위하다. 중국과 인도의 부상, 파괴적인 신기술의 등장, 중동 정치의 불안, 미국 경제의 쌍둥이 적자, 중국의 고속 경제성장에 따른 유가 상승, 환율 급변 등이 혁명을 주도하고 있다."

세계는 지금 전 지구적 경쟁과 경제 판도의 변화를 맞아 새로운 혁명을 시도하고 있다. 전 지구적 변화라는 큰 숲을 바라보며 그 변화에 발맞추고 있다.

교회도 하나님의 구속사의 큰 숲을 바라보며 새로운 교회 혁명을 시작해야 한다. 사람들은 초대교회를 핍박했지만 무시하지는 않았다. 그런데 오늘날 사람들은 교회를 핍박하지는 않지만 우습게 본다.

교회를 통해 세상을 복음화하시려는 하나님의 계획에 동참하는 진정한 교회 회복이 필요하다. 하나님이 애초에 계획하셨던 교회가 이 땅에 가득할 때 예수께서 영광 중에 다시 오실 것이다. 그때까지 교회는 교회를 향한 하나님의 경륜을 깨닫고 신실하게 순종해야 한다.

에베소서에는 삼위일체 하나님의 공동사역이 네 번에 걸쳐 나온다.

1:3-14 　구원의 전체 사역을 분담하신 삼위일체 하나님
2:21-22 　보이지 않는 하나님의 성전을 완성해 가시는 삼위일체 하나님
3:16-19 　성화를 이루어 가시는 삼위일체 하나님
4:30-5:2 　인간관계 속에서 역사하시는 삼위일체 하나님

삼위일체 하나님의 구원 사역이 '실패한 교회'라는 걸림돌에 걸려 사람들은 더 이상 그리스도를 구원자로 보지 않는다. 복음은 능력을 잃어버리고 박물관에 전시된 과거의 유물이 되었다.

어둠의 세력은 복음 중심에 깊이 숨어들어와 복음의 진리를 하나씩 파괴하고 무너뜨리고 있다. 원숭이를 인류의 조상이라고 주장한 진화론, 선택받은 자만이 구원받는다고 말하는 왜곡된 예정론, 성경엔 부분 부분 하나님 말씀도 있다고 성경의 정통성을 부인하는 현대신학, 눈살 찌푸리게 만드는 샤머니즘적 종말론자들⋯⋯실패한 교회가 만들어 낸 자학적인 유물들이 복음의 진보를 가로막고 있다.

오래전 스탠포드 대학원의 짐 콜린스 박사가 휴렛 패커드의 빌 휴렛

과 인터뷰를 하면서 정말 존경할 만하고 보고 배울 만한 기업 모델이 있느냐고 물었다. 그는 주저 없이 이렇게 대답했다.

"3M이다. 3M이 어떤 신상품을 갖고 나올지 아무도 모른다. 3M조차도 자신들이 무엇을 새로 개발하게 될지 모른다. 비록 3M이 무엇을 개발할지 예측하지 못한다고 해도 우리는 그들이 계속해서 성공하리라는 것은 알고 있다."

기업은 지속적으로 신상품을 개발해야 한다. 하지만 교회는 더 이상 새로운 개발을 할 필요가 없다. 에베소서에 계시된 교회의 비밀을 따라 성경적 교회로 돌아가야 한다. 새로운 상품을 개발할 것이 아니라 교회를 실패하게 만드는 세속적 요소들을 과감하게 치워 버리고 주님께서 보여 주신 설계도를 따라 그리스도의 몸인 교회를 세워가야 한다.

에베소서에 기록된 교회의 비밀을 따라 교회를 리모델링한다면 어떤 일들이 진행되어야 할까? 모든 교회가 이상적인 모형을 추구하지만, 어느 교회도 그 이상을 완벽하게 실현하지는 못한다. 그럼에도 이상적인 모형은 필요하다. 적어도 지향점을 알려 주기 때문이다. '구원-교회-세상' 속에서 성육신의 비전을 성취하려면 기본적으로 다음과 같은 실천운동이 일어나야 한다.

목회자는 제자리로 돌아가야 한다

목회자로 주님과 교회를 섬긴다는 것은 결코 쉬운 일이 아니다. 어떤 목회자는 왕 이상의 대접을 받고 있지만 어떤 목회자는 생존 그 자체를 위해 투쟁해야 한다.

목회자는 자신이 섬기는 공동체로부터 존중받지 못하고 있다는 부정적 느낌이 들면 교회와의 갈등을 견디지 못하고 침몰하기 쉽다. "교인들이 내가 뭘 어떻게 잘못했는지 보고서를 쓸 정도로 꿰고 있다."고 씁쓸하게 고백하는 목회자도 있었다.

이제 목회자가 제자리로 돌아가야 한다. 모든 교인들을 사역자로 세우는 평신도 목회공동체를 세우는 것이 목회의 비전이어야 한다. 관중들의 환호성을 받았던 선수의 자리에서 선수들을 훈련하고 경기를 지휘하고 팀을 관리하는 코치와 감독의 자리로 돌아가야 한다.

1,000만 성도와 4만의 목회자. 1,000만 명의 평신도들이 목회자적 헌신을 복음과 주님과 공동체를 위해 바친다면 그 폭발적인 힘은 상상을 뛰어넘을 것이다.

폴 스티븐스 목사는 신학교가 평신도를 교육하는 훈련원으로 개방되어야 한다고 주장한다. 평신도들을 목회자 수준까지 교육하는 일을 위해 신학교가 활용될 시대라고 보기 때문이다.

한 나라의 운명은 최고 권력자의 성향에 따라 결정된다. 우리나라는 유신체제와 군사 독재 시대를 거쳐 문민정부와 참여정부를 지나오면서 최고 권력자의 영향력이 절대적이라는 사실을 체험했다. 교회의 운명도 목회자에 달려 있다. 목사의 목회 비전과 철학과 인격에 따라 교회의 운명이 달라지는 것이다. '교회, 나의 고민 나의 사랑' 이라는 주제는 '목사, 나의 고민 나의 사랑' 에서 시작된다 해도 과언이 아닐 것이다.

소그룹 중심의 교회가 되어야 한다

교회는 살아 있는 그리스도의 몸이다. 몸의 유기적 기능은 소그룹에서만 가능하다. 교회가 성장하는 방식은 두 종류가 있다.

하나는 목사의 명성이다. 유명배우가 출연한 영화가 대부분 흥행에 성공하는 것처럼 유명 목사가 섬기는 교회는 신자를 끌어 모은다. 또 다른 하나는 소그룹을 통한 하나님 나라의 확장이다. 소그룹은 목회의 핵심전략이며, 교회의 심장이며, 손과 발이라 할 수 있다.

론 킨케이드 목사가 쓴 『제자 삼는 교회』생명의말씀사에서 교인들이 떠나는 이유와 새로 정착할 교회를 결정할 때 가장 중요하게 생각하는 것은 '관심'이라고 했다. 교회를 떠난 신자의 80% 정도가 교회가 자신들에게 관심을 가져 주지 않아서 떠났다고 했으며, 교회에 정착한 신자의 경우도 80% 이상이 소그룹에서 여러 방면으로 자신에게 관심을 가져 주었기 때문에 정착하게 되었다고 했다.

목사는 뛰어난 소그룹 전략가여야 한다. 가정교회, 목장교회, 셀교회, G-12 어떤 형태든지 자신의 목회 스타일에 적합한 소그룹을 만들고 소그룹 중심 목회를 할 때 그리스도의 몸인 교회의 생명력을 모든 교인들이 경험할 수 있다. 죄인들이 회개하고 주님을 믿어 구원받는 영혼이 증가될 것이며, 고통당한 사람들이 참된 위로를 경험하게 되고, 시험에 든 성도들이 붙잡아 주는 손길을 발견하며, 병든 양을 품에 안은 목자의 따뜻한 눈빛을 소그룹의 생명력에서 체험할 수 있다.

필립 얀시는 그가 출석했던 교회에서 겪은 한 일화를 소개했다.

하나님의 사랑은 값없이, 아무 조건 없이 온다. 교회에 아돌프스라는 흑인 청년이 있다. 그는 월남전 참전 용사로, 분노와 광기가 심해서 시설에 수용되기도 했고 약을 먹고 교회에 와야만 교회가 조용했다. 공중기도에서 "주여, 다음 주에 이 교회 흰둥이 목사들의 집을 모두 불살라 버리소서."라고 할 정도였다! 그러다 보니 몇몇 교회에서는 쫓겨나기까지 했다.

그러던 아돌프스가 변했다. 그는 차비가 없을 때는 2시간을 걸어서 교회에 올 정도로 교회를 사랑하고 교회를 가까이한다. 교회가 이 청년을 사랑과 은혜로 섬겨 주었기 때문이었다. 그는 광기가 생겨날 때마다 교인들에게 도움을 요청하면서 자제력을 키워나갔다. 사랑하는 아내까지 얻은 그는 정식 교우로 등록했다.

받을 만한 자격이 없는 사람에게 베푸는 것, 그것이 바로 은혜다. 교회는 아돌프스를 포기하지 않았다. 기회를 주고 또 주며 길이 참았다. 하나님의 은혜를 받아 누린 그리스도인들이 그 은혜를 다시 아돌프스에게 베푼 것이다. 나는 이 다함없는 은혜로 하나님께서 얼마나 오래 참으시며 나 같은 사람들을 사랑하시는지 보았다.

이는 오직 소그룹에서만 경험할 수 있는 하나님의 은혜와 사랑이다. 각 교회가 속해 있는 지역의 특성과 교인들의 성향과 문화에 따라 다양한 소그룹 사역을 창조해 내야 한다. 신자들의 스타일에 맞게 그리스도의 몸인 유기적 공동체를 이끌어가는 것이 목회자의 주요 사역이다.

지도자는 3C, 곧 비전을 개발 Cultivation 하여 전달 Communication 할 뿐 아니라 세분화 Clarification 하여 발전시키는 능력을 키워야 한다. 교회라는 유기적 공동체의 비전을 성취하려면 목사와 교회가 협력해야 한다. 소그룹 중심의 목회를 통해 교회는 그리스도의 충만을 경험할 수 있을 것이다.

사회봉사와 선교의 두 날개를 가져라

교회는 주님의 몸이다. 손과 발이다. 세상에서 가난한 자를 섬기고 복음을 땅 끝까지 증거하는 일이 교회의 존재 목적이어야 한다.

20세기의 유명한 랍비 아브라함 헤셀은 하나님의 임재를 통해 그분의 영광을 발견하는 세 가지 길을 제시했다. 곧 하나님의 임재는 세상과 사물 속에서 인식되고, 성경 안에서 인식되며, 성스러운 행위를 통해 인식된다고 가르쳤다.

우리는 성스러운 행위를 통해 하나님의 임재를 경험하며 하나님께 영광 돌릴 수 있다. 교회의 사회봉사와 선교의 거룩한 행위가 하나님의 임재로 들어가는 성소의 문이 된다.

어둠의 세상에서 교회만이 세상의 빛이다. 빛은 어둠을 찾아가야 한다. 환한 햇살 아래 촛불은 아무 소용이 없다. 어둠이 깊을수록 작은 불빛도 큰 역할을 해내는 법이나. 교회는 주님의 몸이다. 사람들이 교회를 볼 때 교회의 거룩한 행위를 통해 주님의 얼굴과 그분의 사랑과 따뜻한 손길을 느낄 수 있어야 한다.

교회에 대한 기대를 포기하지 말라

교회는 하나님의 영광에 이르지 못하는 인간으로 구성되었기에, 주님께서 주신 거룩한 사명을 실천하는 일에 자주 실패하고 중대한 실수를 저지르기도 한다. 교회는 하나님의 모험이다. 하나님께서는 불완전한 교회를 통해 일하시려는 모험을 오늘도 계속하고 계신다. 사람들은 위선적이고 실패투성이고 신약성경의 높은 기준에 미치지 못하는 무능력한 교회는 해산해야 한다며 분노할 수 있다.

하지만 필립 얀시는 이렇게 말한다. "교회를 해산하라고? 우리는 비록 작곡가가 애초에 구상한 음에는 결코 이르지 못하겠지만, 불완전한 그 음이나마 세상에 들려줄 사람들이 우리 외에는 없다." 우리밖에 없다. 우리는 에베소서에 계시된 교회의 비밀을 복원해 내야 한다. 실패를 반복하면서 계속 시도해야 한다. 우리밖에는 소망이 없기 때문이다. 교회를 사랑하는 것이 주님을 사랑하는 것이다. 교회는 그분의 몸이기 때문이다.

바울은 그 교회를 위해 육체의 남은 고난을 채우겠다고 했다. 실패를 되풀이하는 교회, 5살짜리 아이처럼 흉내만 내는 교회, 위선적인 사람들만 뽑아 놓은 듯한 교회, 인격적으로 엉성한 사람들만 몰려다니는 것만 같은 교회……그러나 그 교회만이 희망이다.

맺는 말

이제, 교회의 비밀을 찾아 항해를 떠나자

1986년 형제교회를 개척하면서 "모든 성도가 사역자, 모든 성도가 선교사"를 교회의 비전으로 제시하고 전통적 교회에서 새로운 교회 개혁을 추구하는 실험적 목회를 시행했다.

1986년 당시엔 '셀목회, 평신도 사역'이란 말이 한국 교회에서 자주 언급되지 않았던 시대였기에 형제교회의 모든 노력과 시도는 전통적 교회 인식과 목회의 벽을 뛰어넘지 못하고 자주 멈춰서야 했다.

다행히 90년대 후반에 들어서면서 '셀목회, 평신도 사역, 선교 중심적 교회'의 새로운 패러다임이 한국 교회를 이끌게 되었고, 형제교회는 비로소 과거의 인식과 싸우던 투쟁을 그치고 우리가 걸어온 길에 대해 확신하게 되었다.

안타깝게도 한국 교회의 '담임목사직 세습, 원로목사 제도의 폐해'가 언론에 알려지면서 교회가 비웃음거리가 되었다. 참된 교회를 추구하던 이들 사이에서 "교회의 진정한 주인은 누구인가?"에 대한 고민이 시작되었다. 몇몇 뜻있는 목회자들이 담임목사 임기제를 조심스럽게 제안했고, 그것만이 교회를 건강하게 유지하는 방법이라고 공감하게 되었다.

형제교회 개척 초기부터 담임목사 임기제를 말했던 나는 목회 20년을 6개월 남겨두고 담임목사직을 사임했다. 교회와의 약속을 지킬 뿐 아니라, 지난 20년 동안 '십자가의 길'을 설교해 왔으니 목사가 먼저 말씀대로 실천하는 것을 교인들에게 삶으로 보여 주고 싶었다.

또한 한 교회에서 오랫동안 목회한 후 그 자리에 남아 목사의 권위와 그에 따른 편안함을 추구하고 싶지는 않았다. 교회는 목사의 개인 소유물이 아니며, 진정한 교회 회복과 성장을 위해 때를 따라 새로운 리더십이 필요하다고 생각했다.

에베소서는 나의 목회 교과서였다. 나의 목회 비전과 철학, 조직과 프로그램, 아이디어는 모두 에베소서에서 건져낸 주님의 선물이었다. 누군가 에베소서를 "바울 서신의 여왕"이라고 불렀다. 에베소서는 성경적 교회의 모든 철학과 목회 아이디어가 가득한 목회 비밀 전략서이며, 화려한 서사시로 쓰인 구원과 교회의 아름다운 비밀이 담겨 있기에 그 이름은 에베소서만이 들을 수 있는 찬사라 하겠다.

J. E. 파워스는 이렇게 말했다. "빌, 여기 크고 오래된 배가 있네. 이 배는 낡아서 삐걱거리며 상하좌우로 심하게 요동친다네. 그래서 자네는 이따금씩 이 배를 포기할까 생각하기도 하지. 그러나 이 배는 자기가

갈 길로 간다네. 지금까지도 그래 왔고, 앞으로도 영원히 그럴 것이라네. 자네가 있든 없든 상관없이 말일세."

그럴 것이다. 교회라는 배는 자기가 갈 길로 계속 갈 것이다. 미션퍼스펙티브스Mission Perspectives '제6과 세계 기독교 운동의 확산'에서 랄프 윈터는 성경의 역사를 400년씩 10단계로 나누고 10개의 드라마가 펼쳐졌다고 설명했다. 그는 "교회가 선교의 사명에 동의하든 동의하지 않든지, 순종하든 순종하지 않든지 하나님께서는 오늘도 멈추지 않고 세계 역사를 통해 복음을 땅 끝까지 증거하는 일을 계속하고 계신다."는 사실을 역사적으로 증명했다.

하나님께서는 결코 포기하지 않으신다. 사람들이 순종하지 않아도 주님께서는 역사 속에서 그분의 뜻을 이루고 계신다. 하지만 주님은 사람을 필요로 하신다. 복음의 비밀을 깨닫고 그리스도를 통해 완성하신 하나님의 거룩한 일에 헌신된 종들을 찾고 계신다.

바울에게 교회의 비밀을 깨닫게 하신 성령께서 우리에게도 동일한 비밀을 계시하셔서 구원, 교회, 세상의 영역에 그리스도의 성육신을 성취해 가는 주님의 제자들이 되게 해주시기를 소망한다. 바울의 마지막 인사말이 우리 모두의 인사말이 되어 다시 오실 주님을 기쁨으로 맞이하는 이 땅의 교회가 되기를 기도한다.

> 아버지 하나님과 주 예수 그리스도에게로부터 평안과 믿음을 겸한 사랑이 형제들에게 있을지어다 우리 주 예수 그리스도를 변함없이 사랑하는 모든 자에게 은혜가 있을지어다 엡 6:23-24

사명선언문

너희가 흠이 없고 순전하여······세상에서 그들 가운데 빛들로
나타내며 생명의 말씀을 밝혀 _ 빌 2:15-16

1. 생명을 담겠습니다
만드는 책에 주님 주신 생명을 담겠습니다.
그 책으로 복음을 선포하겠습니다.

2. 말씀을 밝히겠습니다
생명의 근본은 말씀입니다.
말씀을 밝혀 성도와 교회의 성장을 돕겠습니다.

3. 빛이 되겠습니다
시대와 영혼의 어두움을 밝혀 주님 앞으로 이끄는
빛이 되는 책을 만들겠습니다.

4. 순전히 행하겠습니다
책을 만들고 전하는 일과 경영하는 일에 부끄러움이 없는
정직함으로 행하겠습니다.

5. 끝까지 전파하겠습니다
모든 사람에게, 땅 끝까지, 주님 오시는 그날까지
복음을 전하는 사명을 다하겠습니다.

서점 안내

광화문점 서울시 종로구 새문안로 69 구세군회관 1층
02)737-2288 / 02)737-4623(F)

강남점 서울시 서초구 신반포로 177 반포쇼핑타운 3동 2층
02)595-1211 / 02)595-3549(F)

구로점 서울시 동작구 시흥대로 602, 3층 302호
02)858-8744 / 02)838-0653(F)

노원점 서울시 노원구 동일로 1366 삼봉빌딩 지하 1층
02)938-7979 / 02)3391-6169(F)

분당점 경기도 성남시 분당구 황새울로 315 대현빌딩 3층
031)707-5566 / 031)707-4999(F)

일산점 경기도 고양시 일산서구 중앙로 1391 레이크타운 지하 1층
031)916-8787 / 031)916-8788(F)

의정부점 경기도 의정부시 청사로47번길 12 성산타워 3층
031)845-0600 / 031) 852-6930(F)

인터넷서점 www.lifebook.co.kr